权威·前沿·原创

皮书系列为
"十二五""十三五"国家重点图书出版规划项目

贵州蓝皮书
BLUE BOOK OF GUIZHOU

贵州文化产业发展报告
（2015~2016）

ANNUAL REPORT ON CULTURAL INDUSTRY DEVELOPMENT OF GUIZHOU
(2015-2016)

主　编／黄　勇　王　前
副主编／卯　涛　陈绍宥　王红霞

社会科学文献出版社
SOCIAL SCIENCES ACADEMIC PRESS (CHINA)

图书在版编目(CIP)数据

贵州文化产业发展报告.2015-2016/黄勇,王前主编.--北京:社会科学文献出版社,2018.1
（贵州蓝皮书）
ISBN 978-7-5201-2043-2

Ⅰ.①贵… Ⅱ.①黄…②王… Ⅲ.①文化产业-产业发展-研究报告-贵州-2015-2016 Ⅳ.①G127.73

中国版本图书馆CIP数据核字（2017）第313884号

贵州蓝皮书
贵州文化产业发展报告（2015~2016）

主　编/黄　勇　王　前
副主编/卯　涛　陈绍宥　王红霞

出版人/谢寿光
项目统筹/邓泳红　陈　颖
责任编辑/薛铭洁

出　版/社会科学文献出版社·皮书出版分社（010）59367127
　　　　地址：北京市北三环中路甲29号院华龙大厦　邮编：100029
　　　　网址：www.ssap.com.cn
发　行/市场营销中心（010）59367081　59367018
印　装/北京季蜂印刷有限公司
规　格/开本：787mm×1092mm　1/16
　　　　印张：18.5　字数：277千字
版　次/2018年1月第1版　2018年1月第1次印刷
书　号/ISBN 978-7-5201-2043-2
定　价/89.00元

皮书序列号/PSN B-2018-686-11/11

本书如有印装质量问题，请与读者服务中心（010-59367028）联系

▲ 版权所有 翻印必究

《贵州文化产业发展报告》编辑部

顾　　问	金安江　吴大华　汤会琳　宋　明
主　　编	黄　勇　王　前
副 主 编	卯　涛　陈绍宥　王红霞
编　　辑	蒋莉莉　魏　霞　王　彬　王国丽　朱　薇
	蔡　伟　罗以洪　吴　杰　田　牛　戈　弋
	龙海峰　钟　晴

主要编撰者简介

宋　明　贵州省社会科学院党委常委、副院长，三级研究员。贵州省省管专家，贵州省宣传文化系统首批"四个一批"人才。主要研究方向为发展经济学、区域经济学、文化产业。主要著作：《少数民族贫困地区综合扶贫开发》（第一作者）、《提高农产品竞争力研究》（第二作者）、《经营城市的策略——对中国城市经营学的探讨》（第一作者）、《在中国—东盟自由贸易区条件下的贵州与东盟经济合作》（第一作者）、《制度统筹贫困地区城乡发展研究》（第一作者），编撰出版2007年度、2009年度、2010年度的《贵州文化产业发展报告》。先后在《光明日报》《中国农村经济》《生态经济》《开发研究》《贵州社会科学》《贵州日报》等报刊上发表学术论文、调研报告200多篇。主要完成课题：国家社科基金课题"在社会主义市场经济条件下落后地区政府职能定位研究""制度统筹国家级贫困县的发展战略研究"；贵州省省长资金课题"在中国—东盟自由贸易区条件下的贵州与东盟经济合作研究""贵州省中小企业价值评估体系研究""贵州省农业发展的历史性跨越研究"；贵州省社科规划办重大招标课题"贵州建立优化投资环境的长效机制研究"；贵州省政府重大招标课题"贵州转变经济发展方式研究"；贵州省"四个一批"人才专项资助项目"贵州农民发展研究"，贵州省"十一五""十二五"规划办前期重点课题"贵州经济区划与发展战略""贵州发展生态经济研究""贵州'十二五'重大生产力布局研究"，以及地方政府委托项目等100多项。主要成果获奖：《贵州加快乡镇企业发展的对策研究》获贵州省第四次社科优秀成果四等奖；《贵州经济区划与发展战略》获贵州省第七届社科优秀成果二等奖；《经营城市的策略——对中国城市经营学的探讨》获贵州省第七届社科优秀成果三等奖；《贵州"十二五"重大生产力布局研究》荣获省社科优先成果二等奖;《制度统筹国家级贫困县的发展战略研究》荣获省社科优先成果三等奖;等等。主要社会兼职:贵州省未来研究会副会长、贵州省经济学会副会长、中共贵州省委政策研究室经济咨询专家、瓮安县委县政府经济发展顾问,龙里县委县政府经济发展顾问。

黄 勇 贵州省社会科学院区域经济研究所所长,研究员,贵州省省管专家,省宣传文化系统"四个一批"人才。先后就读于武汉大学(法学学士、主修社会学、辅修经济学),中国社会科学院研究生院(经济学硕士、经济学博士)。主要研究方向为区域经济、产业经济、投资经济、发展经济。1996年7月以后在贵州省社会科学院工作,分别于2001年、2006年、2009年被评为助理研究员、副研究员、研究员(破格),2008年任西部开发研究所副所长,2012年任区域经济研究所所长。1997~1998年挂职担任贵州省独山县水岩乡政府乡长助理,2010~2012年挂职担任贵州省万山区委常委、副区长,工业园区管委会副主任。2007~2008年在国家发展和改革委员会宏观经济研究院做"西部之光"访问学者,2015~2016年在荷兰乌德勒支大学(Utrecht University)做访问学者。截至2016年,先后主持国家社科基金项目1项、省级项目10项、其他类项目20多项,参与各级各类课题60多项,独立、合作出版专著10部,公开发表论文40余篇。

王 前 贵州省社会科学院区域经济研究所助理研究员,贵州省社会科学院贵州文化产业发展研究中心执行副主任。1987年毕业于中央民族大学经济系政治经济学专业,先后在贵州省社会科学院《西部开发》杂志任编辑,农业经济所、城市经济研究所、区域经济研究所从事区域经济、产业经济、民族经济研究。1987年9月至1988年7月到贵州省从江县支教,1993~2002年停薪留职在外创业。编辑出版成果近100万字,在公开出版刊物发表文章30多篇,主持完成贵州省软科学课题1项,其他课题近十项,参与各类课题研究近百项。

摘　要

《贵州文化产业发展报告（2015~2016）》以加快经济新常态下的文化产业创新发展为主题，由总报告、专题研究篇、行业与区域发展篇、案例篇、大事记五个部分组成。2014~2015年以来的贵州省文化产业发展势头较好，产值总量及增加值仍然保持高速发展；文化产业结构不断优化，文化休闲娱乐服务业继续领跑发展，新兴行业增速加快。但与发达省份相比，总量仍然偏低，差距较大。未来一段时间，贵州省文化产业发展要积极适应贵州加快后发赶超、加快建成全面小康社会的需要，坚持既要"赶"又要"转"，加快文化产业园区与文化产业基地建设，加大文化产业招商引资力度，重点发展文化内容、文化贸易、文化金融、文化信息、文化设施运营服务，推动文化科技、文化金融、文化旅游等多个融合产业的快速兴起，促进贵州文化产业的创新升级发展。另外，作为多民族聚居的文化资源大省，多彩厚重的山地民族文化是建设文化强省的重要依托，要加强贵州文化强省研究，构建现代公共文化服务体系和提升公共文化服务能力。要进一步完善国有文化企业管理体制和生产经营机制的政策环境。结合贵州大数据产业的发展势头，促进大数据与文化产业的融合发展。加快推进国家公园省建设，加强特色民族文化、原生态文化以非物质文化遗产保护、发展、提升，促进文化创意与酒文化、茶文化融合发展。

Abstract

On the subject of accelerating the innovation and development of cultural industry under the new normal of economy, the Blue Book Consists of five parts: General Instructions, Special Studies, Industrial and Regional Development, Case Studies and Memorabilia. Since 2014, the cultural industries in Guizhou Province have saw a good momentum of development, and the total output value and added value have still maintained a rapid growth; the structure of the cultural industry has been continuously optimized, and cultural and entertaining services have continued to lead the development, with emerging industries experiencing accelerated growth. However, as compared with the developed provinces and autonomous regions, the aggregate remains low and the gap is large. In the future, the development of cultural industry in Guizhou Province should actively adapt to the needs of Guizhou for speedup, post-transcendence and accelerated construction of an overall well-to-do society, insist on "catch up" and "transformation", and expedite the construction of cultural industry parks and cultural industry bases, making efforts to attract investments in cultural industry, focusing on the development of cultural contents, cultural trade, cultural finance, cultural information and cultural facilities operation services, promoting the rapid emergence of a number of converging industries of culture and technology, cultural finance and cultural tourism, and facilitating the innovation, upgrade and development of cultural industry in Guizhou. In addition, in Guizhou, a multi-ethnic large province of cultural resources, colorful and massive mountain ethnic culture is an important support for the construction of a culture-rich province. It is necessary to strengthen the research on the culture-rich province of Guizhou, construct a modern public cultural service system and enhance public cultural service capabilities. A policy environment for the management system and production and management mechanism of state-owned cultural enterprises shall be further improved. The development momentum of the big data industry of Guizhou shall be combined to promote the integrative development of big data and cultural industry. It needs to accelerate the construction of "National Park Province", strengthen the protection, development and upgrade of characteristic ethnic culture, original ecological culture and intangible cultural heritage, and promote the integrative development cultural creativity, wine culture and tea culture.

目 录

Ⅰ 总报告

B.1 推进经济新常态下的文化产业升级发展
　　　　　　　　………… 黄　勇　王　前　王　彬　陈绍宥　王国丽
　　　　　　　　　　　　　　龙海峰　田　牛　朱　薇 / 001

Ⅱ 专题研究篇

B.2 贵州文化强省指标体系研究 ………………………… 黄　晓 / 039
B.3 贵州省管国有文化企业经营机制调研报告
　　　　　　　　………… 黄　勇　王　前　魏　霞　蔡　伟 / 055
B.4 贵州与周边省份文化产业对比研究 ………………… 王国丽 / 070
B.5 贵州省大数据与文化产业融合发展思考 …………… 田永红 / 080
B.6 文化产业园区与基地发展问题研究 ………………… 陈加友 / 090
B.7 生态文明理念下的"国家公园省"建设研究 ……… 李代峰 / 101
B.8 贵州原生态文化保护、发展、提升及其产业化 …… 文新宇 / 112
B.9 生态文明视野下贵州特色民族文化的保护与开发
　　　　——兼论佛教文化本土化的经验及启示 …… 张博文　毛锦茹 / 125

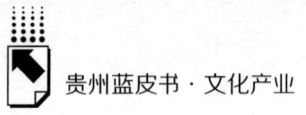

Ⅲ 行业与区域发展篇

- B.10 2015年区域文化产业发展报告 …………………… 王 前 / 134
- B.11 推进文化创意与贵州白酒产业融合发展探析 ……… 龚 勇 / 143
- B.12 "多彩贵州城"旅游文化综合体发展与展望 ………… 魏 霞 / 158
- B.13 政府购买公共文化服务的困境及对策 ……………… 程 颖 / 170
- B.14 国家级非物质文化遗产侗绣的保护与文化创意设想 …… 刘彩清 / 179
- B.15 促进社会力量参与贵阳市公共文化服务 …………… 盘晓愚 / 188
- B.16 贵州省茶文化产业发展策略研究 …………… 罗以洪 谢孝明 / 202

Ⅳ 案例篇

- B.17 乌江文化旅游产业发展研究 …………………… 蒋莉莉 / 218
- B.18 三峡库区旅游影视基地项目资产经营模式研究
  ——以奉节县鱼复社区三国城影视基地为例
  ……………………………………………………… 笪 玲 / 230
- B.19 农业景观旅游品牌带动民族文化产业发展实证研究
  ——以"金海雪山"品牌效应为例 …………… 邢启顺 / 241
- B.20 做文化旅游精品，筑贵州文化边城
  ——贵州大明边城文化产业园区开发实例
  ………………………………… 铜仁市文改文产领导小组办公室 / 249

Ⅴ 大事记

- B.21 2014年贵州省文化产业发展大事记 ……………… 王 曼 / 256
- B.22 2015年贵州省文化产业发展大事记 ……………… 王 曼 / 267

皮书数据库阅读 **使用指南**

CONTENTS

I General Report

B.1 Promoting the Upgrading and Development of Cultural
Industry under New Normal of Economy
Huang Yong, Wang Qian, Wang Bin, Chen Shaoyou, Wang Guoli,
Long Haifeng, Tian Niu and Zhu Wei / 001

II Special Report

B.2 Research on the Index System of Guizhou Culture-Rich Province
Huang Xiao / 039

B.3 Research Report on Operating Mechanism of State-owned
Cultural Enterprises in Guizhou Province
Huang Yong, Wang Qian, Wei Xia and Cai Wei / 055

B.4 A Comparative Study of Cultural Industry between Guizhou
and Its Surrounding Provinces *Wang Guoli* / 070

B.5 Consideration on the Integrative Development of Big Data and
Cultural Industry in Guizhou Province *Tian Yonghong* / 080

B.6 Research on Development Issues of Cultural Industry
Park and Base *Chen Jiayou* / 090

B.7 Research on Construction of "National Park Province" under the Concept of Ecological Civilization　　*Li Daifeng* / 101

B.8 Protection, Development, Promotion and Industrialization of Guizhou Original Culture　　*Wen Xinyu* / 112

B.9 Protection and Development of Guizhou Characteristic Ethnic Culture from the Perspective of Ecological Civilization
　　—Concurrently Discoursing on the Experience and Enlightenment of the Localization of Buddhist Culture　　*Zhang Bowen, Mao Jinru* / 125

Ⅲ　Industrial and Regional Development Report

B.10 Development Report on Annual Regional Cultural Industry in 2015　　*Wang Qian* / 134

B.11 Analysis of Integrative Development of Promoting Cultural Creativity and Guizhou Liquor Industry　　*Gong Yong* / 143

B.12 Development and Prospect of Colorful Guizhou Town Tourist Culture Complex　　*Wei Xia* / 158

B.13 Predicament and Countermeasure of Governmental Purchase of Public Cultural Service　　*Cheng Ying* / 170

B.14 Protection of National Non——heritage Dong Embroidery and Imagination of Culture Creativity　　*Liu Caiqing* / 179

B.15 Promote Social Forces to Participate in Public Cultural Services in Guiyang　　*Pan Xiaoyu* / 188

B.16 Study on the Development Strategy of Tea Culture Industry in Guizhou Province　　*Luo Yihong, Xie Xiaoming* / 202

Ⅳ　Example Report

B.17 Research on the Development of Wujiang Cultural Tourism Industry　　*Jiang Lili* / 218

CONTENTS

B.18 Research on Asset Management Mode of Reservoir Tourism Movie & TV Base Project
　　—A Case of the Film and Television Base of the Three Kingdoms City at Yufu Community in Fengjie　　*Da Ling* / 230

B.19 Empirical Study on Development of Ethnic Cultural Industry Driven by Agricultural Landscape Tourism Brands
　　—A Case of Tourist spot of Jinhaixueshan　　*Xing Qishun* / 241

B.20 Making High—Quality Tourism Products, Building a Cultural Border City of Guizhou
　　—A Case of Guizhou Daming Border town Culture Industrial Park
　　　Tongren Cultural Reform and Cultural Industry Leading Group Office
　　　Memorabilia Cultural Industry Development / 249

V Memorabilia

B.21　A Memorabilia of Cultural Industy Development of Guizhou in 2014
　　　　　　　　　　　　　　　　　　　　　　Wang Man / 256

B.22　A Memorabilia of Cultural Industy Development of Guizhou in 2015
　　　　　　　　　　　　　　　　　　　　　　Wang Man / 267

总 报 告

General Report

B.1
推进经济新常态下的文化产业升级发展

黄勇 王前 王彬 陈绍宥 王国丽 龙海峰 田牛 朱薇*

摘　要： 2014年以来，贵州省文化产业发展势头较好，产值总量及增加值仍然保持高速发展；文化产业结构不断优化，文化休闲娱乐服务业继续领跑发展，新兴行业增速加快。但与发达省份相比，总量仍然偏低，差距较大。未来一段时间，贵州省文化产业发展要积极适应贵州加快后发赶超、加快建成全面

---

* 黄勇，贵州省社会科学院贵州文化产业发展研究中心执行主任，研究员，研究方向为区域经济、产业经济、投资经济、发展经济；王前，贵州省社会科学院贵州文化产业发展研究中心副主任，研究方向为区域经济、产业经济、文化产业；王彬，贵州省社会科学院贵州城乡区域与资源环境规划设计研究中心副主任，副研究员，研究方向为区域与城市经济、产业经济；陈绍宥，贵州省社会科学院区域经济研究所助理研究员，博士，研究方向为区域经济、新兴产业；王国丽，贵州省社会科学院区域经济研究所助理研究员，研究方向为区域经济、产业经济；龙海峰，贵州省清镇市委党校讲师，研究方向为区域经济、产业经济；田牛，贵州省社会科学院对外经济研究所副研究员，博士，研究方向为区域经济、经济史；朱薇，贵州省社会科学院贵州文化产业发展研究中心副研究员，博士，研究方向为区域经济、产业经济、文化产业。

小康社会的需要，坚持既要"赶"又要"转"，强力加快十大文化产业园区与十大文化产业基地建设，加大文化产业招商引资力度，重点发展文化内容、文化贸易、文化金融、文化信息、文化设施运营服务，推动文化科技、文化金融、文化旅游等多个融合产业的快速兴起，促进贵州文化产业的创新升级发展。

关键词： 文化产业　经济新常态　转型升级

一　贵州文化产业发展现状及特点

（一）产业总体继续保持高速发展

2014年贵州文化产业立足实际，突出民族文化特质和优势，以促进文化产业快速发展为目标，加快创新思路、整合资源，完善文化产业经营管理机制，把握体制机制改革重点，以多彩贵州品牌研发基地为引领，加快十大园区与十大基地建设。围绕"5个100工程"，不断夯实产业发展基础，促进产业融合，推动民族文化保护和创新，进一步释放文化产业发展活力，贵州省文化产业呈高速发展的良好态势。2014年，贵州省从事文化产业的单位个数为12911个，比上年增加了1213个，增速为10.37%。其中，执行企业会计制度单位数为9226个，比上年增加了770个，执行行政事业会计制度单位数为3098个，比上年增加了402个。从文化产业的社团单位数来看，2014年社团数共有587个，比上年增加41个，增速为7.5%。个体户数有51336户，比上年增加了992户，增速为2%。文化产业从业人员有36.48万人，比上年增加了3.66万人，增速为11.15%。

2014年，贵州省文化产业发展的增加值为296.85亿元，比2013年增加 87.13 亿元，增速为 41.55%；增加值占贵州省 GDP 的比重为 3.21%，比 2013 年的 2.62% 提高了 0.59 个百分点；在文化产业发展收入上，2014 年贵州省文化产业收入为 705.68 亿元，比 2013 年的 483 亿元增加了 222.68 亿元，增速为 46.10%（见表 1）。贵州省文化产业总体上仍然处于高速发展阶段，尤其与周边地区相比，高速发展的态势较为明显。

表1 贵州省文化产业主要指标情况

指标	2012年	2013年	2014年	2014年比2013年增长
文化产业单位数(个)	8429	11698	12911	1213
执行企业会计制度单位数(个)	5528	8456	9226	770
执行行政事业会计制度单位数(个)	2365	2696	3098	402
社团单位数(个)	536	546	587	41
个体户数(户)	27649	50344	51336	992
从业人员数(万人)	23.2	32.82	36.48	3.66
收入(亿元)	386.19	483	705.68	222.68
增加值(亿元)	152.03	209.72	296.85	87.13
增加值占GDP比重(%)	2.22	2.62	3.21	0.59

资料来源：《2014年贵州省文化产业统计报告》。

（二）产业结构不断优化

2014 年，为促进文化产业发展，贵州省六大文化集团加快完善现代企业法人治理结构，规范集团管理运营行为，更加优化了产业结构，提高了文化产业生产的区域竞争力。在各市（州），为适应市场经济发展，跨行业整合报业和广电资源，积极组建传媒集团，不断调整市（州）的文化产品生产结构，使贵州省文化产业生产结构逐步适应经济发展新常态。

2014 年贵州省文化产品的生产收入为 463.75 亿元，文化相关产品的生产收入为 241.93 亿元（见图 1），分别增长 53.23% 和 34.14%。与上年相比，文化产品的生产收入进一步提高，增长速度高于文化相关产品的生产收入，文化产品的生产收入和文化相关产品的生产收入结构进一步优化。

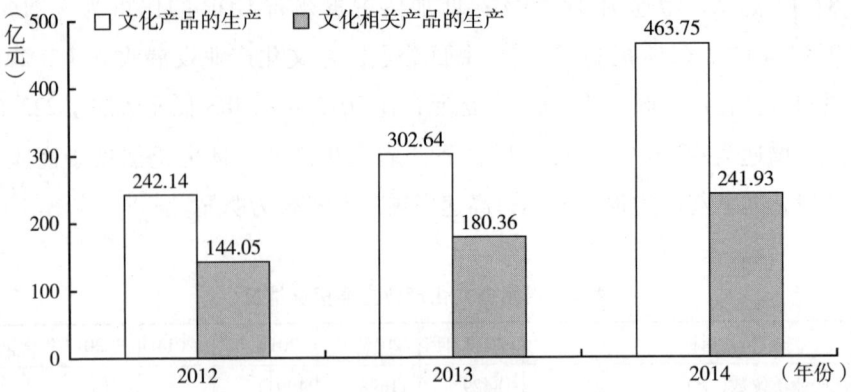

图1 2012~2014年贵州省文化产业收入

2014年,文化产品的生产增加值为227.28亿元,比上年增加72.36亿元,占贵州省文化产业增加值的76.56%;2014年,文化相关产品的生产增加值为69.57亿元(见图2),比去年增加14.77亿元,占贵州省文化产业增加值的23.44%。文化产业的两大部分增加值比值为3.27∶1,结构较为合理。

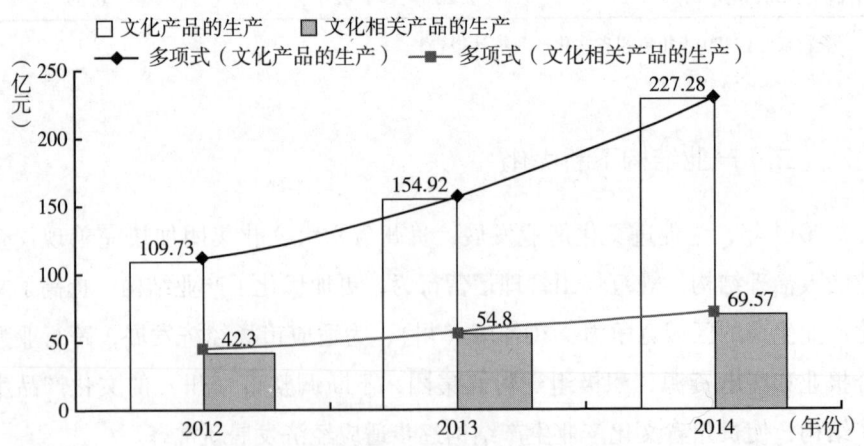

图2 2012~2014年贵州省文化产业增加值

2014年,文化产品的生产增加值占贵州省GDP的2.46%,比上年提高了0.52个百分点;2014年,文化相关产品的生产增加值占贵州省GDP的

0.75%（见图3），相比2013年提高了0.07个百分点。整体来看，2014年，文化产业产值占GDP的3.21%，较上年提高了0.59个百分点。

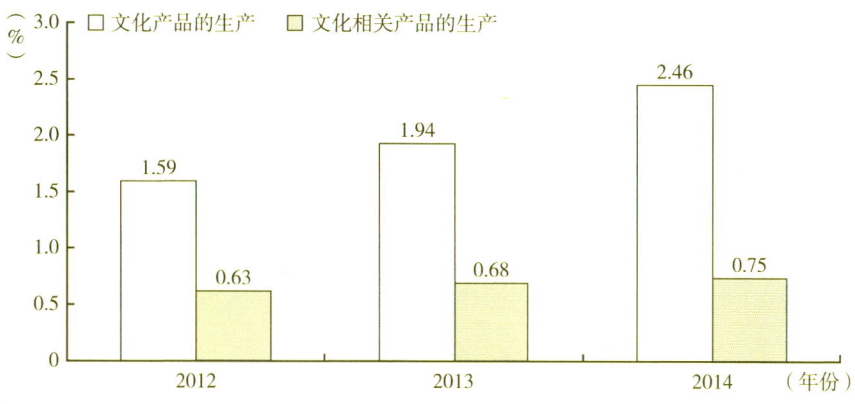

图3 2012~2014年贵州省文化产业占GDP的比重

（三）十大行业竞相发展

2014年，贵州省文化发展十大行业整体上竞相发展，十大行业增加值的增速超过GDP增速，达到41.55%。其中，九大行业保持高速增长态势，平均增长速度超过56.14%。在各行业中，文化休闲娱乐服务业增加值最高，为84.66亿元；最低的是文化专用设备的生产，增加值为0.50亿元（见表2和表3）。新兴文化产业发展速度加快，以文化创意、广告设计、文化产业化软件、文化娱乐开发等为主的文化创意和设计服务实现增加值39.78亿元，占贵州省文化产业增加值的13.40%，同比增长55.94%。以文化和科技融合发展为主的文化信息传输服务实现增加值24.29亿元，占贵州省文化产业增加值的8.18%，同比增长162.31%。传统文化产业的增加值增幅较小，处于转型升级调整期。在传统文化产业中，文化艺术服务发展最快，实现增加值18.81亿元，占贵州省文化产业增加值的6.34%。新闻出版发行服务实现增加值17.08亿元，占贵州省文化产业增加值的5.75%。广播电视电影服务实现增加值10.87亿元，占贵州省文化产业增加值的3.66%。随着互联网等新技术的发展，传统文化产业面临巨大挑战。

表2　2014年文化产品的生产收入、增加值及结构

行业类别	收入（亿元）	增加值（亿元）	行业类别增加值结构比重(%)	增加值占GDP比重(%)
新闻出版发行服务	69.47	17.08	7.51	0.18
广播电视电影服务	27.23	10.87	4.78	0.12
文化艺术服务	14.18	18.81	8.28	0.21
文化信息传输服务	44.72	24.29	10.69	0.26
文化创意和设计服务	91.24	39.78	17.50	0.43
文化休闲娱乐服务	125.54	84.66	37.25	0.92
工艺美术品的生产	91.37	31.79	13.99	0.34
文化产品的生产小计	463.75	227.28	100	2.46

资料来源：《2014年贵州省文化产业统计报告》。

表3　2014年文化相关产品的生产收入、增加值及结构

行业类别	收入（亿元）	增加值（亿元）	行业类别增加值结构比重(%)	增加值占GDP比重(%)
文化产品生产的辅助生产	50.89	18.64	26.80	0.20
文化用品的生产	188.73	50.43	72.49	0.54
文化专用设备的生产	2.31	0.50	0.71	0.01
文化相关产品的生产小计	241.93	69.57	100.00	0.75

资料来源：《2014年贵州省文化产业统计报告》。

1.新闻出版发行服务行业稳步发展

新闻出版发行服务行业主要有三大板块：新闻服务、出版服务和发行服务。2014年贵州省新闻出版发行服务行业继续保持稳步发展，新闻出版企业加快改革步伐，整合资源、调整结构、转型升级，手机出版和网络出版等新业态进一步发展。出版集团坚持出版有文化、有价值、有市场、有影响的图书，精心打造"黔版图书"出版品牌。支持引导"贵州文库"等重点选题出版，出版集团建立"出版专项资金"，大力扶持基础性、文献性、学术性、周期性选题。贵州人民出版社出版的"亚鲁王书系"入选第二届向全国推荐百种优秀民族图书书目，同时荣获第三届中国出版政府图书提名奖。贵州科技出版社出版的《黔本草（第一卷）》和《中国淫羊藿属植物彩色图

鉴》入选"2014年度国家出版基金资助项目"。贵阳举办第24届全国图书交易博览会,策划出版图书2000余种。新闻出版集团教材教辅中心与贵州省新华书店积极合作,进一步稳定了集团教材市场占有率。数字出版不断夯实,数据库建设已初具规模,手机出版稳步发展。数字公司已成功将贵州本土作品《面人麻生》推向国际市场。在新一轮报刊改革中,《法制生活报》《晚晴》等八种报刊和一家音像出版社划归当代贵州期刊传媒集团公司。《晚晴》《大众科学》等面向全国市场,创新办刊方式,杂志内容进一步调整、充实、提高。《法制生活报》坚守政法宣传阵地,办报专业化水平不断提高,通过"走、转、改",可读性进一步增强。面对文化产业市场发展需求,《贵州化工》改为《环球美酒》、《杉乡文学》改为《少年与法》、《科学快报》改为《乡村地理》,积极打造面向全国、面向大众、面向市场的期刊阵地。

2014年,贵州省新闻出版发行服务单位有367个,比上年减少122个。个体工商户2505户,比上年增加133户。从业人员15894人,比上年增加662人。实现行业增加值17.08亿元,比上年增长45.86%,增加值占GDP的比重为0.18%,较上年有所提高。新闻出版行业收入69.47亿元,比上年增长80.77%(见表4)。

表4 2014年贵州省新闻出版发行服务业概况

指标	2012年	2013年	2014年	2014年比2013年增长
新闻出版发行服务单位数(个)	504	489	367	-122
个体工商户数(户)	2469	2372	2505	133
从业人员数(人)	17180	15232	15894	662
增加值(亿元)	12.47	11.71	17.08	5.37
增加值占GDP的比重(%)	0.18	0.14	0.18	0.04
收入(亿元)	65.71	38.43	69.47	31.04

资料来源:《2014年贵州省文化产业统计报告》。

2014年,贵州省出版图书866种,其中新出版740种,占图书出版总数的85.45%,总印数达到10650万册,比上年增长了69.61%。其中,出版杂志90

种，共印刷1523万册，平均每期印数84万册。出版报纸42种，总印数36409万份，比上年减少2545万份，每期平均印数147万份（见图4、图5）。

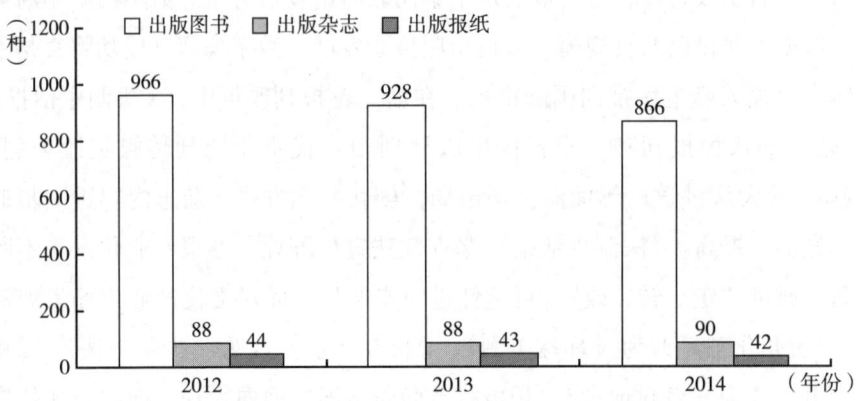

图4　2012~2014年贵州省出版图书、杂志、报纸种类

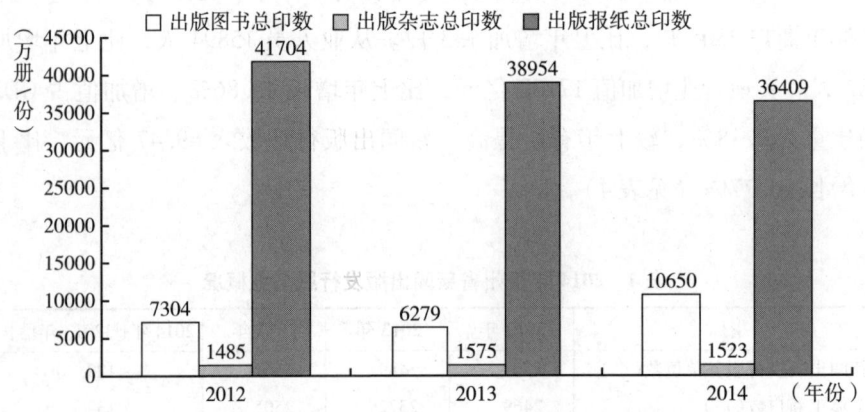

图5　2012~2014年贵州省出版图书、杂志、报纸总印数

2. 广播电视电影服务业发展稳中有增

2014年贵州省广播电视电影服务行业发展稳中有增，主要表现在以下三个方面：第一，贵州省广电传媒集团按照贵州省经济工作和文化产业改革发展的工作要求，紧扣市场规范化建设主体，积极应对市场变化，着力推进项目建设，着力加强企业自身建设，使企业发展保持良好的势

头。2015年，广电传媒集团抢抓中央出台《关于推动传统媒体与新兴媒体融合发展的指导意见》的机遇，实施"全媒体融合提升、多元化集约发展"战略。第二，推进以项目为引领，以新技术为支撑的多元化文化产业发展实践，促进资源聚合、调整产业结构，积极打造富有活力、产权清晰的实体企业。广电传媒集团把中国文化大数据项目作为产业发展的战略项目，预计五年总投资132亿元，建成后年收入预计200亿元，创造就业0.52万人。广电传媒集团与苏州广电集团合作的"智慧贵州"新媒体建设项目顺利推进，将形成以贵州为中心，辐射西部的新媒体运营平台。贵阳高新区文化产业基地项目规划全面完成，基础设施建设步伐加快，完成投资1.3亿元。第三，通过加大改革力度，催生了一大批精品力作，电影《静距离击杀》，电视剧《领袖》《二十四道拐》，歌曲《云贵高原》，歌舞剧《仰欧桑》等，其中部分作品获国家"五个一工程奖"。

2014年，贵州省广播电视电影服务单位有314个，比2013年增加12个。从事广播电视电影服务的个体工商户为29户，比上年减少了5户。2014年广播电视电影服务行业共有从业人员9095人，比上年增加1644人。行业总收入达到27.23亿元，比上年增加了16.99亿元。实现行业增加值10.87亿元，占GDP的比重为0.12%（见表5）。

表5 2014年贵州省广播电视电影服务业概况

指标	2012年	2013年	2014年	2014年比2013年增长
广播电视电影服务单位数(个)	239	302	314	12
个体工商户数(户)	67	34	29	-5
从业人员数(人)	7216	7451	9095	1644
增加值(亿元)	7.06	7.01	10.87	3.86
增加值占GDP的比重(%)	0.10	0.09	0.12	0.03
收入(亿元)	12.77	10.24	27.23	16.99

资料来源：《2014年贵州省文化产业统计报告》。

2014年，贵州省共有广播电视台84座，电视节目开播102套，广播节目开播40套，比上年新增加了2套（见图6）。有线电视广播用户为386.18万户，比上年减少了8.1万户。有线广播电视入户率为30.79%，比上年减少了1.31%，电视节目综合人口覆盖率为95.39%，比上年提高了1.29个百分点；广播节目综合人口覆盖率为91.52%，比上年提高了1.52个百分点（见图7）。

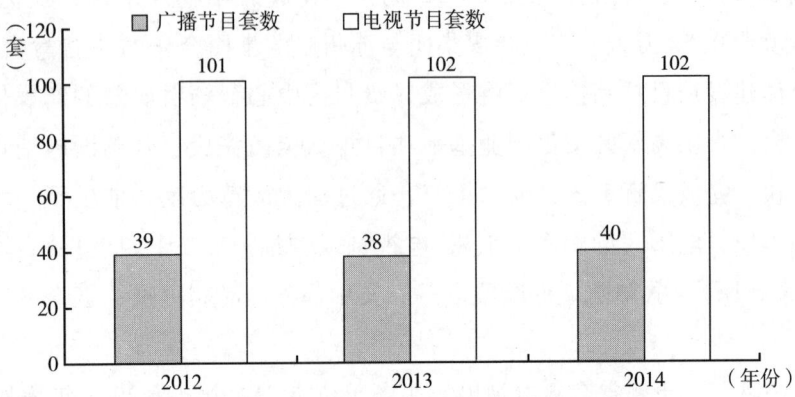

图6　2012～2014年贵州省广播电视节目套数

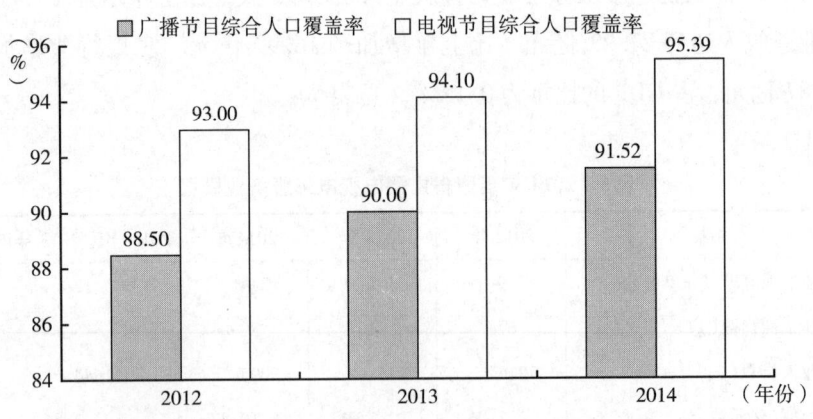

图7　2012～2014年贵州省电视广播节目综合人口覆盖率

3. 文化艺术服务业平稳发展

2014年贵州省文化艺术服务行业发展较为平稳，主要表现在以下几个方面。一是进一步强化资源整合，创新工作方式，大力推动民族文化传承保护与创新发展。启动实施《贵州省非物质文化遗产保护发展规划（2014~2020）》，统筹推进非物质文化的保护和发展。二是海龙屯申报世界文化遗产工作经联合国遗产专家的评估认定，符合世界文化遗产申遗标准，相关工作取得重大进展。三是《原生态文化贵阳宣言》发布，从艺术视角将"多彩贵州"形象推向全国高端平台，在贵阳第一次荟萃国内外原生态艺术表演，首次以"真人秀"形式探索将流行音乐和民族原生态音乐融合创新。在打造"多彩贵州"升级版上取得了实质性成效。四是通过贵阳孔学堂的大平台，大力弘扬中华优秀传统文化，积极培育践行中国社会主义核心价值观。加强馆企共建机制，形成孔学堂书局、网站、杂志、基金会、艺术团、博物馆、专家委员会、文化发展公司等多方位集群建设发展格局。

2014年，贵州省文化艺术服务单位共有3397个，比上年增加了589个，增速为20.98%。个体工商户3000户，比上年增加449户，增速为17.6%。文化服务业从业人员共有67386人，比上年增加11615人，增速为20.83%。行业收入为14.18亿元，比上年增加5.84亿元，增速为70.02%，增速超过贵州省周边地区。行业增加值为18.81亿元，占贵州省GDP的0.21%（见表6）。

表6 2014年贵州省文化艺术服务业概况

指标	2012年	2013年	2014年	2014年比2013年增长
文化艺术服务业单位数（个）	2521	2808	3397	589
个体工商户数（户）	976	2551	3000	449
从业人员数（人）	26790	55771	67386	11615
增加值（亿元）	9.12	12.61	18.81	6.2
增加值占GDP的比重（%）	0.13	0.16	0.21	0.05
收入（亿元）	4.34	8.34	14.18	5.84

资料来源：《2014年贵州省文化产业统计报告》。

2014年,贵州省共有各种文化艺术服务业传播馆所362个,其中,博物馆、纪念馆74个,比2013年减少1个;群众艺术馆、文化宫98个;公共图书馆95个,比上年增加了1个;档案馆95个,比上年增加了1个(见图8)。

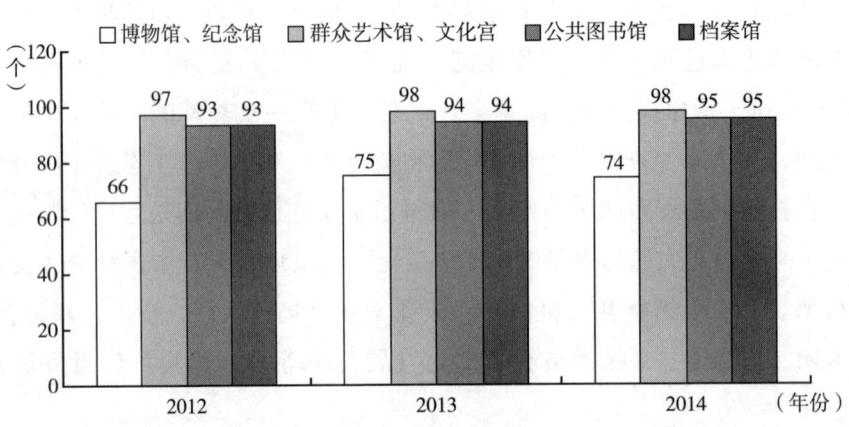

图8　2012～2014年贵州省文化艺术服务业发展状况

4. 文化信息传输服务业发展呈现较好势头

文化信息传输服务业主要是互联网信息服务、增值电信服务(文化部分)和广播电视传输服务三个方面。2014年贵州省文化信息传输服务行业的发展进一步完善互联网工作机制,提高了网络舆情的监管能力。大力开展净化网络专项行动,强化了网络舆情应急处理机制,通过文化网络阵地建设,不断完善网络文化发展规章制度。多彩贵州网有限责任公司组建成立,多彩贵州网站启动运行,在全国40多家重点新闻网站中位居第三。政府积极推动新兴媒体和传统媒体的融合发展,出台《关于推动传统媒体和新兴媒体融合发展的实施意见》。深圳文博会上当代贵州期刊传媒集团被列入贵州唯一全国首批国家级数字转型示范企业,多彩贵州网有限责任公司中标"电子商务云平台"项目,并牵头组织实施"电子政务云平台",不断向大数据产业核心领域挺进。建成"国家数字音像信息资源比对库"、"国家数字音像信息资源备案库"及版权人网站上线,实现项目首期收益。在文化产业大数据项目二期重点推进了广电网络在全国的互联互通,开发了一系列广电新业务项目,推进广电新产业项目取得实质性进展。

2014年贵州省文化信息传输服务业发展势头良好,共有服务单位425个;个体工商户8户;从业人员为19110人,比上年增加7014人,增速为57.99%;行业收入为44.72亿元,比上年增加28.65亿元,增速为178.28%;实现行业增加值为24.29亿元,占贵州省GDP的0.26%(见表7)。

表7 2014年贵州省文化信息传输服务业概况

指标	2012年	2013年	2014年	2014年比2013年增长
文化信息传输服务业单位数(个)	339	452	425	-27
个体工商户数(户)	2	8	8	0
从业人员数(人)	15631	12096	19110	7014
增加值(亿元)	15.41	9.26	24.29	15.03
增加值占GDP的比重(%)	0.22	0.12	0.26	0.14
收入(亿元)	24.78	16.07	44.72	28.65

资料来源:《2014年贵州省文化产业统计报告》。

5. 文化创意和设计服务业高速发展

文化创意和设计服务业主要涉及广告、文化软件、建筑设计和专业设计等行业服务。在文化产业创意和设计服务方面,贵州处于高速发展的态势,在2014年深圳文博会上,贵州以"多彩贵州街"的形式展示贵州省非遗创意产品,受到业内人士和社会好评。"绝对贵州"发展成全国为数不多的文化创意设计联盟。贵州文化产业发展基金在文化创意和设计服务项目上完成投资3.16亿元,设立能矿投资、中广创投、遵义红旅等6支基金,募集资金45.3亿元。文化产业成立了全国首家省级民营文化企业协会,创设贵州首支民营文化产业创投基金。"多彩贵州"品牌研发基地建设加快推进,一期主体工程已完工,完成投资2亿元,演艺、音乐、非遗、文化创意、博览展示等近10家企业已签约入驻基地。260家文化旅游商品、特色餐饮企业入驻贵州民族民间工艺品交易基地,这些企业通过对民族工艺品设计、创意、研发、制造、展览和交易等,推动贵州的民族文化可持续发展。

2014年,贵州省文化创意和设计服务单位共有2896个,相比上年增加了590个,增速为25.59%;行业个体工商户共有2642户,相比上年减少了83户;从业人员为40551人,比上年增加了8465人,增速为26.38%;文化创意和设计服务行业增加值为39.78亿元,占贵州省GDP的0.43%;行业收入为91.24亿元,比上年增加34.84亿元,增速为61.77%,远高于周边省份,行业处于高速发展阶段(见表8)。

表8　2014年贵州省文化创意和设计服务业概况

指标	2012年	2013年	2014年	2014年比2013年增长
文化创意和设计服务业单位数(个)	1161	2306	2896	590
个体工商户数(户)	1704	2725	2642	-83
从业人员数(人)	26453	32086	40551	8465
增加值(亿元)	16.29	25.51	39.78	14.27
增加值占GDP的比重(%)	0.24	0.32	0.43	0.11
收入(亿元)	44.74	56.40	91.24	34.84

资料来源:《2014年贵州省文化产业统计报告》。

6.文化休闲娱乐服务业领军发展

文化休闲娱乐服务业涵盖了景区旅游、休闲娱乐、摄影扩印等服务。在贵州省21个文化产业园区(基地)中,依托文化资源禀赋,挖掘提炼阳明文化、民族文化、山水文化、红色文化资源优势,打造符合贵州实际、受群众欢迎的文化休闲娱乐服务业。按照文化产业发展规划,贵州省投资3.25亿元建设遵义长征文化博览园,完成旅游集散中心和纪念广场拆迁及平场;投资4.7亿元建设毕节大方古彝文化产业园;投资32.7亿元建设多彩贵州城。贵州文化旅游展示中心、黔文化交流中心、1958创意产业园等项目已建成使用,随着文化休闲娱乐项目投资力度的加大,文化休闲娱乐服务业发展势头越来越好。

2014年,贵州省从事文化休闲娱乐服务业的单位共有2479个,比上年增加151个,增速为6.49%;行业个体工商户为14693户,比上年减少654

户；从业人员为88059人，比上年减少3269人；从行业增加值来看，2014年行业增加值为84.66亿元，比上年增加15.64亿元，增速为22.66%；增加值占贵州省GDP的0.92%，比上年提高了0.06个百分点；行业收入为125.54亿元，比上年增加了5.34亿元，增速为4.44%，相比2013年增长74.94%，整个文化休闲娱乐服务业的经济增长趋势有所放缓。随着周边经济环境的变化，贵州省文化休闲娱乐服务业的发展潜力巨大。文化产业发展的增加值在十个行业分类中是最高的，解决的劳动力就业人口也是最多的（见表9）。

表9 2014年贵州省文化休闲娱乐服务业概况

指标	2012年	2013年	2014年	2014年比2013年增长
文化休闲娱乐服务业单位数（个）	1871	2328	2479	151
个体工商户数（户）	10232	15347	14693	-654
从业人员数（人）	65449	91328	88059	-3269
增加值（亿元）	41.39	69.02	84.66	15.64
增加值占GDP的比重（%）	0.60	0.86	0.92	0.06
收入（亿元）	68.71	120.20	125.54	5.34

资料来源：《2014年贵州省文化产业统计报告》。

7. 工艺美术品生产业发展较好

贵州省围绕"5个100工程"，尤其是紧扣文化旅游融合互动，突破行业限制，整合部门、市县资源，重点推动省"十大文化产业园""十大文化产业基地"建设。依托园区和基地建设，加强工艺美术品的生产发展。在凯里民族民间工艺品交易基地，250多家企业入驻，成为省内集聚孵化企业最大的工艺美术产业园区，为贵州省工艺美术品的生产和发展提供有力支撑。"多彩贵州——中国美术作品展"在北京开幕，展示了260件贵州文化工艺美术作品，涵盖国画、版画、油画、雕塑等，作品生动地展现了贵州的多姿多彩，让大家品味贵州大地的乡情、乡愁、乡音、乡韵、乡恋、乡思，是新中国成立以来贵州地域题材美术工艺作品第一次在中国美术馆集中展示。

2014年，贵州省工艺美术品生产单位数共有1471个，相比上年增加276个；从事工艺美术品生产的个体工商户7545户，比上年增加484户；行业从业人员40188人，相比上年增加5996人，增幅为17.54%；工艺美术品生产行业全年增加值为31.79亿元，比上年增加11.99亿元，占全年GDP的0.34%；行业收入为91.37亿元，比上年增加38.42亿元，增速为72.56%（见表10）。

表10　2014年贵州省工艺美术品生产业概况

指标	2012年	2013年	2014年	2014年比2013年增长
工艺美术品生产业单位数（个）	507	1195	1471	276
个体工商户数（户）	3022	7061	7545	484
从业人员数（人）	16856	34192	40188	5996
增加值（亿元）	7.99	19.80	31.79	11.99
增加值占GDP的比重（%）	0.12	0.25	0.34	0.09
收入（亿元）	21.09	52.95	91.37	38.42

资料来源：《2014年贵州省文化产业统计报告》。

8. 文化产品生产的辅助生产业发展较快

文化产品生产的辅助生产相比2013年发展速度较快。从辅助生产的种类来看，主要有版权、印刷复印、文化经纪代理、文化贸易代理与拍卖、文化出租、会展及其他文化辅助产品的生产和服务。贵州省通过改革，加快文化产业转型。通过公司合作控股等形式，完成一批具有吸引力的创意会展，在文化贸易代理、文化出租等领域，逐渐形成了区域间文化产业的竞争力。

2014年，贵州省文化产品生产的相关辅助单位共计有920个，比上年减少134个；从事相关产品辅助生产的个体工商户为2689个，比上年增加122户；相关从业人员22621人，比上年增加30人；行业增加值为18.64亿元，同比增长17.9%，占贵州省GDP的0.20%；行业收入为50.89亿元，比上年增加11.21亿元，收入增速为28.25%（见表11）。

表11 2014年贵州省文化产品生产的辅助生产业概况

指标	2012年	2013年	2014年	2014年比2013年增长
文化产品生产的相关辅助单位数(个)	915	1054	920	-134
个体工商户数(户)	96	2567	2689	122
从业人员数(人)	19067	22591	22621	30
增加值(亿元)	18.20	15.81	18.64	2.83
增加值占GDP的比重(%)	0.27	0.20	0.20	0
收入(亿元)	44.65	39.68	50.89	11.21

资料来源：《2014年贵州省文化产业统计报告》。

9. 文化用品生产业发展强劲

随着贵州省文化产业的快速发展，文化用品生产业的发展也越来越快，传统的文化用品生产不仅满足了本地市场的需求，还不断销往周边地区。贵州文化用品生产涵盖办公用品、乐器、玩具、游艺器材、视听设备、焰火、鞭炮、文化用纸、文化油墨颜料以及其他文化用品的制造与销售。虽然文化用品生产服务单位相比有所下降，但就业人员和行业收入都在快速提高。

2014年，贵州省文化用品生产业单位共计617个，比上年减少53个；行业个体工商户18210户，比上年增加888户；解决劳动就业人员61393人，比上年增加6798人；行业增加值为50.43亿元，比上年增加13.29亿元，增速为35.78%，占贵州省GDP的0.54%，仅次于文化休闲娱乐服务业；行业收入为188.73亿元，相比上年增加了56.34亿元，增速为42.56%（见表12）。

表12 2014年贵州省文化用品生产业概况

指标	2012年	2013年	2014年	2014年比2013年增长
文化用品生产业单位数(个)	354	670	617	-53
个体工商户数(户)	8939	17322	18210	888
从业人员数(人)	36691	54595	61393	6798
增加值(亿元)	23.67	37.14	50.43	13.29
增加值占GDP的比重(%)	0.35	0.46	0.54	0.08
收入(亿元)	97.15	132.39	188.73	56.34

资料来源：《2014年贵州省文化产业统计报告》。

10. 文化专用设备生产业发展较缓

围绕经济文化社会的发展，各市（州）不断加大对文化专用设备的生产投入，积极鼓励文化专用设备制造业的发展。贵州整体文化专用设备生产制造业发展缓慢，行业收入主要来源于专用设备的零售和批发。

2014年，贵州省从事文化专用设备生产业的单位共有25个，相比上年的94个减少了69个；行业个体工商户15家，相比上年减少342家，在十大行业中减少数量最大；从业人员495人，比上年减少2390人，人员减幅达到82.84%；行业增加值为0.5亿元，比上年减少1.35亿元，行业发展负增长；增加值占贵州省GDP的0.01%；行业收入为2.31亿元，比上年减少5.98亿元，增速为-72.14%。从文化产业发展整体来看，文化专用设备生产业是贵州省文化产业发展的瓶颈（见表13）。

表13 2014年贵州省文化专用设备生产业概况

指标	2012年	2013年	2014年	2014年比2013年增长
文化专用设备生产业单位数（个）	18	94	25	-69
个体工商户数（户）	142	357	15	-342
从业人员数（人）	668	2885	495	-2390
增加值（亿元）	0.43	1.85	0.50	-1.35
增加值占GDP的比重（%）	0.01	0.02	0.01	-0.01
收入（亿元）	2.25	8.29	2.31	-5.98

资料来源：《2014年贵州省文化产业统计报告》。

（四）区域文化产业发展态势趋好

2014年，贵州省文化产业总收入为705.68亿元，文化产业从业人员为364792人，拥有文化产业单位12911个，个体工商户51336户，非物质文化遗产单位707个。贵州省各地（州）文化产业发展收入贵阳市为298.98亿元，排在各地（州）文化产业发展收入的首位，占贵州省文化产业收入的42.37%；其次是遵义，文化产业收入为115.48亿元，占贵州省文化产业发展收入的16.36%；黔西南布依族苗族自治州文化产业发展收入最少，只有

24.44亿元,占贵州省文化产业发展收入的3.5%。文化产业从业人员遵义市有89669人,占贵州省文化产业从业总人数的24.58%,排在十个地(州)文化从业人员的首位;贵阳文化产业从业人员有74402人,占贵州省文化产业从业人员的20.40%,从业人数仅次于遵义;黔西南布依族苗族自治州文化产业从业人员最少,只有17478人,占贵州省文化产业从业人员的4.8%。从事文化产业的单位个数遵义市有2650个,占贵州省文化产业单位数的20.53%;贵阳有2502个,占贵州省的19.40%;黔西南布依族苗族自治州只有582个,占贵州省的4.5%。从事文化产业的工商个体户遵义市有15598户,占贵州省的30.38%;黔东南苗族侗族自治州有10841户,占贵州省文化产业发展个体工商户的21.12%;黔西南布依族苗族自治州只有2142户,占贵州省的4.2%。拥有的非物质文化遗产单位黔南布依族苗族自治州有194个,占贵州省非物质文化遗产单位的27.44%,排在贵州省地(州)的首位;其次是黔东南苗族侗族自治州,有172个,占贵州省非物质文化遗产单位的24.33%(见表14)。

表14 2014年各市(州)区域文化产业主要经济指标

地区名称	收入(亿元)	从业人数(人)	单位数(个)	个体户数(户)	非物质文化遗产单位(个)
贵州省	705.68	364792	12911	51336	707
贵阳市	298.98	74402	2502	4274	29
六盘水市	35.84	20088	652	2850	33
遵义市	115.48	89669	2650	15598	120
安顺市	44.55	29062	1004	4431	40
毕节市	36.31	28406	1023	5133	38
铜仁市	32.70	17743	1027	2282	26
黔西南布依族苗族自治州	24.44	17478	582	2142	35
黔东南苗族侗族自治州	58.42	59781	2054	10841	172
黔南布依族苗族自治州	58.95	28163	1417	3785	194

资料来源:《2014年贵州省文化产业统计报告》。

各市(州)结合本地文化产业发展实际情况,利用自身区位、资源、环境等有利条件,积极推进重点文化产业项目建设。进一步加快推进地方文化产业的发展速度,壮大文化产业规模,提高文化产业发展质量。各市(州)加强区域间合作,实现市州之间文化产业的"引进来"和"走出去"。2014年文化产业增加值相比上年进一步提高,各市州文化产业发展增加值占本地区GDP的比重分别是:贵阳3.71%、六盘水2.71%、遵义2.93%、安顺3.96%、毕节1.46%、铜仁2.26%、黔西南2.07%、黔东南4%、黔南3.15%。文化产业增加值占GDP比重最高的是黔东南,达到4%,最低的是毕节,只有1.46%。增加值的总量贵阳仍然处在领先的位置,达到92.72亿元,相比上年,增加30.80亿元;其次是遵义,增加值为54.94亿元。各市(州)的文化产业增加值的增速分别是:贵阳49.74%、六盘水18.90%、遵义36.06%、安顺101.76%、毕节25.44%、铜仁44.47%、黔西南52.13%、黔东南32.72%、黔南37.92%。安顺文化产业增加值增长最快,达到101.76%,其次是黔西南52.13%,贵阳排在第三位,增长最慢的是六盘水,只有18.90%。整体来看,贵州省文化产业增加值增长速度是41.55%,高于周边地区,区域文化产业发展态势较好(见表15)。

表15 2013~2014年各市(州)区域文化产业增加值及占比情况统计

地区名称	2013年		2014年		
	增加值(亿元)	增加值占GDP比重(%)	增加值(亿元)	增加值占GDP比重(%)	增加值增长速度(%)
贵州省	209.72	2.62	296.85	3.21	41.55
贵阳市	61.92	2.97	92.72	3.71	49.74
六盘水市	23.76	2.69	28.25	2.71	18.90
遵义市	40.38	2.55	54.94	2.93	36.06
安顺市	10.21	2.38	20.60	3.96	101.76
毕节市	14.7	1.41	18.44	1.46	25.44
铜仁市	10.12	1.89	14.62	2.26	44.47
黔西南布依族苗族自治州	9.15	1.64	13.92	2.07	52.13
黔东南苗族侗族自治州	21.15	3.61	28.07	4	32.72
黔南布依族苗族自治州	18.33	2.84	25.28	3.15	37.92

资料来源:《2014年贵州省文化产业统计报告》。

二 存在的问题

（一）部分地区文化体制改革缓慢

近年来，贵州省文化体制改革取得了一定进展，但部分地区的机制建立还未取得实质性突破，存在改革制度不到位、改革不深入、改革质量不高等问题。在六盘水市的改革中，一些兼有经营性业务的文化事业单位改革进程慢，还没有转型成为具有生机活力的市场竞争主体，比如博物馆、文化馆、图书馆等文化事业单位探索尚未真正建立法人治理、收入分配、社会保障等制度，其内部运营管理还不允许社会力量的参与。党报党刊和广播电视台等文化事业单位还需要进一步完善管理体制和运行机制。一些国有文化资产尚未充分盘活，增值效益不高，甚至有被挪作他用的现象等。多地的文化产业改革涉及文化、文物、旅游、林业、城市规划、土地管理等多个政府部门，隶属关系的不同，造成行业规划不统一，改革部门职能受限，部门难以主导实施，导致改革合力弱。文化产业改革未能得到相关配套法律法规的支持和保证。对与文化产业发展相关的如文化资源以及设施的管理、保护、开发、利用等缺乏立法规范。

（二）产业政策不健全、不配套

文化产业作为新兴的、前景广阔的产业和新的经济增长点，其发展需要相关的政策与之配套，需要在税收、投资、金融等方面的倾斜和优惠政策以及各个综合部门的大力支持。贵州省相继出台了相关文化产业的政策，现有的政策导向不是很明确，出台的相关产业政策也不够系统，未能形成合力，产业政策的效果不明显。六盘水市在财政、投融资、税收、土地、社会保障、人才、人员分流和收入分配等方面出台过一系列优惠政策，支持和鼓励文化产业发展，但是由于政策不配套等各种原因，有的职能部门认识不到位,这些优惠政策难以落实。其他地区的关于扶持文化发展的土地、金融、财政、环境等一系列政策还未正式出台。

(三)文化产业要素投入不足

文化产业要素投入不足首先表现为投资规模的不足,当前贵州投资项目规模较小,利用外资水平不高,缺乏大项目支撑,文化产业投资主体多为当地民间投资和个体工商户。截至2014年底,在贵州省12911个文化产业单位中,有8506家民营文化企业,实现增加值165.02亿元,占贵州省文化产业增加值的55.60%,从业人员近13万人;文化产业个体工商户有5万余户,从业人员约15万人。文化产业增加值中,民营文化企业和个体工商户占比接近90%。其次,贵州文化产业缺乏高端人才。人才短缺已成为制约贵州省文化产业发展的关键因素,当前贵州文化产业综合现状是较多的从业人口数量和低素质人口比重过大并存,丰富的人力资源和匮乏的人力资本并存。贵州文化产业不仅缺乏具有创造力的艺术家,还缺乏一批专门经营文化产业的人才。截至2014年底,贵州省文化产业从业人员为36.48万人,其中,高中级管理人才还很缺乏,人员结构不合理,制约着文化产业市场化运作,特别是与发展现代文化产业的要求还很不适应。最后,贵州文化产业要素投入不足还表现为文化产品的科技含量低,传统文化产业的改造和创新文化表现形式能力较弱,文化产业未能较好地运用现代高科技手段,文化产业与数字网络技术融合较低,低技术含量文化产业比重偏大,文化产业增加值不高。

(四)旅游与文化产业缺乏深度融合

近几年来,推动贵州文化产业发展的主要是传统的旅游产业,贵州丰富的文化资源通过多年的宣传、开发,已经形成很好的比较优势,有气候优势、生态环境优势,还有夜郎文化、红色文化、民族文化,但产品质量不高,没有将这些资源优势转化为市场优势,旅游产业与文化产业缺乏深度融合。贵州旅游产业的表现形式单一,与文化产业的整合力度不够大,开发和利用大多停留在"原生态"和"毛坯"的阶段，旅游的表现形式主要集中在景区、景点，缺少大型的、专业化的、与文化旅游相关的文艺表演活动，旅游纪念品开发主要来自少数民族地区自我生成发展，缺乏创意和本地特色，专业化的开发生产还处于起步阶段，还未找到与其他产业特别是文化产业相融合的有效切入点和长效机制。

三 贵州与全国及周边省份文化产业比较

贵州与周边省（区、市）的文化产业在地理环境和文化资源方面有着很多的相似之处。近几年来，贵州文化产业得到迅速发展，2009~2014年，文化产业增加值年均增长率为36.7%。增长速度明显高于全国及周边的省（区、市）。

2009~2013年，贵州文化产业增加值年均增长率为35.5%，位居六省市第一；广西年均增长率为29.3%，位居第二；重庆年均增长率为22.6%，位居第三；云南和湖南年均增长率分别为18.7%和17.6%，位列第四和第五，由于四川文化产业增加值的统计口径在2013年发生变化，故无法测算其年均增长率。五年间，六个省（区、市）文化产业占GDP比重也逐年增加，贵州省文化产业占GDP比重从2009年的1.59%增加至2013年的2.62%，增长了1.03个百分点，广西增长了0.93个百分点，重庆增长了0.42个百分点，云南和湖南分别增长了0.2个和0.1个百分点。从文化产业增加值的总量占GDP比重看，2009年贵州文化产业增加值为62.23亿元，占贵州省当年GDP比重仅为1.59%，2013年文化产业增加值达到209.72亿元，占GDP的比重上升到2.62%；2009年云南文化产业增加值为364亿元，占GDP比重高达5.9%，2013年文化产业增加值达到721.77亿元，占比达到6.1%；2009年湖南文化产业增加值为682.16亿元，占比为5.2%，2013年文化产业增加值达到1304.97亿元，占比为5.3%；2009年四川文化产业增加值达到427亿元，占比为3%，2013年，按照国家统计局新的统计口径，四川文化产业增加值为452亿元，占比为1.72%；2009年广西文化产业增加值为142.01亿元，占比为1.83%，2013年分别达到396.78亿元和2.75%；2009年重庆市文化产业增加值及其占GDP比重分别为188.14亿元和2.88%，2013年分别增长至425亿元和3.3%。2014年贵州文化产业增加值达到296.85亿元，占贵州省GDP比重为3.21%，比全国占GDP比重的3.77%低0.56个百分点，比湖南占GDP比重的5.7%低2.49个百分点。由此可见，贵州与全国及周边省（区、市）文化产业发展相比，其对经济发展的贡献显然较低。

四 2016年发展环境与发展趋势分析

根据最近五年贵州省文化产业发展趋向，贵州文化产业将继续维持高速发展势头，占经济总量比例将进一步提高。区域发展不平衡问题仍然存在，区域差距将进一步扩大。

（一）发展环境

1. 国内环境

党的十八大以来，我国文化产业进入新的发展时期，宏观发展环境进一步改善。2015年，财政部颁布改进文化产业发展专项资金分配计划，先后投资50亿元扶持850个项目，较2014年增长6.25%。《中共中央关于制定国民经济和社会发展第十三个五年规划的建议》提出，要推动文化产业优化升级，培育新型文化产业，实现文化产业与公共文化融合发展。近年来，中央推出"一带一路"、长江经济带、新型城镇化建设等一系列重大举措，在推动相关省（区、市）经济发展的同时为文化产业发展提供新的支撑点。跨区域战略的实施有利于打破行政界限的划分，对实现文化产业横跨东中西部层级性发展格局具有积极意义。

2015年11月，党中央颁布的《中共中央关于制定国民经济和社会发展第十三个五年规划的建议》明确提出在新的五年中，基本建成公共文化服务体系，文化产业成为国民经济支柱性产业，持续扩大中华文明影响力，有力增强我国软实力。与此同时，深化文化体制改革，实施重大文化工程，完善公共文化服务体系、文化产业体系、文化市场体系。推动基本公共文化服务标准化、均等化发展，引导文化资源向城乡基层倾斜，创新公共文化服务模式，保障人民基本文化权益。推动文化产业结构优化升级，发展骨干文化企业和创意文化产业，培育新型文化业态，扩大和引导文化消费。普及科学知识，倡导全民阅读。发展体育事业，推广全民健身，增强人民体质。特别指出，做好2020年北京冬奥会筹备工作。"十三五"规划对文化产业的特别支持，为我国文化产业发展营造良好的国内环境。

2. 省内环境

2015年，是贵州"十二五"规划收官之年，贵州省经济处于高速发展时期。2014年，贵州实现生产总值9251.01亿元，增长10.8%，增速居全国第二位，省内经济建设处于蓬勃发展时期，为"十三五"做好坚实的物质基础和思想准备。伴随经济基础的牢固和相关政策的出台，2016年贵州省文化产业环境进一步改善。"十三五"规划中涉及文化产业转型升级等内容对贵州是难得的鼓舞与支持，为贵州省政策小环境建设做好政治方面的准备。根据中央《2015年文化体制改革和发展工作要点》，贵州省相继出台《中共贵州省委关于认真学习贯彻党的十八大精神与全国同步全面建成小康社会而奋斗的决定》《中共贵州省委办公厅贵州省人民政府办公厅关于以县为单位开展全面建成小康社会统计监测工作的通知》《贵州省精神文明建设"五个一"工程规划纲要》等指导意见。

2015年3月，贵州省委、省政府、文化厅等相关部门在工作要点中指出：推动贵州文化广场项目建设；推动文化创意与设计服务和相关产业融合发展；推动贵州彝族文化产业走廊建设；继续推进县域文化产业发展"三个一工程"，做好第一、第二批项目管理和第三批项目评选工作；组织做好中央和省文产项目资金申报工作；做好文化产业年度统计工作；组团参加"2015中国（北京）国际文化创意产业博览会""中国海峡两岸文化创意博览会"；抓好文化创意人才培训，组织中小微文化企业赴台湾地区参观学习；做好动漫企业认定工作，组织好第九届亚洲青年动漫大赛和第三届中国

(贵州)民族民间工艺品、文化产品博览会；指导贵州省民营文化产业协会发挥好行业服务、自律、协调和监督作用；推动文化与金融合作，支持小微文化企业和特色文化产业发展。加强文化人才队伍建设。组织好"三区"人才支持计划文化工作者专项工作，加强文化专业人才培养；继续加强文艺专业人才、文化遗产保护传承、公共文化服务、文化产业经营管理和文化市场综合执法队伍建设；做好四个系列文化专业人员职称评审工作。加强政策法规保障。认真谋划，统筹协调，编制《贵州省"十三五"文化事业和文化产业发展专项规划》；开展《贵州省公共文化服务促进条例》《贵州省海龙屯保护条例》立法调研；抓好文化行政执法监督检查工作；完善法律顾问制度，重大行政决策和重大项目建设等充分听取法律顾问和法律机构意见，并适时邀请公众参与，开展专家论证、风险评估和合法性审查；加强政府信息公开，提高工作透明度，促进依法行政；加强法律法规宣传，适时开展相关培训；加强政策法规工作调研和课题研究，制定《贵州省文化厅调研工作管理办法》；开展贵州文化演艺业状况调查；编制《文化法律法规汇编》。贵州省委、省政府与有关部门规划的颁布为贵州省文化产业发展营造了良好的省内环境。

（二）机遇和挑战

1. 新常态下文化产业发展的新机遇

第一，多彩贵州民族特色文化强省建设带来机遇，为充分发挥民族特色文化强省指明方向。2015年11月，省委、省政府在《中共贵州省委关于制定贵州省国民经济和社会发展第十三个五年规划的建议》中明确指出建设"多彩贵州"民族特色文化强省战略。要求"十三五"期间，贵州省基本建成覆盖城乡、便捷高效、保基本、促公平的现代公共文化服务体系。深化文化体制改革，完善文化产业体系、文化市场体系。大力发展文化产业，积极发展文化创意、影视服务、文化会展等产业，做大做强省直骨干文化企业，规划建设一批文化产业基地和区域特色文化产业群。发掘和利用民族文化、山地文化、阳明文化、红色文化、"三线"文化的丰富内涵和独特魅力，打造更多文化精品,培育新型文化业态。推进传统文化创造性转化和创新性发展,振兴传统工艺,落实贵州省非物质文化遗产保护发展规划,支持黔东南国家级民族文化生态保护试验区建设。

第二,大扶贫战略性行动计划实施带来机遇。贵州省是欠发达地区,扶贫难度大。近年来,当文化产业成为新兴产业并快速发展时,贵州省基于现实,选择一条以乡村旅游为主导、多产业协调发展的扶贫道路。在全国兴起农家乐的时候,贵州省着手编制乡村旅游规划,位居全国前列。近年来,贵州省依托特色文化资源,将旅游业与农业结构调整、扶贫开发相结合,积极挖掘民俗文化,开发乡村旅游,使贫困地区居民收入有所增长,带动脱贫工作的开展。如今,乡村旅游已经成为贵州旅游业重要组成部分,贫困地区以自然风光、民族文化为依托,围绕"消除贫困、保护遗产、促进发展"的主题,广泛开展乡村旅游活动。"十二五"期间,贵州省进一步将新农村建设、大扶贫和乡村旅游有机结合,启动新一轮乡村旅游示范点建设,积极培养乡村旅游产业链。将建成 10 个具有影响力的乡村旅游扶贫示范区,建成一批乡村旅游示范点,培养一批乡村旅游扶贫品牌企业,争取旅游扶贫收入达到 20 亿元,旅游扶贫区人均收入突破 7000 元。"十二五"期间,贵州省城乡居民人均可支配收入年均增长分别为 11.7% 和 14.8%,达到 24465 元和 7505 元。贫困人口从 2011 年的 1149 万人减少到 2014 年底的 623 万人,贫困发生率从 33.4% 下降到 14.3%。居民收入的持续增长和贫困人口的下降为文化产业繁荣奠定可靠的经济基础。

目前,贵州省部分地区乡村旅游处于较低水平,文化开发尚有不足。大多数乡村旅游以农家乐面貌出现,旅游质量低、文化气氛较淡,钓鱼、打牌、吃饭成为主体项目,文化缺失成为贵州省乡村旅游继续快速发展的瓶颈。"深入挖掘文化内涵和突出特色,是发展乡村旅游的灵魂"。乡村旅游产业文化内涵的不足既是其缺陷,又是文化产业成长的空间。"十三五"期间,在乡村旅游中嵌入文化内涵,帮助乡村旅游业凭借自身旅游资源的特色和禀赋来加快旅游产品结构调整,进而推出乡村旅游、民族文化观光和地质奇观探秘等特色独具的乡村旅游系列产品是贵州省文化产业进步的新机遇。

第三，大数据战略行动计划实施带来的机遇。"互联网+"文化产业。互联网促进文化生产力的重组，实现文化产业发展依靠两大基本条件：一是对信息资源高度依赖。文化产业需要根据市场需求，把文化资源、技术资源等有机结合。二是对技术人员高度依赖。文化产业属于高技术密集型产业，对技术有相当高要求。文化产业核心是人的思维的创意，是创造性的发挥。互联网时代之前，各种要素是分裂的，"互联网+"将各种要素整合成具有一定包容性的文化商业生态系统。逐步消除文化企业和消费者之间的隔阂，有助于企业将消费者的需求融入战略规划中，成为文化产业发展的新动力。

近年来，贵州省将新兴产业作为促增长发力点，加快以大数据为主导的电子信息工程产业建设，实施"互联网+"行动计划，积极构建大数据战略策源地和先行区，大力开拓网络经济空间，促进互联网和经济社会融合，超前规划下一代互联网应用和推广，推进产业组织、商业模式、供应链发展，支持互联网的各类创新。当前贵州省大数据产业方兴未艾，文化产业与大数据实现无缝对接将为其注入新的活力。大数据是一次科技革命。大数据战略的实施，将为文化产业带来管理理念、经营方式、人才等一系列机遇。

第四，新常态下贵州省文化产业面临新的发展机遇。（1）新型城镇化为文化产业提供了全新发展平台。城镇是经济与文化共同组成的发展体。文化产业能有效提高人的思想经济网、幸福指数，提高城市文化质量，为城市发展提供新的活力。（2）文化产业与城市化产生良性互动。在城镇化快速推进中，文化产业将进一步刺激消费，成为经济增长亮点。2014年，贵州省文化产业实现收入705.68亿元；增加值为296.85亿元，增速为41.55%，有力的推动贵州省经济增长。（3）新常态下"大众创业、万众创新"中文化产业成为其中的热土。省委、省政府颁布《关于印发〈支持贵州科学院、贵州省农科院深化科研机制改革试点推进科技创新和成果转化八条措施（试行）〉的通知》等一系列文件推动创新工程。相关部门顺应新常态下"大众创业、万众创新"的新形势，积极创造良好的创新、创业环境，打造

社长致辞

蓦然回首，皮书的专业化历程已经走过了二十年。20年来从一个出版社的学术产品名称到媒体热词再到智库成果研创及传播平台，皮书以专业化为主线，进行了系列化、市场化、品牌化、数字化、国际化、平台化的运作，实现了跨越式的发展。特别是在党的十八大以后，以习近平总书记为核心的党中央高度重视新型智库建设，皮书也迎来了长足的发展，总品种达到600余种，经过专业评审机制、淘汰机制遴选，目前，每年稳定出版近400个品种。"皮书"已经成为中国新型智库建设的抓手，成为国际国内社会各界快速、便捷地了解真实中国的最佳窗口。

20年孜孜以求，"皮书"始终将自己的研究视野与经济社会发展中的前沿热点问题紧密相连。600个研究领域，3万多位分布于800余个研究机构的专家学者参与了研创写作。皮书数据库中共收录了15万篇专业报告，50余万张数据图表，合计30亿字，每年报告下载量近80万次。皮书为中国学术与社会发展实践的结合提供了一个激荡智力、传播思想的入口，皮书作者们用学术的话语、客观翔实的数据谱写出了中国故事壮丽的篇章。

20年跬步千里，"皮书"始终将自己的发展与时代赋予的使命与责任紧紧相连。每年百余场新闻发布会、10万余次中外媒体报道、中、英、俄、日、韩等12个语种共同出版。皮书所具有的凝聚力正在形成一种无形的力量，吸引着社会各界关注中国的发展、参与中国的发展，它是我们向世界传递中国声音、总结中国经验、争取中国国际话语权最主要的平台。

皮书这一系列成就的取得，得益于中国改革开放的伟大时代，离不开来自中国社会科学院、新闻出版广电总局、全国哲学社会科学规划办公室等主管部门的大力支持和帮助，也离不开皮书研创者和出版者的共同努力。他们与皮书的故事创造了皮书的历史，他们对皮书的拳拳之心将继续谱写皮书的未来！

现在，"皮书"品牌已经进入了快速成长的青壮年时期。全方位进行规范化管理、树立中国的学术出版标准；不断提升皮书的内容质量和影响力，搭建起中国智库产品和智库建设的交流服务平台和国际传播平台；发布各类皮书指数，并使之成为中国指数，让中国智库的声音响彻世界舞台，为人类的发展做出中国的贡献——这是皮书未来发展的图景。作为"皮书"这个概念的提出者，"皮书"从一般图书到系列图书和品牌图书，最终成为智库研究和社会科学应用对策研究的知识服务和成果推广平台这整个过程的操盘者，我相信，这也是每一位皮书人执着追求的目标。

"当代中国正经历着我国历史上最为广泛而深刻的社会变革，也正在进行着人类历史上最为宏大而独特的实践创新。这种前无古人的伟大实践，必将给理论创造、学术繁荣提供强大动力和广阔空间。"

在这个需要思想而且一定能够产生思想的时代，皮书的研创出版一定能创造出新的更大的辉煌！

社会科学文献出版社社长
中国社会学会秘书长

2017年11月

社会科学文献出版社简介

社会科学文献出版社（以下简称"社科文献出版社"）成立于1985年，是直属于中国社会科学院的人文社会科学学术出版机构。成立至今，社科文献出版社始终依托中国社会科学院和国内外人文社会科学界丰厚的学术出版和专家学者资源，坚持"创社科经典，出传世文献"的出版理念、"权威、前沿、原创"的产品定位以及学术成果和智库成果出版的专业化、数字化、国际化、市场化的经营道路。

社科文献出版社是中国新闻出版业转型与文化体制改革的先行者。积极探索文化体制改革的先进方向和现代企业经营决策机制，社科文献出版社先后荣获"全国文化体制改革工作先进单位"、中国出版政府奖·先进出版单位奖，中国社会科学院先进集体、全国科普工作先进集体等荣誉称号。多人次荣获"第十届韬奋出版奖""全国新闻出版行业领军人才""数字出版先进人物""北京市新闻出版广电行业领军人才"等称号。

社科文献出版社是中国人文社会科学学术出版的大社名社，也是以皮书为代表的智库成果出版的专业强社。年出版图书2000余种，其中皮书400余种，出版新书字数5.5亿字，承印与发行中国社科院院属期刊72种，先后创立了皮书系列、列国志、中国史话、社科文献学术译库、社科文献学术文库、甲骨文书系等一大批既有学术影响又有市场价值的品牌，确立了在社会学、近代史、苏东问题研究等专业学科及领域出版的领先地位。图书多次荣获中国出版政府奖、"三个一百"原创图书出版工程、"五个'一'工程奖"、"大众喜爱的50种图书"等奖项，在中央国家机关"强素质·做表率"读书活动中，入选图书品种数位居各大出版社之首。

社科文献出版社是中国学术出版规范与标准的倡议者与制定者，代表全国50多家出版社发起实施学术著作出版规范的倡议，承担学术著作规范国家标准的起草工作，率先编撰完成《皮书手册》对皮书品牌进行规范化管理，并在此基础上推出中国版芝加哥手册——《社科文献出版社学术出版手册》。

社科文献出版社是中国数字出版的引领者，拥有皮书数据库、列国志数据库、"一带一路"数据库、减贫数据库、集刊数据库等4大产品线11个数据库产品，机构用户达1300余家，海外用户百余家，荣获"数字出版转型示范单位""新闻出版标准化先进单位""专业数字内容资源知识服务模式试点企业标准化示范单位"等称号。

社科文献出版社是中国学术出版走出去的践行者。社科文献出版社海外图书出版与学术合作业务遍及全球40余个国家和地区，并于2016年成立俄罗斯分社，累计输出图书500余种，涉及近20个语种，累计获得国家社科基金中华学术外译项目资助76种、"丝路书香工程"项目资助60种、中国图书对外推广计划项目资助71种以及经典中国国际出版工程资助28种，被五部委联合认定为"2015-2016年度国家文化出口重点企业"。

如今，社科文献出版社完全靠自身积累拥有固定资产3.6亿元，年收入3亿元，设置了七大出版分社、六大专业部门，成立了皮书研究院和博士后科研工作站，培养了一支近400人的高素质与高效率的编辑、出版、营销和国际推广队伍，为未来成为学术出版的大社、名社、强社，成为文化体制改革与文化企业转型发展的排头兵奠定了坚实的基础。

宏观经济类

经济蓝皮书

2018年中国经济形势分析与预测

李平/主编　2017年12月出版　定价：89.00元

◆ 本书为总理基金项目，由著名经济学家李扬领衔，联合中国社会科学院等数十家科研机构、国家部委和高等院校的专家共同撰写，系统分析了2017年的中国经济形势并预测2018年中国经济运行情况。

城市蓝皮书

中国城市发展报告 No.11

潘家华　单菁菁/主编　2018年9月出版　估价：99.00元

◆ 本书是由中国社会科学院城市发展与环境研究中心编著的，多角度、全方位地立体展示了中国城市的发展状况，并对中国城市的未来发展提出了许多建议。该书有强烈的时代感，对中国城市发展实践有重要的参考价值。

人口与劳动绿皮书

中国人口与劳动问题报告 No.19

张车伟/主编　2018年10月出版　估价：99.00元

◆ 本书为中国社会科学院人口与劳动经济研究所主编的年度报告，对当前中国人口与劳动形势做了比较全面和系统的深入讨论，为研究中国人口与劳动问题提供了一个专业性的视角。

宏观经济类 · 区域经济类

中国省域竞争力蓝皮书
中国省域经济综合竞争力发展报告（2017～2018）
李建平 / 李闽榕 高燕京 / 主编 2018年5月出版 估价：198.00元

◆ 本书融多学科的理论为一体，深入追踪研究了省域经济发展与中国国家竞争力的内在关系，为提升中国省域经济综合竞争力提供有价值的决策依据。

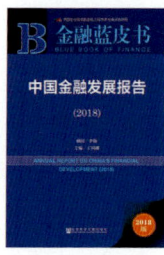

金融蓝皮书
中国金融发展报告（2018）
王国刚 / 主编 2018年2月出版 估价：99.00元

◆ 本书由中国社会科学院金融研究所组织编写，概括和分析了2017年中国金融发展和运行中的各方面情况，研讨和评论了2017年发生的主要金融事件，有利于读者了解掌握2017年中国的金融状况，把握2018年中国金融的走势。

区域经济类

京津冀蓝皮书
京津冀发展报告（2018）
祝合良 叶堂林 张贵祥 / 等著 2018年6月出版 估价：99.00元

◆ 本书遵循问题导向与目标导向相结合、统计数据分析与大数据分析相结合、纵向分析和长期监测与结构分析和综合监测相结合等原则，对京津冀协同发展新形势与新进展进行测度与评价。

社会政法类

社会蓝皮书
2018年中国社会形势分析与预测
李培林　陈光金　张翼 / 主编　2017年12月出版　定价：89.00元

◆ 本书由中国社会科学院社会学研究所组织研究机构专家、高校学者和政府研究人员撰写，聚焦当下社会热点，对2017年中国社会发展的各个方面内容进行了权威解读，同时对2018年社会形势发展趋势进行了预测。

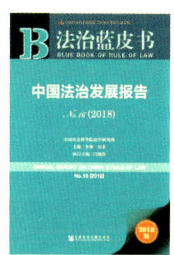

法治蓝皮书
中国法治发展报告 No.16（2018）
李林　田禾 / 主编　2018年3月出版　估价：118.00元

◆ 本年度法治蓝皮书回顾总结了2017年度中国法治发展取得的成就和存在的不足，对中国政府、司法、检务透明度进行了跟踪调研，并对2018年中国法治发展形势进行了预测和展望。

教育蓝皮书
中国教育发展报告（2018）
杨东平 / 主编　2018年4月出版　估价：99.00元

◆ 本书重点关注了2017年教育领域的热点，资料翔实，分析有据，既有专题研究，又有实践案例，从多角度对2017年教育改革和实践进行了分析和研究。

皮书系列　重点推荐　　社会政法类

社会体制蓝皮书
中国社会体制改革报告 No.6（2018）

龚维斌 / 主编　2018 年 3 月出版　估价：99.00 元

◆ 本书由国家行政学院社会治理研究中心和北京师范大学中国社会管理研究院共同组织编写，主要对 2017 年社会体制改革情况进行回顾和总结，对 2018 年的改革走向进行分析，提出相关政策建议。

社会心态蓝皮书
中国社会心态研究报告（2018）

王俊秀　杨宜音 / 主编　2018 年 12 月出版　估价：99.00 元

◆ 本书是中国社会科学院社会学研究所社会心理研究中心"社会心态蓝皮书课题组"的年度研究成果，运用社会心理学、社会学、经济学、传播学等多种学科的方法进行了调查和研究，对于目前中国社会心态状况有较广泛和深入的揭示。

华侨华人蓝皮书
华侨华人研究报告（2018）

贾益民 / 主编　2018 年 1 月出版　估价：139.00 元

◆ 本书关注华侨华人生产与生活的方方面面。华侨华人是中国建设 21 世纪海上丝绸之路的重要中介者、推动者和参与者。本书旨在全面调研华侨华人，提供最新涉侨动态、理论研究成果和政策建议。

民族发展蓝皮书
中国民族发展报告（2018）

王延中 / 主编　2018 年 10 月出版　估价：188.00 元

◆ 本书从民族学人类学视角，研究近年来少数民族和民族地区的发展情况，展示民族地区经济、政治、文化、社会和生态文明"五位一体"建设取得的辉煌成就和面临的困难挑战，为深刻理解中央民族工作会议精神、加快民族地区全面建成小康社会进程提供了实证材料。

 产业经济类·行业及其他类

产业经济类

房地产蓝皮书
中国房地产发展报告 No.15（2018）

李春华　王业强 / 主编　2018 年 5 月出版　估价：99.00 元

◆ 2018 年《房地产蓝皮书》持续追踪中国房地产市场最新动态，深度剖析市场热点，展望 2018 年发展趋势，积极谋划应对策略。对 2017 年房地产市场的发展态势进行全面、综合的分析。

新能源汽车蓝皮书
中国新能源汽车产业发展报告（2018）

中国汽车技术研究中心　日产（中国）投资有限公司　东风汽车有限公司 / 编著　2018 年 8 月出版　估价：99.00 元

◆ 本书对中国 2017 年新能源汽车产业发展进行了全面系统的分析，并介绍了国外的发展经验。有助于相关机构、行业和社会公众等了解中国新能源汽车产业发展的最新动态，为政府部门出台新能源汽车产业相关政策法规、企业制定相关战略规划，提供必要的借鉴和参考。

行业及其他类

旅游绿皮书
2017~2018 年中国旅游发展分析与预测

中国社会科学院旅游研究中心 / 编　2018 年 2 月出版　估价：99.00 元

◆ 本书从政策、产业、市场、社会等多个角度勾画出 2017 年中国旅游发展全貌，剖析了其中的热点和核心问题，并就未来发展作出预测。

民营医院蓝皮书
中国民营医院发展报告（2018）
薛晓林 / 主编　2018年1月出版　估价：99.00元

◆ 本书在梳理国家对社会办医的各种利好政策的前提下，对我国民营医疗发展现状、我国民营医院竞争力进行了分析，并结合我国医疗体制改革对民营医院的发展趋势、发展策略、战略规划等方面进行了预估。

会展蓝皮书
中外会展业动态评估研究报告（2018）
张敏 / 主编　2018年12月出版　估价：99.00元

◆ 本书回顾了2017年的会展业发展动态，结合"供给侧改革"、"互联网+"、"绿色经济"的新形势分析了我国展会的行业现状，并介绍了国外的发展经验，有助于行业和社会了解最新的展会业动态。

中国上市公司蓝皮书
中国上市公司发展报告（2018）
张平　王宏淼 / 主编　2018年9月出版　估价：99.00元

◆ 本书由中国社会科学院上市公司研究中心组织编写的，着力于全面、真实、客观反映当前中国上市公司财务状况和价值评估的综合性年度报告。本书详尽分析了2017年中国上市公司情况，特别是现实中暴露出的制度性、基础性问题，并对资本市场改革进行了探讨。

工业和信息化蓝皮书
人工智能发展报告（2017～2018）
尹丽波 / 主编　2018年6月出版　估价：99.00元

◆ 本书国家工业信息安全发展研究中心在对2017年全球人工智能技术和产业进行全面跟踪研究基础上形成的研究报告。该报告内容翔实、视角独特，具有较强的产业发展前瞻性和预测性，可为相关主管部门、行业协会、企业等全面了解人工智能发展形势以及进行科学决策提供参考。

国际问题与全球治理类

世界经济黄皮书
2018年世界经济形势分析与预测
张宇燕 / 主编　2018年1月出版　估价：99.00元

◆ 本书由中国社会科学院世界经济与政治研究所的研究团队撰写，分总论、国别与地区、专题、热点、世界经济统计与预测等五个部分，对2018年世界经济形势进行了分析。

国际城市蓝皮书
国际城市发展报告（2018）
屠启宇 / 主编　2018年2月出版　估价：99.00元

◆ 本书作者以上海社会科学院从事国际城市研究的学者团队为核心，汇集同济大学、华东师范大学、复旦大学、上海交通大学、南京大学、浙江大学相关城市研究专业学者。立足动态跟踪介绍国际城市发展时间中，最新出现的重大战略、重大理念、重大项目、重大报告和最佳案例。

非洲黄皮书
非洲发展报告No.20（2017~2018）
张宏明 / 主编　2018年7月出版　估价：99.00元

◆ 本书是由中国社会科学院西亚非洲研究所组织编撰的非洲形势年度报告，比较全面、系统地分析了2017年非洲政治形势和热点问题，探讨了非洲经济形势和市场走向，剖析了大国对非洲关系的新动向；此外，还介绍了国内非洲研究的新成果。

国别类

美国蓝皮书
美国研究报告（2018）
郑秉文 黄平 / 主编　2018 年 5 月出版　估价：99.00 元

◆ 本书是由中国社会科学院美国研究所主持完成的研究成果，它回顾了美国 2017 年的经济、政治形势与外交战略，对美国内政外交发生的重大事件及重要政策进行了较为全面的回顾和梳理。

德国蓝皮书
德国发展报告（2018）
郑春荣 / 主编　2018 年 6 月出版　估价：99.00 元

◆ 本报告由同济大学德国研究所组织编撰，由该领域的专家学者对德国的政治、经济、社会文化、外交等方面的形势发展情况，进行全面的阐述与分析。

俄罗斯黄皮书
俄罗斯发展报告（2018）
李永全 / 编著　2018 年 6 月出版　估价：99.00 元

◆ 本书系统介绍了 2017 年俄罗斯经济政治情况，并对 2016 年该地区发生的焦点、热点问题进行了分析与回顾；在此基础上，对该地区 2018 年的发展前景进行了预测。

 文化传媒类　皮书系列 重点推荐

文 化 传 媒 类

新媒体蓝皮书
中国新媒体发展报告 No.9（2018）
唐绪军 / 主编　2018 年 6 月出版　估价：99.00 元

◆ 本书是由中国社会科学院新闻与传播研究所组织编写的关于新媒体发展的最新年度报告，旨在全面分析中国新媒体的发展现状，解读新媒体的发展趋势，探析新媒体的深刻影响。

移动互联网蓝皮书
中国移动互联网发展报告（2018）
余清楚 / 主编　2018 年 6 月出版　估价：99.00 元

◆ 本书着眼于对 2017 年度中国移动互联网的发展情况做深入解析，对未来发展趋势进行预测，力求从不同视角、不同层面全面剖析中国移动互联网发展的现状、年度突破及热点趋势等。

文化蓝皮书
中国文化消费需求景气评价报告（2018）
王亚南 / 主编　2018 年 2 月出版　估价：99.00 元

◆ 本书首创全国文化发展量化检测评价体系，也是至今全国唯一的文化民生量化检测评价体系，对于检验全国及各地"以人民为中心"的文化发展具有首创意义。

地方发展类

北京蓝皮书
北京经济发展报告（2017~2018）

杨松/主编　2018年6月出版　估价：99.00元

◆ 本书对2017年北京市经济发展的整体形势进行了系统性的分析与回顾，并对2018年经济形势走势进行了预测与研判，聚焦北京市经济社会发展中的全局性、战略性和关键领域的重点问题，运用定量和定性分析相结合的方法，对北京市经济社会发展的现状、问题、成因进行了深入分析，提出了可操作性的对策建议。

温州蓝皮书
2018年温州经济社会形势分析与预测

蒋儒标　王春光　金浩/主编　2018年4月出版　估价：99.00元

◆ 本书是中共温州市委党校和中国社会科学院社会学研究所合作推出的第十一本温州蓝皮书，由来自党校、政府部门、科研机构、高校的专家、学者共同撰写的2017年温州区域发展形势的最新研究成果。

黑龙江蓝皮书
黑龙江社会发展报告（2018）

王爱丽/主编　2018年6月出版　估价：99.00元

◆ 本书以千份随机抽样问卷调查和专题研究为依据，运用社会学理论框架和分析方法，从专家和学者的独特视角，对2017年黑龙江省关系民生的问题进行广泛的调研与分析，并对2017年黑龙江省诸多社会热点和焦点问题进行了有益的探索。这些研究不仅可以为政府部门更加全面深入了解省情、科学制定决策提供智力支持，同时也可以为广大读者认识、了解、关注黑龙江社会发展提供理性思考。

皮书系列
2018全品种

宏观经济类

宏观经济类

城市蓝皮书
中国城市发展报告（No.11）
著(编)者：潘家华 单菁菁
2018年9月出版 / 估价：99.00元
PSN B-2007-091-1/1

城乡一体化蓝皮书
中国城乡一体化发展报告（2018）
著(编)者：付崇兰
2018年9月出版 / 估价：99.00元
PSN B-2011-226-1/2

城镇化蓝皮书
中国新型城镇化健康发展报告（2018）
著(编)者：张占斌
2018年8月出版 / 估价：99.00元
PSN B-2014-396-1/1

创新蓝皮书
创新型国家建设报告（2018～2019）
著(编)者：詹正茂
2018年12月出版 / 估价：99.00元
PSN B-2009-140-1/1

低碳发展蓝皮书
中国低碳发展报告（2018）
著(编)者：张希良 齐晔
2018年6月出版 / 估价：99.00元
PSN B-2011-223-1/1

低碳经济蓝皮书
中国低碳经济发展报告（2018）
著(编)者：薛进军 赵忠秀
2018年11月出版 / 估价：99.00元
PSN B-2011-194-1/1

发展和改革蓝皮书
中国经济发展和体制改革报告No.9
著(编)者：邹东涛 王再文
2018年1月出版 / 估价：99.00元
PSN B-2008-122-1/1

国家创新蓝皮书
中国创新发展报告（2017）
著(编)者：陈劲 2018年3月出版 / 估价：99.00元
PSN B-2014-370-1/1

金融蓝皮书
中国金融发展报告（2018）
著(编)者：王国刚
2018年2月出版 / 估价：99.00元
PSN B-2004-031-1/7

经济蓝皮书
2018年中国经济形势分析与预测
著(编)者：李平 2017年12月出版 / 定价：89.00元
PSN B-1996-001-1/1

经济蓝皮书春季号
2018年中国经济前景分析
著(编)者：李扬 2018年5月出版 / 估价：99.00元
PSN B-1999-008-1/1

经济蓝皮书夏季号
中国经济增长报告（2017～2018）
著(编)者：李扬 2018年9月出版 / 估价：99.00元
PSN B-2010-176-1/1

经济信息绿皮书
中国与世界经济发展报告（2018）
著(编)者：杜平
2017年12月出版 / 估价：99.00元
PSN G-2003-023-1/1

农村绿皮书
中国农村经济形势分析与预测（2017～2018）
著(编)者：魏后凯 黄秉信
2018年4月出版 / 估价：99.00元
PSN G-1998-003-1/1

人口与劳动绿皮书
中国人口与劳动问题报告No.19
著(编)者：张车伟 2018年11月出版 / 估价：99.00元
PSN G-2000-012-1/1

新型城镇化蓝皮书
新型城镇化发展报告（2017）
著(编)者：李伟 宋敏 沈体雁
2018年3月出版 / 估价：99.00元
PSN B-2005-038-1/1

中国省域竞争力蓝皮书
中国省域经济综合竞争力发展报告（2016～2017）
著(编)者：李建平 李闽榕 高燕京
2018年2月出版 / 估价：198.00元
PSN B-2007-088-1/1

中小城市绿皮书
中国中小城市发展报告（2018）
著(编)者：中国城市经济学会中小城市经济发展委员会
中国城镇化促进会中小城市发展委员会
《中国中小城市发展报告》编纂委员会
中国中小城市发展战略研究院
2018年11月出版 / 估价：128.00元
PSN G-2010-161-1/1

13

区域经济类

东北蓝皮书
中国东北地区发展报告（2018）
著（编）者：姜晓秋　2018年11月出版 / 估价：99.00元
PSN B-2006-067-1/1

金融蓝皮书
中国金融中心发展报告（2017~2018）
著（编）者：王力　黄育华　2018年11月出版 / 估价：99.00元
PSN B-2011-186-6/7

京津冀蓝皮书
京津冀发展报告（2018）
著（编）者：祝合良　叶堂林　张贵祥
2018年6月出版 / 估价：99.00元
PSN B-2012-262-1/1

西北蓝皮书
中国西北发展报告（2018）
著（编）者：任宗哲　白宽犁　王建康
2018年4月出版 / 估价：99.00元
PSN B-2012-261-1/1

西部蓝皮书
中国西部发展报告（2018）
著（编）者：璋勇　任保平　2018年8月出版 / 估价：99.00元
PSN B-2005-039-1/1

长江经济带产业蓝皮书
长江经济带产业发展报告（2018）
著（编）者：吴传清　2018年11月出版 / 估价：128.00元
PSN B-2017-666-1/1

长江经济带蓝皮书
长江经济带发展报告（2017~2018）
著（编）者：王振　2018年11月出版 / 估价：99.00元
PSN B-2016-575-1/1

长江中游城市群蓝皮书
长江中游城市群新型城镇化与产业协同发展报告（2018）
著（编）者：杨刚强　2018年11月出版 / 估价：99.00元
PSN B-2016-578-1/1

长三角蓝皮书
2017年创新融合发展的长三角
著（编）者：刘飞跃　2018年3月出版 / 估价：99.00元
PSN B-2005-038-1/1

长株潭城市群蓝皮书
长株潭城市群发展报告（2017）
著（编）者：张萍　朱有志　2018年1月出版 / 估价：99.00元
PSN B-2008-109-1/1

中部竞争力蓝皮书
中国中部经济社会竞争力报告（2018）
著（编）者：教育部人文社会科学重点研究基地南昌大学中国中部经济社会发展研究中心
2018年12月出版 / 估价：99.00元
PSN B-2012-276-1/1

中部蓝皮书
中国中部地区发展报告（2018）
著（编）者：宋亚平　2018年12月出版 / 估价：99.00元
PSN B-2007-089-1/1

区域蓝皮书
中国区域经济发展报告（2017~2018）
著（编）者：赵弘　2018年5月出版 / 估价：99.00元
PSN B-2004-034-1/1

中三角蓝皮书
长江中游城市群发展报告（2018）
著（编）者：秦尊文　2018年9月出版 / 估价：99.00元
PSN B-2014-417-1/1

中原蓝皮书
中原经济区发展报告（2018）
著（编）者：李英杰　2018年6月出版 / 估价：99.00元
PSN B-2011-192-1/1

珠三角流通蓝皮书
珠三角商圈发展研究报告（2018）
著（编）者：王先庆　林至颖　2018年7月出版 / 估价：99.00元
PSN B-2012-292-1/1

社会政法类

北京蓝皮书
中国社区发展报告（2017~2018）
著（编）者：于燕燕　2018年9月出版 / 估价：99.00元
PSN B-2007-083-5/8

殡葬绿皮书
中国殡葬事业发展报告（2017~2018）
著（编）者：李伯森　2018年4月出版 / 估价：158.00元
PSN G-2010-180-1/1

城市管理蓝皮书
中国城市管理报告（2017-2018）
著（编）者：刘林　刘承水　2018年5月出版 / 估价：158.00元
PSN B-2013-336-1/1

城市生活质量蓝皮书
中国城市生活质量报告（2017）
著（编）者：张连城　张平　杨春学　郎丽华
2018年2月出版 / 估价：99.00元
PSN B-2013-326-1/1

皮书系列 2018全品种

社会政法类

城市政府能力蓝皮书
中国城市政府公共服务能力评估报告（2018）
著（编）者：何艳玲　2018年4月出版 / 估价：99.00元
PSN B-2013-338-1/1

创业蓝皮书
中国创业发展研究报告（2017~2018）
著（编）者：黄群慧　赵卫星　钟宏武
2018年11月出版 / 估价：99.00元
PSN B-2016-577-1/1

慈善蓝皮书
中国慈善发展报告（2018）
著（编）者：杨团　2018年6月出版 / 估价：99.00元
PSN B-2009-142-1/1

党建蓝皮书
党的建设研究报告No.2（2018）
著（编）者：崔建民　陈东平　2018年1月出版 / 估价：99.00元
PSN B-2016-523-1/1

地方法治蓝皮书
中国地方法治发展报告No.3（2018）
著（编）者：李林　田禾　2018年3月出版 / 估价：118.00元
PSN B-2015-442-1/1

电子政务蓝皮书
中国电子政务发展报告（2018）
著（编）者：李季　2018年8月出版 / 估价：99.00元
PSN B-2003-022-1/1

法治蓝皮书
中国法治发展报告No.16（2018）
著（编）者：吕艳滨　2018年3月出版 / 估价：118.00元
PSN B-2004-027-1/3

法治蓝皮书
中国法院信息化发展报告No.2（2018）
著（编）者：李林　田禾　2018年2月出版 / 估价：108.00元
PSN B-2017-604-3/3

法治政府蓝皮书
中国法治政府发展报告（2018）
著（编）者：中国政法大学法治政府研究院
2018年4月出版 / 估价：99.00元
PSN B-2015-502-1/2

法治政府蓝皮书
中国法治政府评估报告（2018）
著（编）者：中国政法大学法治政府研究院
2018年9月出版 / 估价：168.00元
PSN B-2016-576-2/2

反腐倡廉蓝皮书
中国反腐倡廉建设报告No.8
著（编）者：张英伟　2018年12月出版 / 估价：99.00元
PSN B-2012-259-1/1

扶贫蓝皮书
中国扶贫开发报告（2018）
著（编）者：李培林　魏后凯　2018年12月出版 / 估价：128.00元
PSN B-2016-599-1/1

妇女发展蓝皮书
中国妇女发展报告No.6
著（编）者：王金玲　2018年9月出版 / 估价：158.00元
PSN B-2006-069-1/1

妇女教育蓝皮书
中国妇女教育发展报告No.3
著（编）者：张李玺　2018年10月出版 / 估价：99.00元
PSN B-2008-121-1/1

妇女绿皮书
2018年：中国性别平等与妇女发展报告
著（编）者：谭琳　2018年12月出版 / 估价：99.00元
PSN G-2006-073-1/1

公共安全蓝皮书
中国城市公共安全发展报告（2017~2018）
著（编）者：黄育华　杨文明　赵建辉
2018年6月出版 / 估价：99.00元
PSN B-2017-628-1/1

公共服务蓝皮书
中国城市基本公共服务力评价（2018）
著（编）者：钟君　刘志昌　吴正昊
2018年12月出版 / 估价：99.00元
PSN B-2011-214-1/1

公民科学素质蓝皮书
中国公民科学素质报告（2017~2018）
著（编）者：李群　陈雄　马宗文
2018年1月出版 / 估价：99.00元
PSN B-2014-379-1/1

公益蓝皮书
中国公益慈善发展报告（2016）
著（编）者：朱健刚　胡小军　2018年2月出版 / 估价：99.00元
PSN B-2012-283-1/1

国际人才蓝皮书
中国国际移民报告（2018）
著（编）者：王辉耀　2018年2月出版 / 估价：99.00元
PSN B-2012-304-3/4

国际人才蓝皮书
中国留学发展报告（2018）No.7
著（编）者：王辉耀　苗绿　2018年12月出版 / 估价：99.00元
PSN B-2012-244-2/4

海洋社会蓝皮书
中国海洋社会发展报告（2017）
著（编）者：崔凤　宋宁而　2018年3月出版 / 估价：99.00元
PSN B-2015-478-1/1

行政改革蓝皮书
中国行政体制改革报告No.7（2018）
著（编）者：魏礼群　2018年6月出版 / 估价：99.00元
PSN B-2011-231-1/1

华侨华人蓝皮书
华侨华人研究报告（2017）
著（编）者：贾益民　2018年1月出版 / 估价：139.00元
PSN B-2011-204-1/1

皮书系列 2018全品种　社会政法类

环境竞争力绿皮书
中国省域环境竞争力发展报告（2018）
著(编)者：李建平　李闽榕　王金南
2018年11月出版 / 估价：198.00元
PSN G-2010-165-1/1

环境绿皮书
中国环境发展报告（2017~2018）
著(编)者：李波　2018年4月出版 / 估价：99.00元
PSN G-2006-048-1/1

家庭蓝皮书
中国"创建幸福家庭活动"评估报告（2018）
著(编)者：国务院发展研究中心"创建幸福家庭活动评估"课题组
2018年12月出版 / 估价：99.00元
PSN B-2015-508-1/1

健康城市蓝皮书
中国健康城市建设研究报告（2018）
著(编)者：王鸿春　盛继洪　2018年12月出版 / 估价：99.00元
PSN B-2016-564-2/2

健康中国蓝皮书
社区首诊与健康中国分析报告（2018）
著(编)者：高和荣　杨叔禹　姜杰
2018年4月出版 / 估价：99.00元
PSN B-2017-611-1/1

教师蓝皮书
中国中小学教师发展报告（2017）
著(编)者：曾晓东　鱼霞　2018年6月出版 / 估价：99.00元
PSN B-2012-289-1/1

教育扶贫蓝皮书
中国教育扶贫报告（2018）
著(编)者：司树杰　王文静　李兴洲
2018年12月出版 / 估价：99.00元
PSN B-2016-590-1/1

教育蓝皮书
中国教育发展报告（2018）
著(编)者：杨东平　2018年4月出版 / 估价：99.00元
PSN B-2006-047-1/1

金融法治建设蓝皮书
中国金融法治建设年度报告（2015~2016）
著(编)者：朱小黄　2018年6月出版 / 估价：99.00元
PSN B-2017-633-1/1

京津冀教育蓝皮书
京津冀教育发展研究报告（2017~2018）
著(编)者：方中雄　2018年4月出版 / 估价：99.00元
PSN B-2017-608-1/1

就业蓝皮书
2018年中国本科生就业报告
著(编)者：麦可思研究院　2018年6月出版 / 估价：99.00元
PSN B-2009-146-1/2

就业蓝皮书
2018年中国高职高专生就业报告
著(编)者：麦可思研究院　2018年6月出版 / 估价：99.00元
PSN B-2015-472-2/2

科学教育蓝皮书
中国科学教育发展报告（2018）
著(编)者：王康友　2018年10月出版 / 估价：99.00元
PSN B-2015-487-1/1

劳动保障蓝皮书
中国劳动保障发展报告（2018）
著(编)者：刘燕斌　2018年9月出版 / 估价：158.00元
PSN B-2014-415-1/1

老龄蓝皮书
中国老年宜居环境发展报告（2017）
著(编)者：党俊武　周燕珉　2018年1月出版 / 估价：99.00元
PSN B-2013-320-1/1

连片特困区蓝皮书
中国连片特困区发展报告（2017~2018）
著(编)者：游俊　冷志明　丁建军
2018年4月出版 / 估价：99.00元
PSN B-2013-321-1/1

流动儿童蓝皮书
中国流动儿童教育发展报告（2017）
著(编)者：杨东平　2018年1月出版 / 估价：99.00元
PSN B-2017-600-1/1

民调蓝皮书
中国民生调查报告（2018）
著(编)者：谢耘耕　2018年12月出版 / 估价：99.00元
PSN B-2014-398-1/1

民族发展蓝皮书
中国民族发展报告（2018）
著(编)者：王延中　2018年10月出版 / 估价：188.00元
PSN B-2006-070-1/1

女性生活蓝皮书
中国女性生活状况报告No.12（2018）
著(编)者：韩湘景　2018年7月出版 / 估价：99.00元
PSN B-2006-071-1/1

汽车社会蓝皮书
中国汽车社会发展报告（2017~2018）
著(编)者：王俊秀　2018年1月出版 / 估价：99.00元
PSN B-2011-224-1/1

青年蓝皮书
中国青年发展报告（2018）No.3
著(编)者：廉思　2018年4月出版 / 估价：99.00元
PSN B-2013-333-1/1

青少年蓝皮书
中国未成年人互联网运用报告（2017~2018）
著(编)者：李为民　李文革　沈杰
2018年11月出版 / 估价：99.00元
PSN B-2010-156-1/1

16　权威·前沿·原创

皮书系列 ·2018全品种

社会政法类

人权蓝皮书
中国人权事业发展报告No.8（2018）
著（编）者：李君如　2018年9月出版／估价：99.00元
PSN B-2011-215-1/1

社会保障绿皮书
中国社会保障发展报告No.9（2018）
著（编）者：王延中　2018年1月出版／估价：99.00元
PSN G-2001-014-1/1

社会风险评估蓝皮书
风险评估与危机预警报告（2017~2018）
著（编）者：唐钧　2018年8月出版／估价：99.00元
PSN B-2012-293-1/1

社会工作蓝皮书
中国社会工作发展报告（2016~2017）
著（编）者：民政部社会工作研究中心
2018年8月出版／估价：99.00元
PSN B-2009-141-1/1

社会管理蓝皮书
中国社会管理创新报告No.6
著（编）者：连玉明　2018年11月出版／估价：99.00元
PSN B-2012-300-1/1

社会蓝皮书
2018年中国社会形势分析与预测
著（编）者：李培林　陈光金　张翼
2017年12月出版／定价：89.00元
PSN B-1998-002-1/1

社会体制蓝皮书
中国社会体制改革报告No.6（2018）
著（编）者：龚维斌　2018年3月出版／估价：99.00元
PSN B-2013-330-1/1

社会心态蓝皮书
中国社会心态研究报告（2018）
著（编）者：王俊秀　2018年12月出版／估价：99.00元
PSN B-2011-199-1/1

社会组织蓝皮书
中国社会组织报告（2017-2018）
著（编）者：黄晓勇　2018年1月出版／估价：99.00元
PSN B-2008-118-1/2

社会组织蓝皮书
中国社会组织评估发展报告（2018）
著（编）者：徐家良　2018年12月出版／估价：99.00元
PSN B-2013-366-2/2

生态城市绿皮书
中国生态城市建设发展报告（2018）
著（编）者：刘举科　孙伟平　胡文臻
2018年9月出版／估价：158.00元
PSN G-2012-269-1/1

生态文明绿皮书
中国省域生态文明建设评价报告（ECI 2018）
著（编）者：严耕　2018年12月出版／估价：99.00元
PSN G-2010-170-1/1

退休生活蓝皮书
中国城市居民退休生活质量指数报告（2017）
著（编）者：杨一帆　2018年5月出版／估价：99.00元
PSN B-2017-618-1/1

危机管理蓝皮书
中国危机管理报告（2018）
著（编）者：文学国　范正青
2018年8月出版／估价：99.00元
PSN B-2010-171-1/1

学会蓝皮书
2018年中国学会发展报告
著（编）者：麦可思研究院
2018年12月出版／估价：99.00元
PSN B-2016-597-1/1

医改蓝皮书
中国医药卫生体制改革报告（2017~2018）
著（编）者：文学国　房志武
2018年11月出版／估价：99.00元
PSN B-2014-432-1/1

应急管理蓝皮书
中国应急管理报告（2018）
著（编）者：宋英华　2018年9月出版／估价：99.00元
PSN B-2016-562-1/1

政府绩效评估蓝皮书
中国地方政府绩效评估报告No.2
著（编）者：贠杰　2018年12月出版／估价：99.00元
PSN B-2017-672-1/1

政治参与蓝皮书
中国政治参与报告（2018）
著（编）者：房宁　2018年8月出版／估价：128.00元
PSN B-2011-200-1/1

政治文化蓝皮书
中国政治文化报告（2018）
著（编）者：邢元敏　魏大鹏　黄克
2018年8月出版／估价：128.00元
PSN B-2017-615-1/1

中国传统村落蓝皮书
中国传统村落保护现状报告（2018）
著（编）者：胡彬彬　李向军　王晓波
2018年12月出版／估价：99.00元
PSN B-2017-663-1/1

中国农村妇女发展蓝皮书
农村流动女性城市生活发展报告（2018）
著（编）者：渠敬华　2018年12月出版／估价：99.00元
PSN B-2014-434-1/1

宗教蓝皮书
中国宗教报告（2017）
著（编）者：邱永辉　2018年8月出版／估价：99.00元
PSN B-2008-117-1/1

产业经济类

保健蓝皮书
中国保健服务产业发展报告 No.2
著(编)者：中国保健协会　中共中央党校
2018年7月出版 / 估价：198.00元
PSN B-2012-272-3/3

保健蓝皮书
中国保健食品产业发展报告 No.2
著(编)者：中国保健协会
　　　　　中国社会科学院食品药品产业发展与监管研究中心
2018年8月出版 / 估价：198.00元
PSN B-2012-271-2/3

保健蓝皮书
中国保健用品产业发展报告 No.2
著(编)者：中国保健协会
　　　　　国务院国有资产监督管理委员会研究中心
2018年3月出版 / 估价：198.00元
PSN B-2012-270-1/3

保险蓝皮书
中国保险业竞争力报告（2018）
著(编)者：保监会　2018年12月出版 / 估价：99.00元
PSN B-2013-311-1/1

冰雪蓝皮书
中国冰上运动产业发展报告（2018）
著(编)者：孙承华　杨占武　刘戈　张鸿俊
2018年9月出版 / 估价：99.00元
PSN B-2017-648-3/3

冰雪蓝皮书
中国滑雪产业发展报告（2018）
著(编)者：孙承华　伍斌　魏庆华　张鸿俊
2018年9月出版 / 估价：99.00元
PSN B-2016-559-1/3

餐饮产业蓝皮书
中国餐饮产业发展报告（2018）
著(编)者：邢颖
2018年6月出版 / 估价：99.00元
PSN B-2009-151-1/1

茶业蓝皮书
中国茶产业发展报告（2018）
著(编)者：杨江帆　李闽榕
2018年10月出版 / 估价：99.00元
PSN B-2010-164-1/1

产业安全蓝皮书
中国文化产业安全报告（2018）
著(编)者：北京印刷学院文化产业安全研究院
2018年12月出版 / 估价：99.00元
PSN B-2014-378-12/14

产业安全蓝皮书
中国新媒体产业安全报告（2016~2017）
著(编)者：肖丽　2018年6月出版 / 估价：99.00元
PSN B-2015-500-14/14

产业安全蓝皮书
中国出版传媒产业安全报告（2017~2018）
著(编)者：北京印刷学院文化产业安全研究院
2018年3月出版 / 估价：99.00元
PSN B-2014-384-13/14

产业蓝皮书
中国产业竞争力报告（2018）No.8
著(编)者：张其仔　2018年12月出版 / 估价：168.00元
PSN B-2010-175-1/1

动力电池蓝皮书
中国新能源汽车动力电池产业发展报告（2018）
著(编)者：中国汽车技术研究中心
2018年8月出版 / 估价：99.00元
PSN B-2017-639-1/1

杜仲产业绿皮书
中国杜仲橡胶资源与产业发展报告（2017~2018）
著(编)者：杜红岩　胡文臻　俞锐
2018年1月出版 / 估价：99.00元
PSN G-2013-350-1/1

房地产蓝皮书
中国房地产发展报告No.15（2018）
著(编)者：李春华　王业强
2018年5月出版 / 估价：99.00元
PSN B-2004-028-1/1

服务外包蓝皮书
中国服务外包产业发展报告（2017~2018）
著(编)者：王晓红　刘德军
2018年6月出版 / 估价：99.00元
PSN B-2013-331-2/2

服务外包蓝皮书
中国服务外包竞争力报告（2017~2018）
著(编)者：刘春生　王力　黄育华
2018年12月出版 / 估价：99.00元
PSN B-2011-216-1/2

工业和信息化蓝皮书
世界信息技术产业发展报告（2017~2018）
著(编)者：尹丽波　2018年6月出版 / 估价：99.00元
PSN B-2015-449-2/6

工业和信息化蓝皮书
战略性新兴产业发展报告（2017~2018）
著(编)者：尹丽波　2018年6月出版 / 估价：99.00元
PSN B-2015-450-3/6

产业经济类 | 皮书系列 2018全品种

客车蓝皮书
中国客车产业发展报告（2017~2018）
著(编)者：姚蔚　　2018年10月出版 / 估价：99.00元
PSN B-2013-361-1/1

流通蓝皮书
中国商业发展报告（2018~2019）
著(编)者：王雪峰　林诗慧
2018年7月出版 / 估价：99.00元
PSN B-2009-152-1/2

能源蓝皮书
中国能源发展报告（2018）
著(编)者：崔民选　王军生　陈义和
2018年12月出版 / 估价：99.00元
PSN B-2006-049-1/1

农产品流通蓝皮书
中国农产品流通产业发展报告（2017）
著(编)者：贾敬敦　张东科　张玉玺　张鹏毅　周伟
2018年1月出版 / 估价：99.00元
PSN B-2012-288-1/1

汽车工业蓝皮书
中国汽车工业发展年度报告（2018）
著(编)者：中国汽车工业协会
　　　　　中国汽车技术研究中心
　　　　　丰田汽车公司
2018年5月出版 / 估价：168.00元
PSN B-2015-463-1/2

汽车工业蓝皮书
中国汽车零部件产业发展报告（2017~2018）
著(编)者：中国汽车工业协会
　　　　　中国汽车工程研究院深圳市沃特玛电池有限公司
2018年9月出版 / 估价：99.00元
PSN B-2016-515-2/2

汽车蓝皮书
中国汽车产业发展报告（2018）
著(编)者：中国汽车工程学会
　　　　　大众汽车集团（中国）
2018年11月出版 / 估价：99.00元
PSN B-2008-124-1/1

世界茶业蓝皮书
世界茶业发展报告（2018）
著(编)者：李闽榕　冯廷佺
2018年5月出版 / 估价：168.00元
PSN B-2017-619-1/1

世界能源蓝皮书
世界能源发展报告（2018）
著(编)者：黄晓勇　　2018年6月出版 / 估价：168.00元
PSN B-2013-349-1/1

体育蓝皮书
国家体育产业基地发展报告（2016~2017）
著(编)者：李颖川　　2018年4月出版 / 估价：168.00元
PSN B-2017-609-5/5

体育蓝皮书
中国体育产业发展报告（2018）
著(编)者：阮伟　钟秉枢
2018年12月出版 / 估价：99.00元
PSN B-2010-179-1/5

文化金融蓝皮书
中国文化金融发展报告（2018）
著(编)者：杨涛　金巍
2018年5月出版 / 估价：99.00元
PSN B-2017-610-1/1

新能源汽车蓝皮书
中国新能源汽车产业发展报告（2018）
著(编)者：中国汽车技术研究中心
　　　　　日产（中国）投资有限公司
　　　　　东风汽车有限公司
2018年8月出版 / 估价：99.00元
PSN B-2013-347-1/1

薏仁米产业蓝皮书
中国薏仁米产业发展报告No.2（2018）
著(编)者：李发耀　石明　秦礼康
2018年8月出版 / 估价：99.00元
PSN B-2017-645-1/1

邮轮绿皮书
中国邮轮产业发展报告（2018）
著(编)者：汪泓　　2018年10月出版 / 估价：99.00元
PSN G-2014-419-1/1

智能养老蓝皮书
中国智能养老产业发展报告（2018）
著(编)者：朱勇　　2018年10月出版 / 估价：99.00元
PSN B-2015-488-1/1

中国节能汽车蓝皮书
中国节能汽车发展报告（2017~2018）
著(编)者：中国汽车工程研究院股份有限公司
2018年9月出版 / 估价：99.00元
PSN B-2016-565-1/1

中国陶瓷产业蓝皮书
中国陶瓷产业发展报告（2018）
著(编)者：左和平　黄速建
2018年10月出版 / 估价：99.00元
PSN B-2016-573-1/1

装备制造业蓝皮书
中国装备制造业发展报告（2018）
著(编)者：徐东华　　2018年12月出版 / 估价：118.00元
PSN B-2015-505-1/1

行业及其他类

"三农"互联网金融蓝皮书
中国"三农"互联网金融发展报告（2018）
著(编)者：李勇坚 王弢
2018年8月出版 / 估价：99.00元
PSN B-2016-560-1/1

SUV蓝皮书
中国SUV市场发展报告（2017～2018）
著(编)者：靳军 2018年9月出版 / 估价：99.00元
PSN B-2016-571-1/1

冰雪蓝皮书
中国冬季奥运会发展报告（2018）
著(编)者：孙承华 伍斌 魏庆华 张鸿俊
2018年9月出版 / 估价：99.00元
PSN B-2017-647-2/3

彩票蓝皮书
中国彩票发展报告（2018）
著(编)者：益彩基金 2018年4月出版 / 估价：99.00元
PSN B-2015-462-1/1

测绘地理信息蓝皮书
测绘地理信息供给侧结构性改革研究报告（2018）
著(编)者：库热西·买合苏提
2018年12月出版 / 估价：168.00元
PSN B-2009-145-1/1

产权市场蓝皮书
中国产权市场发展报告（2017）
著(编)者：曹和平 2018年5月出版 / 估价：99.00元
PSN B-2009-147-1/1

城投蓝皮书
中国城投行业发展报告（2018）
著(编)者：华景斌
2018年11月出版 / 估价：300.00元
PSN B-2016-514-1/1

大数据蓝皮书
中国大数据发展报告（No.2）
著(编)者：连玉明 2018年5月出版 / 估价：99.00元
PSN B-2017-620-1/1

大数据应用蓝皮书
中国大数据应用发展报告No.2（2018）
著(编)者：陈军君 2018年8月出版 / 估价：99.00元
PSN B-2017-644-1/1

对外投资与风险蓝皮书
中国对外直接投资与国家风险报告（2018）
著(编)者：中债资信评估有限责任公司
　　　　　中国社会科学院世界经济与政治研究所
2018年4月出版 / 估价：189.00元
PSN B-2017-606-1/1

工业和信息化蓝皮书
人工智能发展报告（2017～2018）
著(编)者：尹丽波 2018年6月出版 / 估价：99.00元
PSN B-2015-448-1/6

工业和信息化蓝皮书
世界智慧城市发展报告（2017～2018）
著(编)者：尹丽波 2018年6月出版 / 估价：99.00元
PSN B-2017-624 6/6

工业和信息化蓝皮书
世界网络安全发展报告（2017～2018）
著(编)者：尹丽波 2018年6月出版 / 估价：99.00元
PSN B-2015-452-5/6

工业和信息化蓝皮书
世界信息化发展报告（2017～2018）
著(编)者：尹丽波 2018年6月出版 / 估价：99.00元
PSN B-2015-451-4/6

工业设计蓝皮书
中国工业设计发展报告（2018）
著(编)者：王晓红 于炜 张立群 2018年9月出版 / 估价：168.00元
PSN B-2014-420-1/1

公共关系蓝皮书
中国公共关系发展报告（2018）
著(编)者：柳斌杰 2018年11月出版 / 估价：99.00元
PSN B-2016-579-1/1

管理蓝皮书
中国管理发展报告（2018）
著(编)者：张晓东 2018年10月出版 / 估价：99.00元
PSN B-2014-416-1/1

海关发展蓝皮书
中国海关发展前沿报告（2018）
著(编)者：于春晖 2018年6月出版 / 估价：99.00元
PSN B-2017-616-1/1

互联网医疗蓝皮书
中国互联网健康医疗发展报告（2018）
著(编)者：芮晓武 2018年6月出版 / 估价：99.00元
PSN B-2016-567-1/1

黄金市场蓝皮书
中国商业银行黄金业务发展报告（2017～2018）
著(编)者：平安银行 2018年3月出版 / 估价：99.00元
PSN B-2016-524-1/1

会展蓝皮书
中外会展业动态评估研究报告（2018）
著(编)者：张敏 任中峰 聂鑫焱 牛盼强
2018年12月出版 / 估价：99.00元
PSN B-2013-327-1/1

基金会蓝皮书
中国基金会发展报告（2017～2018）
著(编)者：中国基金会发展报告课题组
2018年4月出版 / 估价：99.00元
PSN B-2013-368-1/1

基金会绿皮书
中国基金会发展独立研究报告（2018）
著(编)者：基金会中心网 中央民族大学基金会研究中心
2018年6月出版 / 估价：99.00元
PSN G-2011-213-1/1

行业及其他类

皮书系列 2018全品种

基金会透明度蓝皮书
中国基金会透明度发展研究报告（2018）
著（编）者：基金会中心网
　　　　　清华大学廉政与治理研究中心
2018年9月出版 / 估价：99.00元
PSN B-2013-339-1/1

建筑装饰蓝皮书
中国建筑装饰行业发展报告（2018）
著（编）者：葛道顺 刘晓一
2018年10月出版 / 估价：198.00元
PSN B-2016-553-1/1

金融监管蓝皮书
中国金融监管报告（2018）
著（编）者：胡滨　2018年5月出版 / 估价：99.00元
PSN B-2012-281-1/1

金融蓝皮书
中国互联网金融行业分析与评估（2018~2019）
著（编）者：黄国平 伍旭川　2018年12月出版 / 估价：99.00元
PSN B-2016-585-7/7

金融科技蓝皮书
中国金融科技发展报告（2018）
著（编）者：李扬 孙国峰　2018年10月出版 / 估价：99.00元
PSN B-2014-374-1/1

金融信息服务蓝皮书
中国金融信息服务发展报告（2018）
著（编）者：李平　2018年5月出版 / 估价：99.00元
PSN B-2017-621-1/1

京津冀金融蓝皮书
京津冀金融发展报告（2018）
著（编）者：王爱俭 王璟怡　2018年10月出版 / 估价：99.00元
PSN B-2016-527-1/1

科普蓝皮书
国家科普能力发展报告（2018）
著（编）者：王康友　2018年5月出版 / 估价：138.00元
PSN B-2017-632-4/4

科普蓝皮书
中国基层科普发展报告（2017~2018）
著（编）者：赵立新 陈玲　2018年9月出版 / 估价：99.00元
PSN B-2016-568-3/4

科普蓝皮书
中国科普基础设施发展报告（2017~2018）
著（编）者：任福君　2018年6月出版 / 估价：99.00元
PSN B-2010-174-1/2

科普蓝皮书
中国科普人才发展报告（2017~2018）
著（编）者：郑念 任嵘嵘　2018年7月出版 / 估价：99.00元
PSN B-2016-512-2/4

科普能力蓝皮书
中国科普能力评价报告（2018~2019）
著（编）者：李富强 李群　2018年8月出版 / 估价：99.00元
PSN B-2016-555-1/1

临空经济蓝皮书
中国临空经济发展报告（2018）
著（编）者：连玉明　2018年9月出版 / 估价：99.00元
PSN B-2014-421-1/1

旅游安全蓝皮书
中国旅游安全报告（2018）
著（编）者：郑向敏 谢朝武　2018年5月出版 / 估价：158.00元
PSN B-2012-280-1/1

旅游绿皮书
2017~2018年中国旅游发展分析与预测
著（编）者：宋瑞　2018年2月出版 / 估价：99.00元
PSN G-2002-018-1/1

煤炭蓝皮书
中国煤炭工业发展报告（2018）
著（编）者：岳福斌　2018年12月出版 / 估价：99.00元
PSN B-2008-123-1/1

民营企业社会责任蓝皮书
中国民营企业社会责任报告（2018）
著（编）者：中华全国工商业联合会
2018年12月出版 / 估价：99.00元
PSN B-2015-510-1/1

民营医院蓝皮书
中国民营医院发展报告（2017）
著（编）者：薛晓林　2018年1月出版 / 估价：99.00元
PSN B-2012-299-1/1

闽商蓝皮书
闽商发展报告（2018）
著（编）者：李闽榕 王日根 林琛
2018年12月出版 / 估价：99.00元
PSN B-2012-298-1/1

农业应对气候变化蓝皮书
中国农业气象灾害及其灾损评估报告（No.3）
著（编）者：矫梅燕　2018年1月出版 / 估价：118.00元
PSN B-2014-413-1/1

品牌蓝皮书
中国品牌战略发展报告（2018）
著（编）者：汪同三　2018年10月出版 / 估价：99.00元
PSN B-2016-580-1/1

企业扶贫蓝皮书
中国企业扶贫研究报告（2018）
著（编）者：钟宏武　2018年12月出版 / 估价：99.00元
PSN B-2016-593-1/1

企业公益蓝皮书
中国企业公益研究报告（2018）
著（编）者：钟宏武 汪杰 黄晓娟
2018年12月出版 / 估价：99.00元
PSN B-2015-501-1/1

企业国际化蓝皮书
中国企业全球化报告（2018）
著（编）者：王辉耀 苗绿　2018年11月出版 / 估价：99.00元
PSN B-2014-421-1/1

皮书系列 2018全品种 — 行业及其他类

企业蓝皮书
中国企业绿色发展报告No.2（2018）
著(编)者：李红玉 朱光辉
2018年8月出版 / 估价：99.00元
PSN B-2015-481-2/2

企业社会责任蓝皮书
中资企业海外社会责任研究报告（2017~2018）
著(编)者：钟宏武 叶柳红 张蒽
2018年1月出版 / 估价：99.00元
PSN B-2017-603-2/2

企业社会责任蓝皮书
中国企业社会责任研究报告（2018）
著(编)者：黄群慧 钟宏武 张嵬 汪杰
2018年11月出版 / 估价：99.00元
PSN B-2009-149-1/2

汽车安全蓝皮书
中国汽车安全发展报告（2018）
著(编)者：中国汽车技术研究中心
2018年8月出版 / 估价：99.00元
PSN B-2014-385-1/1

汽车电子商务蓝皮书
中国汽车电子商务发展报告（2018）
著(编)者：中华全国工商业联合会汽车经销商商会
　　　　　北方工业大学
　　　　　北京易观智库网络科技有限公司
2018年10月出版 / 估价：158.00元
PSN B-2015-485-1/1

汽车知识产权蓝皮书
中国汽车产业知识产权发展报告（2018）
著(编)者：中国汽车工程研究院股份有限公司
　　　　　中国汽车工程学会
　　　　　重庆长安汽车股份有限公司
2018年12月出版 / 估价：99.00元
PSN B-2016-594-1/1

青少年体育蓝皮书
中国青少年体育发展报告（2017）
著(编)者：刘扶民 杨桦
2018年1月出版 / 估价：99.00元
PSN B-2015-482-1/1

区块链蓝皮书
中国区块链发展报告（2018）
著(编)者：李伟
2018年9月出版 / 估价：99.00元
PSN B-2017-649-1/1

群众体育蓝皮书
中国群众体育发展报告（2017）
著(编)者：刘国永 戴健
2018年5月出版 / 估价：99.00元
PSN B-2014-411-1/3

群众体育蓝皮书
中国社会体育指导员发展报告（2018）
著(编)者：刘国永 王欢
2018年4月出版 / 估价：99.00元
PSN B-2016-520-3/3

人力资源蓝皮书
中国人力资源发展报告（2018）
著(编)者：余兴安
2018年11月出版 / 估价：99.00元
PSN B-2012-287-1/1

融资租赁蓝皮书
中国融资租赁业发展报告（2017~2018）
著(编)者：李光荣 王力
2018年8月出版 / 估价：99.00元
PSN B-2015-443-1/1

商会蓝皮书
中国商会发展报告No.5（2017）
著(编)者：王钦敏
2018年7月出版 / 估价：99.00元
PSN B-2008-125-1/1

商务中心区蓝皮书
中国商务中心区发展报告No.4（2017~2018）
著(编)者：李国红 单菁菁
2018年9月出版 / 估价：99.00元
PSN B-2015-444-1/1

设计产业蓝皮书
中国创新设计发展报告（2018）
著(编)者：王晓红 张立群 于炜
2018年11月出版 / 估价：99.00元
PSN B-2016-581-2/2

社会责任管理蓝皮书
中国上市公司社会责任能力成熟度报告No.4（2018）
著(编)者：肖红军 王晓光 李伟阳
2018年12月出版 / 估价：99.00元
PSN B-2015-507-2/2

社会责任管理蓝皮书
中国企业公众透明度报告No.4（2017~2018）
著(编)者：黄速建 熊梦 王晓光 肖红军
2018年4月出版 / 估价：99.00元
PSN B-2015-440-1/2

食品药品蓝皮书
食品药品安全与监管政策研究报告（2016~2017）
著(编)者：唐民皓
2018年6月出版 / 估价：99.00元
PSN B-2009-129-1/1

输血服务蓝皮书
中国输血行业发展报告（2018）
著(编)者：孙俊
2018年12月出版 / 估价：99.00元
PSN B-2016-582-1/1

水利风景区蓝皮书
中国水利风景区发展报告（2018）
著(编)者：董建文 兰思仁
2018年10月出版 / 估价：99.00元
PSN B-2015-480-1/1

私募市场蓝皮书
中国私募股权市场发展报告（2017~2018）
著(编)者：曹和平
2018年12月出版 / 估价：99.00元
PSN B-2010-162-1/1

碳排放权交易蓝皮书
中国碳排放权交易报告（2018）
著(编)者：孙永平
2018年11月出版 / 估价：99.00元
PSN B-2017-652-1/1

碳市场蓝皮书
中国碳市场报告（2018）
著(编)者：定金彪
2018年11月出版 / 估价：99.00元
PSN B-2014-430-1/1

行业及其他类

皮书系列 2018全品种

体育蓝皮书
中国公共体育服务发展报告（2018）
著(编)者：戴健　2018年12月出版 / 估价：99.00元
PSN B-2013-367-2/5

土地市场蓝皮书
中国农村土地市场发展报告（2017~2018）
著(编)者：李光荣　2018年3月出版 / 估价：99.00元
PSN B-2016-526-1/1

土地整治蓝皮书
中国土地整治发展研究报告（No.5）
著(编)者：国土资源部土地整治中心
2018年7月出版 / 估价：99.00元
PSN B-2014-401-1/1

土地政策蓝皮书
中国土地政策研究报告（2018）
著(编)者：高延利　李宪文　2017年12月出版 / 估价：99.00元
PSN B-2015-506-1/1

网络空间安全蓝皮书
中国网络空间安全发展报告（2018）
著(编)者：惠志斌　覃庆玲
2018年11月出版 / 估价：99.00元
PSN B-2015-466-1/1

文化志愿服务蓝皮书
中国文化志愿服务发展报告（2018）
著(编)者：张永新　良警宇　2018年11月出版 / 估价：128.00元
PSN B-2016-596-1/1

西部金融蓝皮书
中国西部金融发展报告（2017~2018）
著(编)者：李忠民　2018年8月出版 / 估价：99.00元
PSN B-2010-160-1/1

协会商会蓝皮书
中国行业协会商会发展报告（2017）
著(编)者：景朝阳　李勇　2018年4月出版 / 估价：99.00元
PSN B-2015-461-1/1

新三板蓝皮书
中国新三板市场发展报告（2018）
著(编)者：王力　2018年8月出版 / 估价：99.00元
PSN B-2016-533-1/1

信托市场蓝皮书
中国信托业市场报告（2017~2018）
著(编)者：用益金融信托研究院
2018年1月出版 / 估价：198.00元
PSN B-2014-371-1/1

信息化蓝皮书
中国信息化形势分析与预测（2017~2018）
著(编)者：周宏仁　2018年8月出版 / 估价：99.00元
PSN B-2010-168-1/1

信用蓝皮书
中国信用发展报告（2017~2018）
著(编)者：章政　田侃　2018年4月出版 / 估价：99.00元
PSN B-2013-328-1/1

休闲绿皮书
2017~2018年中国休闲发展报告
著(编)者：宋瑞　2018年7月出版 / 估价：99.00元
PSN G-2010-158-1/1

休闲体育蓝皮书
中国休闲体育发展报告（2017~2018）
著(编)者：李相如　钟秉枢
2018年10月出版 / 估价：99.00元
PSN B-2016-516-1/1

养老金融蓝皮书
中国养老金融发展报告（2018）
著(编)者：董克用　姚余栋
2018年9月出版 / 估价：99.00元
PSN B-2016-583-1/1

遥感监测绿皮书
中国可持续发展遥感监测报告（2017）
著(编)者：顾行发　汪克强　潘教峰　李闽榕　徐东华　王琦安
2018年6月出版 / 估价：298.00元
PSN B-2017-629-1/1

药品流通蓝皮书
中国药品流通行业发展报告（2018）
著(编)者：余鲁林　温再兴
2018年7月出版 / 估价：198.00元
PSN B-2014-429-1/1

医疗器械蓝皮书
中国医疗器械行业发展报告（2018）
著(编)者：王宝亭　耿鸿武
2018年10月出版 / 估价：99.00元
PSN B-2017-661-1/1

医院蓝皮书
中国医院竞争力报告（2018）
著(编)者：庄一强　曾益新　2018年3月出版 / 估价：118.00元
PSN B-2016-528-1/1

瑜伽蓝皮书
中国瑜伽业发展报告（2017~2018）
著(编)者：张永建　徐华锋　朱泰余
2018年6月出版 / 估价：198.00元
PSN B-2017-625-1/1

债券市场蓝皮书
中国债券市场发展报告（2017~2018）
著(编)者：杨农　2018年10月出版 / 估价：99.00元
PSN B-2016-572-1/1

志愿服务蓝皮书
中国志愿服务发展报告（2018）
著(编)者：中国志愿服务联合会
2018年11月出版 / 估价：99.00元
PSN B-2017-664-1/1

中国上市公司蓝皮书
中国上市公司发展报告（2018）
著(编)者：张鹏　张平　黄蕥英
2018年9月出版 / 估价：99.00元
PSN B-2014-414-1/1

中国新三板蓝皮书
中国新三板创新与发展报告（2018）
著(编)者：刘平安 闻召林
2018年8月出版 / 估价：158.00元
PSN B-2017-638-1/1

中医文化蓝皮书
北京中医药文化传播发展报告（2018）
著(编)者：毛嘉陵 2018年5月出版 / 估价：99.00元
PSN B-2015-468-1/2

中医文化蓝皮书
中国中医药文化传播发展报告（2018）
著(编)者：毛嘉陵 2018年7月出版 / 估价：99.00元
PSN B-2016-584-2/2

中医药蓝皮书
北京中医药知识产权发展报告No.2
著(编)者：汪洪 屠志涛 2018年4月出版 / 估价：168.00元
PSN B-2017-602-1/1

资本市场蓝皮书
中国场外交易市场发展报告（2016~2017）
著(编)者：高峦 2018年3月出版 / 估价：99.00元
PSN B-2009-153-1/1

资产管理蓝皮书
中国资产管理行业发展报告（2018）
著(编)者：郑智 2018年7月出版 / 估价：99.00元
PSN B-2014-407-2/2

资产证券化蓝皮书
中国资产证券化发展报告（2018）
著(编)者：纪志宏 2018年11月出版 / 估价：99.00元
PSN B-2017-660-1/1

自贸区蓝皮书
中国自贸区发展报告（2018）
著(编)者：王力 黄育华 2018年6月出版 / 估价：99.00元
PSN B-2016-558-1/1

国际问题与全球治理类

"一带一路"跨境通道蓝皮书
"一带一路"跨境通道建设研究报告（2018）
著(编)者：郭亚洲 2018年8月出版 / 估价：99.00元
PSN B-2016-557-1/1

"一带一路"蓝皮书
"一带一路"建设发展报告（2018）
著(编)者：王晓泉 2018年6月出版 / 估价：99.00元
PSN B-2016-552-1/1

"一带一路"投资安全蓝皮书
中国"一带一路"投资与安全研究报告（2017~2018）
著(编)者：邹统钎 梁昊光 2018年4月出版 / 估价：99.00元
PSN B-2017-612-1/1

"一带一路"文化交流蓝皮书
中阿文化交流发展报告（2017）
著(编)者：王辉 2018年9月出版 / 估价：99.00元
PSN B-2017-655-1/1

G20国家创新竞争力黄皮书
二十国集团（G20）国家创新竞争力发展报告（2017~2018）
著(编)者：李建平 李闽榕 赵新力 周天勇
2018年7月出版 / 估价：168.00元
PSN Y-2011-229-1/1

阿拉伯黄皮书
阿拉伯发展报告（2016~2017）
著(编)者：罗林 2018年3月出版 / 估价：99.00元
PSN Y-2014-381-1/1

北部湾蓝皮书
泛北部湾合作发展报告（2017~2018）
著(编)者：吕余生 2018年12月出版 / 估价：99.00元
PSN B-2008-114-1/1

北极蓝皮书
北极地区发展报告（2017）
著(编)者：刘惠荣 2018年7月出版 / 估价：99.00元
PSN B-2017-634-1/1

大洋洲蓝皮书
大洋洲发展报告（2017~2018）
著(编)者：喻常森 2018年10月出版 / 估价：99.00元
PSN B-2013-341-1/1

东北亚区域合作蓝皮书
2017年"一带一路"倡议与东北亚区域合作
著(编)者：刘亚政 金美花
2018年5月出版 / 估价：99.00元
PSN B-2017-631-1/1

东盟黄皮书
东盟发展报告（2017）
著(编)者：杨晓强 庄国土
2018年5月出版 / 估价：99.00元
PSN Y-2012-303-1/1

东南亚蓝皮书
东南亚地区发展报告（2017~2018）
著(编)者：王勤 2018年12月出版 / 估价：99.00元
PSN B-2012-240-1/1

非洲黄皮书
非洲发展报告No.20（2017~2018）
著(编)者：张宏明 2018年7月出版 / 估价：99.00元
PSN Y-2012-239-1/1

非传统安全蓝皮书
中国非传统安全研究报告（2017~2018）
著(编)者：潘枫 罗中枢 2018年8月出版 / 估价：99.00元
PSN B-2012-273-1/1

国际问题与全球治理类

皮书系列 2018全品种

国际安全蓝皮书
中国国际安全研究报告（2018）
著(编)者：刘慧　2018年7月出版 / 估价：99.00元
PSN B-2016-521-1/1

国际城市蓝皮书
国际城市发展报告（2018）
著(编)者：屠启宇　2018年2月出版 / 估价：99.00元
PSN B-2012-260-1/1

国际形势黄皮书
全球政治与安全报告（2018）
著(编)者：张宇燕　2018年1月出版 / 估价：99.00元
PSN Y-2001-016-1/1

公共外交蓝皮书
中国公共外交发展报告（2018）
著(编)者：赵启正 雷蔚真　2018年4月出版 / 估价：99.00元
PSN B-2015-457-1/1

金砖国家黄皮书
金砖国家综合创新竞争力发展报告（2018）
著(编)者：赵新力 李建平 黄茂兴
2018年8月出版 / 估价：128.00元
PSN Y-2017-643-1/1

拉美黄皮书
拉丁美洲和加勒比发展报告（2017~2018）
著(编)者：袁东振　2018年6月出版 / 估价：99.00元
PSN Y-1999-007-1/1

澜湄合作蓝皮书
澜沧江-湄公河合作发展报告（2018）
著(编)者：刘稚　2018年9月出版 / 估价：99.00元
PSN B-2011-196-1/1

欧洲蓝皮书
欧洲发展报告（2017~2018）
著(编)者：黄平 周弘 程卫东
2018年6月出版 / 估价：99.00元
PSN B-1999-009-1/1

葡语国家蓝皮书
葡语国家发展报告（2016~2017）
著(编)者：王成安 张敏 刘金兰
2018年4月出版 / 估价：99.00元
PSN B-2015-503-1/2

葡语国家蓝皮书
中国与葡语国家关系发展报告·巴西（2016）
著(编)者：张曙光　2018年8月出版 / 估价：99.00元
PSN B-2016-563-2/2

气候变化绿皮书
应对气候变化报告（2018）
著(编)者：王伟光 郑国光　2018年11月出版 / 估价：99.00元
PSN G-2009-144-1/1

全球环境竞争力绿皮书
全球环境竞争力报告
著(编)者：李建平 李闽榕 王金南
2018年12月出版 / 估价：198.00元
PSN G-2013-363-1/1

全球信息社会蓝皮书
全球信息社会发展报告（2018）
著(编)者：丁波涛 唐涛　2018年10月出版 / 估价：99.00元
PSN B-2017-665-1/1

日本经济蓝皮书
日本经济与中日经贸关系研究报告（2018）
著(编)者：张季风　2018年6月出版 / 估价：99.00元
PSN B-2008-102-1/1

上海合作组织黄皮书
上海合作组织发展报告（2018）
著(编)者：李进峰　2018年6月出版 / 估价：99.00元
PSN Y-2009-130-1/1

世界创新竞争力黄皮书
世界创新竞争力发展报告（2017）
著(编)者：李建平 李闽榕 赵新力
2018年1月出版 / 估价：168.00元
PSN Y-2013-318-1/1

世界经济黄皮书
2018年世界经济形势分析与预测
著(编)者：张宇燕　2018年1月出版 / 估价：99.00元
PSN Y-1999-006-1/1

丝绸之路蓝皮书
丝绸之路经济带发展报告（2018）
著(编)者：任宗哲 白宽犁 谷孟宾
2018年1月出版 / 估价：99.00元
PSN B-2014-410-1/1

新兴经济体蓝皮书
金砖国家发展报告（2018）
著(编)者：林跃勤 周文　2018年8月出版 / 估价：99.00元
PSN B-2011-195-1/1

亚太蓝皮书
亚太地区发展报告（2018）
著(编)者：李向阳　2018年5月出版 / 估价：99.00元
PSN B-2001-015-1/1

印度洋地区蓝皮书
印度洋地区发展报告（2018）
著(编)者：汪戎　2018年6月出版 / 估价：99.00元
PSN B-2013-334-1/1

渝新欧蓝皮书
渝新欧沿线国家发展报告（2018）
著(编)者：杨柏 黄森　2018年6月出版 / 估价：99.00元
PSN B-2017-626-1/1

中阿蓝皮书
中国-阿拉伯国家经贸发展报告（2018）
著(编)者：张廉 段庆林 王林聪 杨巧红
2018年12月出版 / 估价：99.00元
PSN B-2016-598-1/1

中东黄皮书
中东发展报告No.20（2017~2018）
著(编)者：杨光　2018年10月出版 / 估价：99.00元
PSN Y-1998-004-1/1

中亚黄皮书
中亚国家发展报告（2018）
著(编)者：孙力　2018年6月出版 / 估价：99.00元
PSN Y-2012-238-1/1

皮书系列 2018全品种 | 国别类 · 文化传媒类

国别类

澳大利亚蓝皮书
澳大利亚发展报告（2017-2018）
著(编)者：孙有中 韩锋　2018年12月出版 / 估价：99.00元
PSN B-2016-587-1/1

巴西黄皮书
巴西发展报告（2017）
著(编)者：刘国枝　2018年5月出版 / 估价：99.00元
PSN Y-2017-614-1/1

德国蓝皮书
德国发展报告（2018）
著(编)者：郑春荣　2018年6月出版 / 估价：99.00元
PSN B-2012-278-1/1

俄罗斯黄皮书
俄罗斯发展报告（2018）
著(编)者：李永全　2018年6月出版 / 估价：99.00元
PSN Y-2006-061-1/1

韩国蓝皮书
韩国发展报告（2017）
著(编)者：牛林杰 刘宝全　2018年5月出版 / 估价：99.00元
PSN B-2010-155-1/1

加拿大蓝皮书
加拿大发展报告（2018）
著(编)者：唐小松　2018年9月出版 / 估价：99.00元
PSN B-2014-389-1/1

美国蓝皮书
美国研究报告（2018）
著(编)者：郑秉文 黄平　2018年5月出版 / 估价：99.00元
PSN B-2011-210-1/1

缅甸蓝皮书
缅甸国情报告（2017）
著(编)者：孔鹏 杨祥章　2018年1月出版 / 估价：99.00元
PSN B-2013-343-1/1

日本蓝皮书
日本研究报告（2018）
著(编)者：杨伯江　2018年6月出版 / 估价：99.00元
PSN B-2002-020-1/1

土耳其蓝皮书
土耳其发展报告（2018）
著(编)者：郭长刚 刘义　2018年9月出版 / 估价：99.00元
PSN B-2014-412-1/1

伊朗蓝皮书
伊朗发展报告（2017~2018）
著(编)者：冀开运　2018年10月 / 估价：99.00元
PSN B-2016-574-1/1

以色列蓝皮书
以色列发展报告（2018）
著(编)者：张倩红　2018年8月出版 / 估价：99.00元
PSN B-2015-483-1/1

印度蓝皮书
印度国情报告（2017）
著(编)者：吕昭义　2018年4月出版 / 估价：99.00元
PSN B-2012-241-1/1

英国蓝皮书
英国发展报告（2017~2018）
著(编)者：王展鹏　2018年12月出版 / 估价：99.00元
PSN B-2015-486-1/1

越南蓝皮书
越南国情报告（2018）
著(编)者：谢林城　2018年1月出版 / 估价：99.00元
PSN B-2006-056-1/1

泰国蓝皮书
泰国研究报告（2018）
著(编)者：庄国土 张禹东 刘文正
2018年10月出版 / 估价：99.00元
PSN B-2016-556-1/1

文化传媒类

"三农"舆情蓝皮书
中国"三农"网络舆情报告（2017~2018）
著(编)者：农业部信息中心
2018年6月出版 / 估价：99.00元
PSN B-2017-640-1/1

传媒竞争力蓝皮书
中国传媒国际竞争力研究报告（2018）
著(编)者：李本乾 刘强 王大可
2018年8月出版 / 估价：99.00元
PSN B-2013-356-1/1

传媒蓝皮书
中国传媒产业发展报告（2018）
著(编)者：崔保国　2018年5月出版 / 估价：99.00元
PSN B-2005-035-1/1

传媒投资蓝皮书
中国传媒投资发展报告（2018）
著(编)者：张向东 谭云明
2018年6月出版 / 估价：148.00元
PSN B-2015-474-1/1

 文化传媒类

皮书系列 2018全品种

非物质文化遗产蓝皮书
中国非物质文化遗产发展报告（2018）
著（编）者：陈平　　2018年5月出版／估价：128.00元
PSN B-2015-469-1/2

非物质文化遗产蓝皮书
中国非物质文化遗产保护发展报告（2018）
著（编）者：宋俊华　　2018年10月出版／估价：128.00元
PSN B-2016-586-2/2

广电蓝皮书
中国广播电影电视发展报告（2018）
著（编）者：国家新闻出版广电总局发展研究中心
2018年7月出版／估价：99.00元
PSN B-2006-072-1/1

广告主蓝皮书
中国广告主营销传播趋势报告No.9
著（编）者：黄升民　杜国清　邵华冬　等
2018年10月出版／估价：158.00元
PSN B-2005-041-1/1

国际传播蓝皮书
中国国际传播发展报告（2018）
著（编）者：胡正荣　李继东　姬德强
2018年12月出版／估价：99.00元
PSN B-2014-408-1/1

国家形象蓝皮书
中国国家形象传播报告（2017）
著（编）者：张昆　　2018年3月出版／估价：128.00元
PSN B-2017-605-1/1

互联网治理蓝皮书
中国网络社会治理研究报告（2018）
著（编）者：罗昕　支庭荣
2018年9月出版／估价：118.00元
PSN B-2017-653-1/1

纪录片蓝皮书
中国纪录片发展报告（2018）
著（编）者：何苏六　　2018年10月出版／估价：99.00元
PSN B-2011-222-1/1

科学传播蓝皮书
中国科学传播报告（2016~2017）
著（编）者：詹正茂　　2018年6月出版／估价：99.00元
PSN B-2008-120-1/1

两岸创意经济蓝皮书
两岸创意经济研究报告（2018）
著（编）者：罗昌智　董泽平
2018年10月出版／估价：99.00元
PSN B-2014-437-1/1

媒介与女性蓝皮书
中国媒介与女性发展报告（2017~2018）
著（编）者：刘利群　　2018年5月出版／估价：99.00元
PSN B-2013-345-1/1

媒体融合蓝皮书
中国媒体融合发展报告（2017）
著（编）者：梅宁华　支庭荣　　2018年1月出版／估价：99.00元
PSN B-2015-479-1/1

全球传媒蓝皮书
全球传媒发展报告（2017~2018）
著（编）者：胡正荣　李继东　　2018年6月出版／估价：99.00元
PSN B-2012-237-1/1

少数民族非遗蓝皮书
中国少数民族非物质文化遗产发展报告（2018）
著（编）者：肖远平（彝）　柴立（满）
2018年10月出版／估价：118.00元
PSN B-2015-467-1/1

视听新媒体蓝皮书
中国视听新媒体发展报告（2018）
著（编）者：国家新闻出版广电总局发展研究中心
2018年7月出版／估价：118.00元
PSN B-2011-184-1/1

数字娱乐产业蓝皮书
中国动画产业发展报告（2018）
著（编）者：孙立军　孙平　牛兴侦
2018年10月出版／估价：99.00元
PSN B-2011-198-1/2

数字娱乐产业蓝皮书
中国游戏产业发展报告（2018）
著（编）者：孙立军　刘跃军
2018年10月出版／估价：99.00元
PSN B-2017-662-2/2

文化创新蓝皮书
中国文化创新报告（2017·No.8）
著（编）者：傅才武　　2018年4月出版／估价：99.00元
PSN B-2009-143-1/1

文化建设蓝皮书
中国文化发展报告（2018）
著（编）者：江畅　孙伟平　戴茂堂
2018年5月出版／估价：99.00元
PSN B-2014-392-1/1

文化科技蓝皮书
文化科技创新发展报告（2018）
著（编）者：于平　李凤亮　　2018年10月出版／估价：99.00元
PSN B-2013-342-1/1

文化蓝皮书
中国公共文化服务发展报告（2017~2018）
著（编）者：刘新成　张永新　张旭
2018年12月出版／估价：99.00元
PSN B-2007-093-2/10

文化蓝皮书
中国少数民族文化发展报告（2017~2018）
著（编）者：武翠英　张晓明　任乌晶
2018年9月出版／估价：99.00元
PSN B-2013-369-9/10

文化蓝皮书
中国文化产业供需协调检测报告（2018）
著（编）者：土业南　　2018年2月出版／估价：99.00元
PSN B-2013-323-8/10

文化传媒类 · 地方发展类-经济

文化蓝皮书
中国文化消费需求景气评价报告（2018）
著(编)者：王亚南　　2018年2月出版／估价：99.00元
PSN B-2011-236-4/10

文化蓝皮书
中国公共文化投入增长测评报告（2018）
著(编)者：王亚南　　2018年2月出版／估价：99.00元
PSN B-2014-435-10/10

文化品牌蓝皮书
中国文化品牌发展报告（2018）
著(编)者：欧阳友权　　2018年5月出版／估价：99.00元
PSN B-2012-277-1/1

文化遗产蓝皮书
中国文化遗产事业发展报告（2017~2018）
著(编)者：苏杨　张颖岚　卓杰　白海峰　陈晨　陈叙图
2018年8月出版／估价：99.00元
PSN B-2008-119-1/1

文学蓝皮书
中国文情报告（2017~2018）
著(编)者：白烨　　2018年5月出版／估价：99.00元
PSN B-2011-221-1/1

新媒体蓝皮书
中国新媒体发展报告No.9（2018）
著(编)者：唐绪军　　2018年7月出版／估价：99.00元
PSN B-2010-169-1/1

新媒体社会责任蓝皮书
中国新媒体社会责任研究报告（2018）
著(编)者：钟瑛　　2018年12月出版／估价：99.00元
PSN B-2014-423-1/1

移动互联网蓝皮书
中国移动互联网发展报告（2018）
著(编)者：余清楚　　2018年6月出版／估价：99.00元
PSN B-2012-282-1/1

影视蓝皮书
中国影视产业发展报告（2018）
著(编)者：司若　陈鹏　陈锐　　2018年4月出版／估价：99.00元
PSN B-2016-529-1/1

舆情蓝皮书
中国社会舆情与危机管理报告（2018）
著(编)者：谢耘耕　　2018年9月出版／估价：138.00元
PSN B-2011-235-1/1

地方发展类-经济

澳门蓝皮书
澳门经济社会发展报告（2017~2018）
著(编)者：吴志良　郝雨凡　　2018年7月出版／估价：99.00元
PSN B-2009-138-1/1

澳门绿皮书
澳门旅游休闲发展报告（2017~2018）
著(编)者：郝雨凡　林广志　　2018年5月出版／估价：99.00元
PSN G-2017-617-1/1

北京蓝皮书
北京经济发展报告（2017~2018）
著(编)者：杨松　　2018年6月出版／估价：99.00元
PSN B-2006-054-2/8

北京旅游绿皮书
北京旅游发展报告（2018）
著(编)者：北京旅游学会
2018年7月出版／估价：99.00元
PSN G-2012-301-1/1

北京体育蓝皮书
北京体育产业发展报告（2017~2018）
著(编)者：钟秉枢　陈杰　杨铁黎
2018年9月出版／估价：99.00元
PSN B-2015-475-1/1

滨海金融蓝皮书
滨海新区金融发展报告（2017）
著(编)者：王爱俭　李向前　　2018年4月出版／估价：99.00元
PSN B-2014-424-1/1

城乡一体化蓝皮书
北京城乡一体化报告（2017~2018）
著(编)者：吴宝新　张宝秀　黄序
2018年5月出版／估价：99.00元
PSN B-2012-258-2/2

非公有制企业社会责任蓝皮书
北京非公有制企业社会责任报告（2018）
著(编)者：宋贵伦　冯培　　2018年6月出版／估价：99.00元
PSN B-2017-613-1/1

福建旅游蓝皮书
福建省旅游产业发展现状研究（2017~2018）
著(编)者：陈敏华　黄远水
2018年12月出版／估价：128.00元
PSN B-2016-591-1/1

福建自贸区蓝皮书
中国（福建）自由贸易试验区发展报告（2017~2018）
著(编)者：黄茂兴　　2018年4月出版／估价：118.00元
PSN B-2016-531-1/1

甘肃蓝皮书
甘肃经济发展分析与预测（2018）
著(编)者：安文华　罗哲　　2018年1月出版／估价：99.00元
PSN B-2013-312-1/6

甘肃蓝皮书
甘肃商贸流通发展报告（2018）
著(编)者：张应华　王福生　王晓芳
2018年1月出版／估价：99.00元
PSN B-2016-522-6/6

地方发展类-经济

甘肃蓝皮书
甘肃县域和农村发展报告(2018)
著(编)者:朱智文 包东红 王建兵
2018年1月出版 / 估价:99.00元
PSN B-2013-316-5/6

甘肃农业科技绿皮书
甘肃农业科技发展研究报告(2018)
著(编)者:魏胜文 乔德华 张东伟
2018年12月出版 / 估价:198.00元
PSN B-2016-592-1/1

巩义蓝皮书
巩义经济社会发展报告(2018)
著(编)者:丁同民 朱军 2018年4月出版 / 估价:99.00元
PSN B-2016-532-1/1

广东外经贸蓝皮书
广东对外经济贸易发展研究报告(2017~2018)
著(编)者:陈万灵 2018年6月出版 / 估价:99.00元
PSN B-2012-286-1/1

广西北部湾经济区蓝皮书
广西北部湾经济区开放开发报告(2017~2018)
著(编)者:广西壮族自治区北部湾经济区和东盟开放合作办公室
    广西社会科学院
    广西北部湾发展研究院
2018年2月出版 / 估价:99.00元
PSN B-2010-181-1/1

广州蓝皮书
广州城市国际化发展报告(2018)
著(编)者:张跃国 2018年8月出版 / 估价:99.00元
PSN B-2012-246-11/14

广州蓝皮书
中国广州城市建设与管理发展报告(2018)
著(编)者:张其学 陈小钢 王宏伟 2018年8月出版 / 估价:99.00元
PSN B-2007-08/-4/14

广州蓝皮书
广州创新型城市发展报告(2018)
著(编)者:尹涛 2018年6月出版 / 估价:99.00元
PSN B-2012-247-12/14

广州蓝皮书
广州经济发展报告(2018)
著(编)者:张跃国 尹涛 2018年7月出版 / 估价:99.00元
PSN B-2005-040-1/14

广州蓝皮书
2018年中国广州经济形势分析与预测
著(编)者:魏明海 谢博能 李华
2018年6月出版 / 估价:99.00元
PSN B-2011-185-9/14

广州蓝皮书
中国广州科技创新发展报告(2018)
著(编)者:于欣伟 陈爽 邓佑满 2018年8月出版 / 估价:99.00元
PSN B-2006-065-2/14

广州蓝皮书
广州农村发展报告(2018)
著(编)者:朱名宏 2018年7月出版 / 估价:99.00元
PSN B-2010-167-8/14

广州蓝皮书
广州汽车产业发展报告(2018)
著(编)者:杨再高 冯兴亚 2018年7月出版 / 估价:99.00元
PSN B-2006-066-3/14

广州蓝皮书
广州商贸业发展报告(2018)
著(编)者:张跃国 陈杰 荀振英
2018年7月出版 / 估价:99.00元
PSN B-2012-245-10/14

贵阳蓝皮书
贵阳城市创新发展报告No.3(白云篇)
著(编)者:连玉明 2018年5月出版 / 估价:99.00元
PSN B-2015-491-3/10

贵阳蓝皮书
贵阳城市创新发展报告No.3(观山湖篇)
著(编)者:连玉明 2018年5月出版 / 估价:99.00元
PSN B-2015-497-9/10

贵阳蓝皮书
贵阳城市创新发展报告No.3(花溪篇)
著(编)者:连玉明 2018年5月出版 / 估价:99.00元
PSN B-2015-490-2/10

贵阳蓝皮书
贵阳城市创新发展报告No.3(开阳篇)
著(编)者:连玉明 2018年5月出版 / 估价:99.00元
PSN B-2015-492-4/10

贵阳蓝皮书
贵阳城市创新发展报告No.3(南明篇)
著(编)者:连玉明 2018年5月出版 / 估价:99.00元
PSN B-2015-496-8/10

贵阳蓝皮书
贵阳城市创新发展报告No.3(清镇篇)
著(编)者:连玉明 2018年5月出版 / 估价:99.00元
PSN B-2015-489-1/10

贵阳蓝皮书
贵阳城市创新发展报告No.3(乌当篇)
著(编)者:连玉明 2018年5月出版 / 估价:99.00元
PSN B-2015-495-7/10

贵阳蓝皮书
贵阳城市创新发展报告No.3(息烽篇)
著(编)者:连玉明 2018年5月出版 / 估价:99.00元
PSN B-2015-493-5/10

贵阳蓝皮书
贵阳城市创新发展报告No.3(修文篇)
著(编)者:连玉明 2018年5月出版 / 估价:99.00元
PSN B-2015-494-6/10

贵阳蓝皮书
贵阳城市创新发展报告No.3(云岩篇)
著(编)者:连玉明 2018年5月出版 / 估价:99.00元
PSN B-2015-498-10/10

贵州房地产蓝皮书
贵州房地产发展报告No.5(2018)
著(编)者:武廷方 2018年7月出版 / 估价:99.00元
PSN B-2014-426-1/1

贵州蓝皮书
贵州册亨经济社会发展报告（2018）
著(编)者：黄德林　2018年3月出版／估价：99.00元
PSN B-2016-525-8/9

贵州蓝皮书
贵州地理标志产业发展报告（2018）
著(编)者：李发耀　黄其松　2018年8月出版／估价：99.00元
PSN B-2017-646-10/10

贵州蓝皮书
贵安新区发展报告（2017～2018）
著(编)者：马长青　吴大华　2018年6月出版／估价：99.00元
PSN B-2015-459-4/10

贵州蓝皮书
贵州国家级开放创新平台发展报告（2017～2018）
著(编)者：申晓庆　吴大华　季泓
2018年11月出版／估价：99.00元
PSN B-2016-518-7/10

贵州蓝皮书
贵州国有企业社会责任发展报告（2017～2018）
著(编)者：郭丽　2018年12月出版／估价：99.00元
PSN B-2015-511-6/10

贵州蓝皮书
贵州民航业发展报告（2017）
著(编)者：申振东　吴大华　2018年1月出版／估价：99.00元
PSN B-2015-471-5/10

贵州蓝皮书
贵州民营经济发展报告（2017）
著(编)者：杨静　吴大华　2018年3月出版／估价：99.00元
PSN B-2016-530-9/9

杭州都市圈蓝皮书
杭州都市圈发展报告（2018）
著(编)者：沈翔　戚建国　2018年5月出版／估价：128.00元
PSN B-2012-302-1/1

河北经济蓝皮书
河北省经济发展报告（2018）
著(编)者：马树强　金浩　张贵　2018年4月出版／估价：99.00元
PSN B-2014-380-1/1

河北蓝皮书
河北经济社会发展报告（2018）
著(编)者：康振海　2018年1月出版／估价：99.00元
PSN B-2014-372-1/3

河北蓝皮书
京津冀协同发展报告（2018）
著(编)者：陈璐　2018年1月出版／估价：99.00元
PSN B-2017-601-2/3

河南经济蓝皮书
2018年河南经济形势分析与预测
著(编)者：王世炎　2018年3月出版／估价：99.00元
PSN B-2007-086-1/1

河南蓝皮书
河南城市发展报告（2018）
著(编)者：张占仓　王建国　2018年5月出版／估价：99.00元
PSN B-2009-131-3/9

河南蓝皮书
河南工业发展报告（2018）
著(编)者：张占仓　2018年5月出版／估价：99.00元
PSN B-2013-317-5/9

河南蓝皮书
河南金融发展报告（2018）
著(编)者：喻新安　谷建全
2018年6月出版／估价：99.00元
PSN B-2014-390-7/9

河南蓝皮书
河南经济发展报告（2018）
著(编)者：张占仓　完世伟
2018年4月出版／估价：99.00元
PSN B-2010-157-4/9

河南蓝皮书
河南能源发展报告（2018）
著(编)者：国网河南省电力公司经济技术研究院
　　　　　河南省社会科学院
2018年3月出版／估价：99.00元
PSN B-2017-607-9/9

河南商务蓝皮书
河南商务发展报告（2018）
著(编)者：焦锦淼　穆荣国　2018年5月出版／估价：99.00元
PSN B-2014-399-1/1

河南双创蓝皮书
河南创新创业发展报告（2018）
著(编)者：喻新安　杨雪梅　2018年8月出版／估价：99.00元
PSN B-2017-641-1/1

黑龙江蓝皮书
黑龙江经济发展报告（2018）
著(编)者：朱宇　2018年1月出版／估价：99.00元
PSN B-2011-190-2/2

湖南城市蓝皮书
区域城市群整合
著(编)者：童中贤　韩未名　2018年12月出版／估价：99.00元
PSN B-2006-064-1/1

湖南蓝皮书
湖南城乡一体化发展报告（2018）
著(编)者：陈文胜　王文强　陆福兴
2018年8月出版／估价：99.00元
PSN B-2015-477-8/8

湖南蓝皮书
2018年湖南电子政务发展报告
著(编)者：梁志峰　2018年5月出版／估价：128.00元
PSN B-2014-394-6/8

湖南蓝皮书
2018年湖南经济发展报告
著(编)者：卞鹰　2018年5月出版／估价：128.00元
PSN B-2011-207-2/8

湖南蓝皮书
2016年湖南经济展望
著(编)者：梁志峰　2018年5月出版／估价：128.00元
PSN B-2011-206-1/8

地方发展类—经济

皮书系列
2018全品种

湖南蓝皮书
2018年湖南县域经济社会发展报告
著(编)者:梁志峰　2018年5月出版 / 估价:128.00元
PSN B-2014-395-7/8

湖南县域绿皮书
湖南县域发展报告(No.5)
著(编)者:袁准　周小毛　黎仁寅
2018年3月出版 / 估价:99.00元
PSN G-2012-274-1/1

沪港蓝皮书
沪港发展报告(2018)
著(编)者:尤安山　2018年9月出版 / 估价:99.00元
PSN B-2013-362-1/1

吉林蓝皮书
2018年吉林经济社会形势分析与预测
著(编)者:邵汉明　2017年12月出版 / 估价:99.00元
PSN B-2013-319-1/1

吉林省城市竞争力蓝皮书
吉林省城市竞争力报告(2018~2019)
著(编)者:崔岳春　张磊　2018年12月出版 / 估价:99.00元
PSN B-2016-513-1/1

济源蓝皮书
济源经济社会发展报告(2018)
著(编)者:喻新安　2018年4月出版 / 估价:99.00元
PSN B-2014-387-1/1

江苏蓝皮书
2018年江苏经济发展分析与展望
著(编)者:王庆五　吴先满　2018年7月出版 / 估价:128.00元
PSN B-2017-635-1/3

江西蓝皮书
江西经济社会发展报告(2018)
著(编)者:陈石俊　龚建文　2018年10月出版 / 估价:128.00元
PSN B-2015-484-1/2

江西蓝皮书
江西设区市发展报告(2018)
著(编)者:姜玮　梁勇　2018年10月出版 / 估价:99.00元
PSN B-2016-517-2/2

经济特区蓝皮书
中国经济特区发展报告(2017)
著(编)者:陶一桃　2018年1月出版 / 估价:99.00元
PSN B-2009-139-1/1

辽宁蓝皮书
2018年辽宁经济社会形势分析与预测
著(编)者:梁启东　魏红江　2018年6月出版 / 估价:99.00元
PSN B-2006-053-1/1

民族经济蓝皮书
中国民族地区经济发展报告(2018)
著(编)者:李曦辉　2018年7月出版 / 估价:99.00元
PSN B-2017-630-1/1

南宁蓝皮书
南宁经济发展报告(2018)
著(编)者:胡建华　2018年9月出版 / 估价:99.00元
PSN B-2016-569-2/3

浦东新区蓝皮书
上海浦东经济发展报告(2018)
著(编)者:沈开艳　周奇　2018年2月出版 / 估价:99.00元
PSN B-2011-225-1/1

青海蓝皮书
2018年青海经济社会形势分析与预测
著(编)者:陈玮　2017年12月出版 / 估价:99.00元
PSN B-2012-275-1/2

山东蓝皮书
山东经济形势分析与预测(2018)
著(编)者:李广杰　2018年7月出版 / 估价:99.00元
PSN B-2014-404-1/5

山东蓝皮书
山东省普惠金融发展报告(2018)
著(编)者:齐鲁财富网
2018年9月出版 / 估价:99.00元
PSN B2017-676-5/5

山西蓝皮书
山西资源型经济转型发展报告(2018)
著(编)者:李志强　2018年7月出版 / 估价:99.00元
PSN B-2011-197-1/1

陕西蓝皮书
陕西经济发展报告(2018)
著(编)者:任宗哲　白宽犁　裴成荣
2018年1月出版 / 估价:99.00元
PSN B-2009-135-1/6

陕西蓝皮书
陕西精准脱贫研究报告(2018)
著(编)者:任宗哲　白宽犁　王建康
2018年6月出版 / 估价:99.00元
PSN B-2017-623-6/6

上海蓝皮书
上海经济发展报告(2018)
著(编)者:沈开艳
2018年2月出版 / 估价:99.00元
PSN B-2006-057-1/7

上海蓝皮书
上海资源环境发展报告(2018)
著(编)者:周冯琦　汤庆合
2018年2月出版 / 估价:99.00元
PSN B-2006-060-4/7

上饶蓝皮书
上饶发展报告(2016~2017)
著(编)者:廖其志　2018年3月出版 / 估价:128.00元
PSN B-2014-377-1/1

深圳蓝皮书
深圳经济发展报告(2018)
著(编)者:张骁儒　2018年6月出版 / 估价:99.00元
PSN B-2008-112-3/7

四川蓝皮书
四川城镇化发展报告(2018)
著(编)者:侯水平　陈炜
2018年4月出版 / 估价:99.00元
PSN B-2015-456-7/7

四川蓝皮书
2018年四川经济形势分析与预测
著（编）者：杨钢　2018年1月出版 / 估价：99.00元
PSN B-2007-098-2/7

四川蓝皮书
四川企业社会责任研究报告（2017~2018）
著（编）者：侯水平　盛毅　2018年5月出版 / 估价：99.00元
PSN B-2014-386-4/7

四川蓝皮书
四川生态建设报告（2018）
著（编）者：李晟之　2018年5月出版 / 估价：99.00元
PSN B-2015-455-6/7

体育蓝皮书
上海体育产业发展报告（2017~2018）
著（编）者：张林　黄海燕　2018年10月出版 / 估价：99.00元
PSN B-2015-454-4/5

体育蓝皮书
长三角地区体育产业发展报告（2017~2018）
著（编）者：张林　2018年4月出版 / 估价：99.00元
PSN B-2015-453-3/5

天津金融蓝皮书
天津金融发展报告（2018）
著（编）者：王爱俭　孔德昌　2018年3月出版 / 估价：99.00元
PSN B-2014-418-1/1

图们江区域合作蓝皮书
图们江区域合作发展报告（2018）
著（编）者：李铁　2018年6月出版 / 估价：99.00元
PSN B-2015-464-1/1

温州蓝皮书
2018年温州经济社会形势分析与预测
著（编）者：蒋儒标　王春光　金浩
2018年4月出版 / 估价：99.00元
PSN B-2008-105-1/1

西咸新区蓝皮书
西咸新区发展报告（2018）
著（编）者：李扬　王军
2018年6月出版 / 估价：99.00元
PSN B-2016-534-1/1

修武蓝皮书
修武经济社会发展报告（2018）
著（编）者：张占仓　袁凯声
2018年10月出版 / 估价：99.00元
PSN B-2017-651-1/1

偃师蓝皮书
偃师经济社会发展报告（2018）
著（编）者：张占仓　袁凯声　何武周
2018年7月出版 / 估价：99.00元
PSN B-2017-627-1/1

扬州蓝皮书
扬州经济社会发展报告（2018）
著（编）者：陈扬
2018年12月出版 / 估价：108.00元
PSN B-2011-191-1/1

长垣蓝皮书
长垣经济社会发展报告（2018）
著（编）者：张占仓　袁凯声　秦保建
2018年10月出版 / 估价：99.00元
PSN B-2017-654-1/1

遵义蓝皮书
遵义发展报告（2018）
著（编）者：邓彦　曾征　龚永育
2018年9月出版 / 估价：99.00元
PSN B-2014-433-1/1

地方发展类-社会

安徽蓝皮书
安徽社会发展报告（2018）
著（编）者：程桦　2018年4月出版 / 估价：99.00元
PSN B-2013-325-1/1

安徽社会建设蓝皮书
安徽社会建设分析报告（2017~2018）
著（编）者：黄家海　蔡宪
2018年11月出版 / 估价：99.00元
PSN B-2013-322-1/1

北京蓝皮书
北京公共服务发展报告（2017~2018）
著（编）者：施昌奎　2018年3月出版 / 估价：99.00元
PSN B-2008-103-7/8

北京蓝皮书
北京社会发展报告（2017~2018）
著（编）者：李伟东
2018年7月出版 / 估价：99.00元
PSN B-2006-055-3/8

北京蓝皮书
北京社会治理发展报告（2017~2018）
著（编）者：殷星辰　2018年7月出版 / 估价：99.00元
PSN B-2014-391-8/8

北京律师蓝皮书
北京律师发展报告 No.3（2018）
著（编）者：王隽　2018年12月出版 / 估价：99.00元
PSN B-2011-217-1/1

地方发展类-社会

皮书系列 2018全品种

北京人才蓝皮书
北京人才发展报告（2018）
著(编)者：敏华　2018年12月出版 / 估价：128.00元
PSN B-2011-201-1/1

北京社会心态蓝皮书
北京社会心态分析报告（2017~2018）
著(编)者：北京市社会心理服务促进中心
2018年10月出版 / 估价：99.00元
PSN B-2014-422-1/1

北京社会组织管理蓝皮书
北京社会组织发展与管理（2018）
著(编)者：黄江松
2018年4月出版 / 估价：99.00元
PSN B-2015-446-1/1

北京养老产业蓝皮书
北京居家养老发展报告（2018）
著(编)者：陆杰华　周明明
2018年8月出版 / 估价：99.00元
PSN B-2015-465-1/1

法治蓝皮书
四川依法治省年度报告No.4（2018）
著(编)者：李林　杨天宗　田禾
2018年3月出版 / 估价：118.00元
PSN B-2015-447-2/3

福建妇女发展蓝皮书
福建省妇女发展报告（2018）
著(编)者：刘群英　2018年11月出版 / 估价：99.00元
PSN B-2011-220-1/1

甘肃蓝皮书
甘肃社会发展分析与预测（2018）
著(编)者：安文华　包晓霞　谢增虎
2018年1月出版 / 估价：99.00元
PSN B-2013-313-2/6

广东蓝皮书
广东全面深化改革研究报告（2018）
著(编)者：周林生　涂成林
2018年12月出版 / 估价：99.00元
PSN B-2015-504-3/3

广东蓝皮书
广东社会工作发展报告（2018）
著(编)者：罗观翠　2018年6月出版 / 估价：99.00元
PSN B-2014-402-2/3

广州蓝皮书
广州青年发展报告（2018）
著(编)者：徐柳　张强
2018年8月出版 / 估价：99.00元
PSN B-2013-352-13/14

广州蓝皮书
广州社会保障发展报告（2018）
著(编)者：张跃国　2018年8月出版 / 估价：99.00元
PSN B-2014-425-14/14

广州蓝皮书
2018年中国广州社会形势分析与预测
著(编)者：张强　郭志勇　何镜清
2018年6月出版 / 估价：99.00元
PSN B-2008-110-5/14

贵州蓝皮书
贵州法治发展报告（2018）
著(编)者：吴大华　2018年5月出版 / 估价：99.00元
PSN B-2012-254-2/10

贵州蓝皮书
贵州人才发展报告（2017）
著(编)者：于杰　吴大华
2018年9月出版 / 估价：99.00元
PSN B-2014-382-3/10

贵州蓝皮书
贵州社会发展报告（2018）
著(编)者：王兴骥　2018年4月出版 / 估价：99.00元
PSN B-2010-166-1/10

杭州蓝皮书
杭州妇女发展报告（2018）
著(编)者：魏颖　2018年10月出版 / 估价：99.00元
PSN B-2014-403-1/1

河北蓝皮书
河北法治发展报告（2018）
著(编)者：康振海　2018年6月出版 / 估价：99.00元
PSN B-2017-622-3/3

河北食品药品安全蓝皮书
河北食品药品安全研究报告（2018）
著(编)者：丁锦霞　2018年10月出版 / 估价：99.00元
PSN B-2015-473-1/1

河南蓝皮书
河南法治发展报告（2018）
著(编)者：张林海　2018年7月出版 / 估价：99.00元
PSN B-2014-376-6/9

河南蓝皮书
2018年河南社会形势分析与预测
著(编)者：牛苏林　2018年5月出版 / 估价：99.00元
PSN B-2005-043-1/9

河南民办教育蓝皮书
河南民办教育发展报告（2018）
著(编)者：胡大白　2018年9月出版 / 估价：99.00元
PSN B-2017-642-1/1

黑龙江蓝皮书
黑龙江社会发展报告（2018）
著(编)者：谢宝禄　2018年1月出版 / 估价：99.00元
PSN B-2011-189-1/2

湖南蓝皮书
2018年湖南两型社会与生态文明建设报告
著(编)者：卞鹰　2018年5月出版 / 估价：128.00元
PSN B-2011-208-3/8

湖南蓝皮书
2018年湖南社会发展报告
著(编)者：卞鹰　2018年5月出版 / 估价：128.00元
PSN B-2014-393-5/8

健康城市蓝皮书
北京健康城市建设研究报告（2018）
著(编)者：王鸿春　盛继洪　2018年9月出版 / 估价：99.00元
PSN B-2015-460-1/2

皮书系列 2018全品种 　　地方发展类-社会 · 地方发展类-文化

江苏法治蓝皮书
江苏法治发展报告No.6（2017）
著（编）者：蔡道通 龚廷泰　　2018年8月出版 / 估价：99.00元
PSN B-2012-290-1/1

江苏蓝皮书
2018年江苏社会发展分析与展望
著（编）者：王庆五 刘旺洪　　2018年8月出版 / 估价：128.00元
PSN B-2017-636-2/3

南宁蓝皮书
南宁法治发展报告（2018）
著（编）者：杨维超　　2018年12月出版 / 估价：99.00元
PSN B-2015-509-1/3

南宁蓝皮书
南宁社会发展报告（2018）
著（编）者：胡建华　　2018年10月出版 / 估价：99.00元
PSN B-2016-570-3/3

内蒙古蓝皮书
内蒙古反腐倡廉建设报告 No.2
著（编）者：张志华　　2018年6月出版 / 估价：99.00元
PSN B-2013-365-1/1

青海蓝皮书
2018年青海人才发展报告
著（编）者：王宇燕　　2018年9月出版 / 估价：99.00元
PSN B-2017-650-2/2

青海生态文明建设蓝皮书
青海生态文明建设报告（2018）
著（编）者：张西明 高华　　2018年12月出版 / 估价：99.00元
PSN B-2016-595-1/1

人口与健康蓝皮书
深圳人口与健康发展报告（2018）
著（编）者：陆杰华 傅崇辉　　2018年11月出版 / 估价：99.00元
PSN B-2011-228-1/1

山东蓝皮书
山东社会形势分析与预测（2018）
著（编）者：李善峰　　2018年6月出版 / 估价：99.00元
PSN B-2014-405-2/5

陕西蓝皮书
陕西社会发展报告（2018）
著（编）者：任宗哲 白宽犁 牛昉　　2018年1月出版 / 估价：99.00元
PSN B-2009-136-2/6

上海蓝皮书
上海法治发展报告（2018）
著（编）者：叶必丰　　2018年9月出版 / 估价：99.00元
PSN B-2012-296-6/7

上海蓝皮书
上海社会发展报告（2018）
著（编）者：杨雄 周海旺　　2018年2月出版 / 估价：99.00元
PSN B-2006-058-2/7

社会建设蓝皮书
2018年北京社会建设分析报告
著（编）者：宋贵伦 冯虹　　2018年9月出版 / 估价：99.00元
PSN B-2010-173-1/1

深圳蓝皮书
深圳法治发展报告（2018）
著（编）者：张骁儒　　2018年6月出版 / 估价：99.00元
PSN B-2015-470-6/7

深圳蓝皮书
深圳劳动关系发展报告（2018）
著（编）者：汤庭芬　　2018年8月出版 / 估价：99.00元
PSN B-2007-097-2/7

深圳蓝皮书
深圳社会治理与发展报告（2018）
著（编）者：张骁儒　　2018年6月出版 / 估价：99.00元
PSN B-2008-113-4/7

生态安全绿皮书
甘肃国家生态安全屏障建设发展报告（2018）
著（编）者：刘举科 喜文华
2018年10月出版 / 估价：99.00元
PSN G-2017-659-1/1

顺义社会建设蓝皮书
北京市顺义区社会建设发展报告（2018）
著（编）者：王学武　　2018年9月出版 / 估价：99.00元
PSN B-2017-658-1/1

四川蓝皮书
四川法治发展报告（2018）
著（编）者：郑泰安　　2018年1月出版 / 估价：99.00元
PSN B-2015-441-5/7

四川蓝皮书
四川社会发展报告（2018）
著（编）者：李羚　　2018年6月出版 / 估价：99.00元
PSN B-2008-127-3/7

云南社会治理蓝皮书
云南社会治理年度报告（2017）
著（编）者：晏雄 韩全芳
2018年5月出版 / 估价：99.00元
PSN B-2017-667-1/1

地方发展类-文化

北京传媒蓝皮书
北京新闻出版广电发展报告（2017~2018）
著（编）者：王志　　2018年11月出版 / 估价：99.00元
PSN B-2016-588-1/1

北京蓝皮书
北京文化发展报告（2017~2018）
著（编）者：李建盛　　2018年5月出版 / 估价：99.00元
PSN B-2007-082-4/8

皮书系列 2018全品种

地方发展类-文化

创意城市蓝皮书
北京文化创意产业发展报告（2018）
著(编)者：郭万超 张京成　2018年12月出版 / 估价：99.00元
PSN B-2012-263-1/7

创意城市蓝皮书
天津文化创意产业发展报告（2017~2018）
著(编)者：谢思全　2018年6月出版 / 估价：99.00元
PSN B-2016-536-7/7

创意城市蓝皮书
武汉文化创意产业发展报告（2018）
著(编)者：黄永林 陈汉桥　2018年12月出版 / 估价：99.00元
PSN B-2013-354-4/7

创意上海蓝皮书
上海文化创意产业发展报告（2017~2018）
著(编)者：王慧敏 工兴全　2018年8月出版 / 估价：99.00元
PSN B-2016-561-1/1

非物质文化遗产蓝皮书
广州市非物质文化遗产保护发展报告（2018）
著(编)者：宋俊华　2018年12月出版 / 估价：99.00元
PSN B-2016-589-1/1

甘肃蓝皮书
甘肃文化发展分析与预测（2018）
著(编)者：王俊莲 周小华　2018年1月出版 / 估价：99.00元
PSN B-2013-314-3/6

甘肃蓝皮书
甘肃舆情分析与预测（2018）
著(编)者：陈双梅 张谦元　2018年1月出版 / 估价：99.00元
PSN B-2013-315-4/6

广州蓝皮书
中国广州文化发展报告（2018）
著(编)者：屈哨兵 陆志强　2018年6月出版 / 估价：99.00元
PSN B-2009-134-7/14

广州蓝皮书
广州文化创意产业发展报告（2018）
著(编)者：徐咏虹　2018年7月出版 / 估价：99.00元
PSN B-2008-111-6/14

海淀蓝皮书
海淀区文化和科技融合发展报告（2018）
著(编)者：陈名杰 孟景伟　2018年5月出版 / 估价：99.00元
PSN B-2013-329-1/1

河南蓝皮书
河南文化发展报告（2018）
著(编)者：卫绍生　2018年7月出版 / 估价：99.00元
PSN B-2008-106-2/9

湖北文化产业蓝皮书
湖北省文化产业发展报告（2018）
著(编)者：黄晓华　2018年9月出版 / 估价：99.00元
PSN B-2017-656-1/1

湖北文化蓝皮书
湖北文化发展报告（2017~2018）
著(编)者：湖北大学高等人文研究院
　　　　　中华文化发展湖北省协同创新中心
2018年10月出版 / 估价：99.00元
PSN B-2016-566-1/1

江苏蓝皮书
2018年江苏文化发展分析与展望
著(编)者：王庆五 樊和平　2018年9月出版 / 估价：128.00元
PSN B-2017-637-3/3

江西文化蓝皮书
江西非物质文化遗产发展报告（2018）
著(编)者：张圣才 傅安平　2018年12月出版 / 估价：128.00元
PSN B-2015-499-1/1

洛阳蓝皮书
洛阳文化发展报告（2018）
著(编)者：刘福兴 陈启明　2018年7月出版 / 估价：99.00元
PSN B-2015-476-1/1

南京蓝皮书
南京文化发展报告（2018）
著(编)者：中共南京市委宣传部
2018年12月出版 / 估价：99.00元
PSN B-2014-439-1/1

宁波文化蓝皮书
宁波"一人一艺"全民艺术普及发展报告（2017）
著(编)者：张爱琴　2018年11月出版 / 估价：128.00元
PSN B-2017-668-1/1

山东蓝皮书
山东文化发展报告（2018）
著(编)者：涂可国　2018年5月出版 / 估价：99.00元
PSN B-2014-406-3/5

陕西蓝皮书
陕西文化发展报告（2018）
著(编)者：任宗哲 白宽犁 王长寿
2018年1月出版 / 估价：99.00元
PSN B-2009-137-3/6

上海蓝皮书
上海传媒发展报告（2018）
著(编)者：强荧 焦雨虹　2018年2月出版 / 估价：99.00元
PSN B-2012-295-5/7

上海蓝皮书
上海文学发展报告（2018）
著(编)者：陈圣来　2018年6月出版 / 估价：99.00元
PSN B-2012-297-7/7

上海蓝皮书
上海文化发展报告（2018）
著(编)者：荣跃明　2018年2月出版 / 估价：99.00元
PSN B-2006-059-3/7

深圳蓝皮书
深圳文化发展报告（2018）
著(编)者：张骁儒　2018年7月出版 / 估价：99.00元
PSN B-2016-554-7/7

四川蓝皮书
四川文化产业发展报告（2018）
著(编)者：向宝云 张立伟　2018年4月出版 / 估价：99.00元
PSN B-2006-074-1/7

郑州蓝皮书
2018年郑州文化发展报告
著(编)者：王哲　2018年9月出版 / 估价：99.00元
PSN B-2008-107-1/1

社会科学文献出版社　　　　　　　　**皮书系列**

✤ 皮书起源 ✤

"皮书"起源于十七、十八世纪的英国,主要指官方或社会组织正式发表的重要文件或报告,多以"白皮书"命名。在中国,"皮书"这一概念被社会广泛接受,并被成功运作、发展成为一种全新的出版形态,则源于中国社会科学院社会科学文献出版社。

✤ 皮书定义 ✤

皮书是对中国与世界发展状况和热点问题进行年度监测,以专业的角度、专家的视野和实证研究方法,针对某一领域或区域现状与发展态势展开分析和预测,具备原创性、实证性、专业性、连续性、前沿性、时效性等特点的公开出版物,由一系列权威研究报告组成。

✤ 皮书作者 ✤

皮书系列的作者以中国社会科学院、著名高校、地方社会科学院的研究人员为主,多为国内一流研究机构的权威专家学者,他们的看法和观点代表了学界对中国与世界的现实和未来最高水平的解读与分析。

✤ 皮书荣誉 ✤

皮书系列已成为社会科学文献出版社的著名图书品牌和中国社会科学院的知名学术品牌。2016年,皮书系列正式列入"十三五"国家重点出版规划项目;2013~2018年,重点皮书列入中国社会科学院承担的国家哲学社会科学创新工程项目;2018年,59种院外皮书使用"中国社会科学院创新工程学术出版项目"标识。

中国皮书网

（网址：www.pishu.cn）

发布皮书研创资讯，传播皮书精彩内容
引领皮书出版潮流，打造皮书服务平台

栏目设置

关于皮书：何谓皮书、皮书分类、皮书大事记、皮书荣誉、皮书出版第一人、皮书编辑部

最新资讯：通知公告、新闻动态、媒体聚焦、网站专题、视频直播、下载专区

皮书研创：皮书规范、皮书选题、皮书出版、皮书研究、研创团队

皮书评奖评价：指标体系、皮书评价、皮书评奖

互动专区：皮书说、社科数托邦、皮书微博、留言板

所获荣誉

2008年、2011年，中国皮书网均在全国新闻出版业网站荣誉评选中获得"最具商业价值网站"称号；

2012年，获得"出版业网站百强"称号。

网库合一

2014年，中国皮书网与皮书数据库端口合一，实现资源共享。

权威报告·一手数据·特色资源

皮书数据库
ANNUAL REPORT(YEARBOOK) DATABASE

当代中国经济与社会发展高端智库平台

所获荣誉

- 2016年,入选"'十三五'国家重点电子出版物出版规划骨干工程"
- 2015年,荣获"搜索中国正能量 点赞2015""创新中国科技创新奖"
- 2013年,荣获"中国出版政府奖·网络出版物奖"提名奖
- 连续多年荣获中国数字出版博览会"数字出版·优秀品牌"奖

成为会员

通过网址www.pishu.com.cn或使用手机扫描二维码进入皮书数据库网站,进行手机号码验证或邮箱验证即可成为皮书数据库会员(建议通过手机号码快速验证注册)。

会员福利

- 使用手机号码首次注册的会员,账号自动充值100元体验金,可直接购买和查看数据库内容(仅限使用手机号码快速注册)。
- 已注册用户购书后可免费获赠100元皮书数据库充值卡。刮开充值卡涂层获取充值密码,登录并进入"会员中心"—"在线充值"—"充值卡充值",充值成功后即可购买和查看数据库内容。

数据库服务热线:400-008-6695　　　图书销售热线:010-59367070/7028
数据库服务QQ:2475522410　　　　　图书服务QQ:1265056568
数据库服务邮箱:database@ssap.cn　　图书服务邮箱:duzhe@ssap.cn

经济增长新支点。伴随具有创新意识的中小型文化企业的成长，贵州省文化产业将迎来新的春天。

2. 面临挑战

新时期，贵州省文化产业发展进入新阶段，在面临重大机遇的同时，挑战随之而来：第一，经济下行压力增大，客观增大文化产业发展难度。文化产业本质属于第三产业，受经济波动影响较大。比如新闻媒体因实体经济下滑，造成广告、策划业务收入减少。同时，经济下行之时居民收入可能适量降低，收入降低将对影视制作等高成本、大投入行业形成巨大压力。2014年我国经济增幅为7.4%，2015年以后低于7%的概率较大，经济增速的放缓对于文化产业将产生消极影响。目前，贵州省文化产业发展存在以GDP为核心的指导思想，文化产业过于依靠政府支持，自主生存能力较弱，抗风险能力差，在经济下行形势下面临较大的生存压力。第二，文化产业管理人才不足。贵州省文化产业人才总量不足，结构不合理。具有策划、组织等全方位人才较少，大多数人才技能相对单一，文化技能相对较低与文化产业发展需要存在矛盾。目前，贵州省从事文化产业人才中普遍缺乏应有的经营管理意识和市场竞争理念，实际工作中多以传统运营模式在竞争中处于劣势。第三，居民收入较低，消费群体未完全成熟。贵州省属于经济相对落后省区。近几年来，经济虽以较快速度增长，但是总量与人均收入依然处于较低地位。2014年贵州省经济总量居全国第26位，城镇人均可支配收入居第27位，仅为22548元，低于全国平均水平，不到上海的50%。消费能力的低下将是贵州省文化产业发展的瓶颈。与此同时，具有文化消费倾向的年轻群体在形成，文化消费尚不稳定。

综合判断，机遇大于挑战。2016年，虽然贵州省文化产业发展面临经济下行等客观不利因素，但是在经济新常态下，面临新的发展机遇。多彩贵州为建立文化强省打造良好的基础；扶贫工作的新发展、乡村旅游对文化的需要成为文化产业成长的新市场。大数据、"互联网+"的突起为文化产业搭建全新的交流平台。在各种有利因素共同作用下，2016年，贵州省文化产业面临较好的发展前景。

（三）发展趋势

总体分析，贵州省文化产业增速仍处于高位运行时期，仍将保持高速增长，具体来看，贵州文化产业发展的基本趋势如下。

1. 大数据将推动贵州文化产业创新发展

大数据是一场革命，大数据、云计算中心的建成，创造了新的业务形态和新的服务经济模式，带动文化产业发展。大数据战略的实施，将给文化产业带来政策、资金、人才、技术、创新观念等一系列发展契机。通过大数据平台、集群产业，吸引高端人才，为贵州文化产业发展创造新的需求、注入新活力。

2. 文化产业市场化程度继续提高

贵州将大力发展以民族和山地为特色的文化旅游业，文化旅游产业结构持续调整，一批"专、精、特、新"的中小型文化企业进一步发展，贵州广电网络、出版集团、天马广告、家有购物等企业上市进一步加快。在经济新常态背景下，传统文化企业在一段时间内适应新的商业模式、转型发展和市场化发展的要求，文化产品市场竞争格局将初步形成。贵州省文化企业的市场化程度和竞争程度都将更高。

3. 文化产业集约化的程度进一步提高

文化产业园区（基地）、服务业集聚区的建设呈现加快发展的态势。旅游基础设施、旅游服务体系提升、旅游信息化、民族文化旅游体验、红色旅游深度开发、旅游景区深度开发等重大工程和项目建设加快推进，贵州文化产业发展集聚效应进一步改善，文化产业集聚化发展进一步加快。

4. 文化与旅游深入融合

文化与旅游产业的融合仍将是亮点。贵州多彩民族文化、独特自然景观、良好生态环境和气候优势进一步发挥，重点旅游景区和文化产业园（基地）载体进一步加强，民族民间节庆和文化会展平台建设加快，文化与旅游深度融合更加紧密，打造文化旅游产业升级版。

5. 贵州文化产业行业预测

2015年贵州省文化产业在中央与地方政策的鼓动下，实现高速增长，但行业发展不均衡性依然突出。在新常态作用下，新型产业发展较快，以广告服务、设计服务、文化软件服务为主的文化创意和设计服务、文化信息传输服务增速较快，传统文化产业如广播电视、新闻出版处于转型时期，增幅较小。以下我们对文化产业影响较大的行业进行发展预测。

以广告服务、设计服务、文化软件服务为主的文化创意产业实现高速增长。实现增加值增长55.94%，以50%计算，2016年可达到90亿元。文化创意和设计服务业涵盖较广，包含建筑设计服务、专业设计服务、文化软件服务等。随着旅游业的发展和省内房地产行业的增长，建筑设计服务将进入高速发展时期。大数据的引进客观上为文化软件服务提供新的市场和技术支持。虽然面临经济下行的压力，该行业增长压力较大，但是在贵州省小环境下，文化创意产业依然有较大的增长潜力。

广播电影电视服务业快速增长。现阶段，电视与网络出现日益融合趋势，为电影、电视发展注入新的活力。伴随年轻群体消费理念的日益成熟，电影票房收入将快速增长。外地人口迁入贵州省数量增加，电视收视率将稳步提高，广告收入将随之增长。2014年，广播电影电视服务业总收入为27.23亿元，实现增加值10.87亿元，总收入比2013年增加14.46亿元。占GDP比重为0.12%，较上年增加0.3个百分点。但是，2013年基数较小，起点较低，之后几年难以维持100%的增长速度。

文化休闲娱乐产业稳步增长。文化休闲和娱乐业包括景区游览服务、娱乐休闲服务和摄影扩印服务。2014年，文化休闲娱乐业是增加值最高的行业，达到84.66亿元，实现收入125.54亿元，增加值占GDP比重为0.92%，比2013年上升0.06个百分点。伴随"一带一路"倡议和长江经济区战略规划的实施，以及高铁相继建成，进入贵州省旅游人数将迅速增长，给以贵州省旅游业为代表的文化娱乐产业带来黄金发展期，2014年旅游景区管理收入增加值为300497.54万元，占比10.12%，在120个行业小类中位居首位，文化休闲娱乐产业收入有望在两年内突破

300亿元。

6. 区域文化产业竞相发展

各市、州将发挥自身资源优势，加快培育产业支柱产业，各市、州要完成"十二五"规划制定的目标和任务，将进一步推动区域文化产业发展。从区域角度分析，2016年贵州省文化产业将维持高速增长态势，区域型文化产业保持快速发展，但是各市、州间差距将进一步拉大。

五 对策与建议

（一）创新文化产业管理制度

加快部分地区体制改革，增强文化产业发展活力。文化产业管理制度改革与政府职能转变、政企分离存在一定关联。尽早实现经营权与管理权分离，政府从以往直接管理文化事业到以管理文化事业为主，集中力量控制好重点项目，切实抓好意识形态、发展规划和相关法制建设。政府由直接管理者逐渐转向文化产业管理者和监督者。

同时，严格区分营利性和公益性文化区别，针对两者差异采取不同的管理方式。对于博物馆、图书馆等公益性文化事业，应继续坚持政府引导，加大财政支持力度。在政府帮扶之时，强化内部管理，建立健全审计制度，降低成本，提高公益性文化产业单位自身发展能力。新华书店等营利性文化单位则应根据企业管理制度，将其推向市场，使其成为独立的法人实体和市场竞争的成员。

管理体制方面，一方面，加快现有文化管理和监察机构整合、改组，减少管理部门，建立高效、负责、统一的文化管理行政机构，贵州省应参考东部省区市成立专项负责机构，在贵州省范围内实现文化资源的整合。另一方面，建立适应市场经济体制的文化产业管理机制，加快半官方机构建设步伐，将不适合政府直接干预的领域托付给半官方机构，充分发挥行业本身的协调能力，推动文化产业健康发展。与此同时，按照企业制度着力抓好文化事业单位改革。在图书馆、博物馆等单位尽快建立法人治理结构,深化收入分配、社会保障体制建设,部分环节允许社会资本进入。目前,贵州省部分地区图书馆、博物馆依然以国家投入为主。图书馆等机构改革工作依然局限于设立分馆等传统手段,这些方面依然相对薄弱。在"大众创业、万众创新"号召带动下,支持具有科研实力的中小微企业,帮助其塑造现代企业文化,支持文化企业发展。

经过文化体制改革,文化单位可以在较短时间内吸纳社会资本,盘活固定资产,实现投资多元化。充分发挥市场资源配置作用,以贵州省民族文化为突破点,着力打造贵州特色的文化事业。同时,在多彩贵州工程的倡导下,相关机构应深入挖掘贵州省红色文化潜力,大力倡导反映贵州革命文化的宣传片。在电影、电视剧、图书、网站等方面将贵州独特的夜郎文化、红色文化、屯堡文化、民族风情以及著名历史人物相结合,创造出独具地方特色的贵州文化作品。

(二)完善文化市场化体系建设

文化市场是文化产业发展的基础,唯有培育良好的文化市场才能保证文化产业快速、健康发展。文化市场是连接文化消费者与创造者的中介,只有文化市场在有序中成长,文化产业才能获得稳定的进步。

1. 创建文化资源市场

现阶段,贵州省文化资源管理相对滞后,知识产权保护处于快速发展阶段,然而与东部地区和实际需要相比存在部分差距。现阶段贵州省应大力开发舞蹈、美术、作曲、导演等非物质性文化资源,同时切实鼓励相关设施器材等有形文化资源的制作。依据市场原则,组建文化产品销售公司、文化服务经营公司等一系列相关机构,以经济手段促进文化要素尽快形成产值,以法律手段规范市场秩序,维护创造者知识产权,促进文化资源市场繁荣。

2. 建立文化经营机构融资平台

贵州文化产业处于高速发展阶段,多数文化公司处于资金紧缺状态,如不及时补充将形成文化产业发展的瓶颈。在市场发展初期阶段，政府需要扮演监督人和支持者的角色，在规范秩序的同时做好资金筹集工作。

相关部门需尽快组织人员赴先进地区考察。积极学习当地银政合作、投融资机制，为贵州省文化企业解决资金问题。积极搭建文化产业融资平台，通过融资让企业走向市场。各级政府应持续加大对文化产业的帮扶力度，以重点项目为切入点，采用多种融资手段吸引民间游资。以文化事业单位为平台，进行转让、出租等多种经营方式，最大限度盘活固定资产。仿造银企对接模式，实现金融机构与文化产业公司的衔接。同时，进一步协调银行、保险等金融机构，共同讨论制定金融扶持文化产业的制度。在具体项目中，以政府信用为担保，帮助文化产业载体建立与金融机构长期的合作关系。相关机构应在短期内组建专门面向文化产业的信贷担保公司，以低利率、低门槛帮助文化产业重大项目解决融资难问题。在"大众创业、万众创新"活动中，针对其中文化产业项目进行优中选优，选择具有良好发展前景者予以重点帮扶。对于文化产业特点，积极争取健全无形资产评估新体系，促进保险公司、银行等金融投资机构开展文化公司星级评定工作，为文化企业融资提供可靠、安全的制度保障。

3. 文化市场整治专项行动常态化

贵州省文化市场清理行动多以"运动式"为主，出现问题难以有效发现，察觉难以治理。在文化市场快速壮大的今天，"运动式"清查工作已经难以满足现实需要，尽早实现整治行动常态化，成为不容回避的关键问题之一。另外，切实保护知识产权、维护特殊群体合法权利、保障文化安全逐渐变为贵州文化产业发展的重点问题，探索区域合作机制，推进以贵阳为中心、遵义为次中心的文化市场建设。集中力量打击侵犯知识产权、黄色文化、网吧等娱乐机构违规接纳未成年人、违约演出等违法经营活动。严厉惩办包含色情、反动等低俗文化产品。在突击检查的同时，落实监督常态化。

工作中，"运动式"整治依然不可或缺。如"五城联创""两创一申"等活动依然需要继续开展。相关部门继续加强打击不法活动力度，尽快提高贵州省旅游环境服务质量。

(三)大力培养人才队伍

在知识经济高速发展的今天,人才资源已经成为竞争的核心之一,在经济发展和文化产业建设中起到突出作用。文化产业本身属于技术密集型产业,对人才有特殊要求。贵州人才队伍总体素质与文化产业进步尚存在一定差距,与文化强省战略目标并不完全适应。优化人才队伍建设,为贵州省文化产业可持续发展提供坚实后盾是"十三五"期间贵州文化繁荣的必然要求。

人才资源与自然资源不同,在具有较强的流动性和主观能动性的同时对生存环境有较高的要求,如对家属安置、子女入学等问题存在相应的要求。为留住人才、留住人心,完善人才服务体系成为必然的要求。

(1) 完善人才服务体系。大力健全人才服务体系建设,仿效东部地区建成一体化服务网络,集中力量形成局部优势全力解决人才就业、产业合作等问题。工作中,勇于打破体制对人才服务工作的限制。

(2) 打造良好的人才生活环境。人才虽然具备较高的文化素质,然而同样有人性的一面,其对家人生活质量存在一定的要求。有关部门在解决人才就业、工作问题的同时应关注其家人问题的解决。相关机构应加强与工作单位合作,切实解决人才子女入学、配偶工作等现实问题,为拴住人心做好准备。

(3) 提高管理人员水平,改善作风建设。制度需要人操作,良好的管理人员对保障制度的落实起到重要作用。人才服务机构需狠抓行业作风建设,不折不扣贯彻省委、省政府关于人才工作的相关决议,落实岗位职责,实行首问负责制,大力引进标准化办公体系。与此同时,加强对工作人员的技能培训,引进高级管理人才,提高服务队伍的专业化水平。针对实际工作中存在的有意刁难等不良行为,予以严厉打击。

(4) 有关部门应勇于打破限制人才流动的体制性障碍。目前,档案制度、户籍制度、社保地区性等问题成为阻碍人才流动的机制性因素,部分基层工作人员甚至以此刁难办理相关手续的人才。对此,贵州省应打破制约人才流动的制度障碍，疏通人才流动的渠道，使市场地位进一步强化，有效解决人才配置中的结构性矛盾，实现人力、人才资源的优化分布。

（四）加快文化企业集约型发展，做大做强文化产业

贵州省文化产业虽然取得高速增长，但与东部地区相比依然存在总量偏少、集约化程度较低等弱点，要全力推进文化产业集约化经营，增强文化企业核心竞争力。首先，加快培育领军企业。有关部门大力整合现有资源，通过重组、兼并等一系列手段，组建一批具有较强竞争力的大企业。对起点高、管理先进的文化企业予以大力扶持，切实帮助其解决生存、发展中遇到的重点、难点问题。其次，通过"大众创业、万众创新"活动，扶持中小微文化企业成长。"大众创业、万众创新"为贵州省文化产业发展注入新的活力，但实际工作中，中小微文化企业面临开拓市场困难、资本不足等问题。贵州省应抓住"大众创业、万众创新"的机遇，鼓励民间资本进入文化产业领域，大力发展民营经济，打造一批中小微民营文化企业进入市场。最后，注重品牌意识，打造知名品牌。品牌是企业核心竞争力之一，文化产业同样需要铸造品牌。贵州省应在既有基础之上深入挖掘具有贵州特色的旅游文化品牌，如夜郎旅游、红色旅游、民族文化旅游。在多彩贵州的旗帜下，创造出一批具有浓郁地方特色的文化旅游品牌。

（五）积极打造大数据产业，实现大数据与文化产业良性互动

贵州文化产业受到客观因素制约，处于相对较低的发展水平。大数据时代的到来，为打破地理因素的限制提供可能。贵州省在这次产业革命中已取得先机，如何利用大数据带来的发展良机，实现大数据与文化产业互动成为当今不容回避的问题。

大数据为贵州省文化产业带来政策、资金、人才等一系列机会。2014年3月，在中央政策推动下，贵州省颁布《贵州省大数据产业发展规划纲要（2014~2020年）》，对贵州省大数据产业做出了中长期规划。2015年，省委、省政府出台《关于加快大数据产业发展及应用若干政策意见》，对

大数据企业给予税收、融资等方面优待政策。此后，围绕大数据建设的资金持续性进入贵州省，为贵州省文化产业带来丰厚的资金支持。与此同时，大数据产业发展为贵州引进大量人才资源。预计到2020年，将引入5000名大数据高端人才，建成在全国范围内具有影响力的大数据产业基地。大数据产业基地的建设将加快优秀人才进入贵州省的速度，为文化产业发展做好人才储备。大数据为贵州文化产业成长带来各方面的有利条件。有关部门应采取有效措施帮助大数据与文化产业实现良性互动。在帮助文化产业利用大数据打造交流、贸易平台的同时，发布切实政策帮扶文化企业使用大数据扩大交易市场、运用数据分析和挖掘文化产品创新及提高服务质量的能力。在文化产业转型升级关键时期，利用大数据这一革命性技术，帮助文化企业提高运用大数据的能力，实现两种产业的无缝对接和良性互动。

（六）以经济新常态为助动力，推动特色产业和中心地区发展

当今，贵州省已经进入后发赶超、加快全面建成小康社会的重要阶段。"新常态就是新机遇，新常态就是新未来"。前任省委书记赵克志同志判断，当前全国经济发展进入新常态，对于贵州这样的西部欠发达省份，认识新常态、适应新常态，就是要把握新机遇、实现新发展。

新常态下，贵州需要加快推进新型工业化、城镇化、信息化和农业现代化同步发展。赵克志书记的讲话为贵州省新常态下加快文化产业发展指明了方向。贵州省应全面深化改革，加大政策扶持力度。现阶段，省内帮扶文化产业发展措施以宏观性、全局性为主，对具体行业、特殊企业缺乏有效的帮扶措施。因此出台针对性扶持政策，进行定点帮扶，切实有效地帮助有实力的企业创建文化品牌成为当下重要问题。与此同时，扩大对外合作，推动中心城市文化产业发展。贵州省中心城市——贵阳在省内文化产业中拥有不可动摇的中心地位，但是与东部地区相比依然存在差距。2015年南京文化产业增加值突破600亿元，相当于贵州省各地州总和，约为贵阳6倍。如何提高中心城市文化产业竞争力，是当前主要任务之一。有关部门应在大体保持

地区平衡的情况下,全力做大做强贵阳文化产业,优化贵阳文化产业结构,促进贵阳文化产业转型升级,实现以贵阳为中心,带动各市州良性发展。

参考文献

《中共中央关于制定国民经济和社会发展第十三个五年规划的建议》,《人民日报》2015年11月4日。

范周:《中央"十三五"规划建议的文化解读》,《人文天下》2015年第21期。

《中华人民共和国国民经济和社会发展第十三个五年规划纲要》,新华网,2016年3月17日。

《贵州省国民经济和社会发展第十三个五年规划纲要》,《贵州日报》2016年2月17日。

专题研究篇

Special Report

B.2
贵州文化强省指标体系研究*

黄 晓**

摘　要： 贵州是多民族聚居的文化资源大省，多彩厚重的山地民族文化是建设文化强省的重要依托。如何充分发挥文化软实力的强省作用，必须用较为科学和系统的方法来衡量和评估文化强省要素，贵州文化强省指标体系的研究与开发显得尤为重要。该报告将结合贵州文化发展的实际，以"十八大"提出的文化强国的理念作为政策依据，探索性地对贵州文化强省指标体系的开发进行研究。

关键词： 贵州　文化强省　指标体系

---

* 2014年贵州省科技厅软科学研究项目［黔科合体R字（2014）LSK2012号］成果。
** 黄晓，贵州省社会科学院民族研究所所长，研究员，研究方向为民族文化与区域发展。

文化是民族的血脉，是人民的精神家园，是综合国力和地区发展实力的重要体现，一个省（市）的经济社会发展最终要通过文化的繁荣来体现。近年来，贵州文化发展势头良好，对社会主义核心价值观作用的有效发挥、对提高人们的精神文化生活、发展文化产业成为贵州省支柱产业做出了贡献。在这一发展过程中，对文化发展做出正确的判断和评估显得尤为关键，文化评估指标作为衡量一个地区文化发展水平的重要工具，必将发挥其应有的作用。目前，从国家层面，还没有统一标准的文化强省指标体系；在实践层面，也还没有一个省区市运用相应的文化强省指标来对文化发展进行评价；只在研究层面，有学者结合区域发展现状开发出了一些可供学习参考的指标体系，但基本没有经过实践检验。各个省由于文化资源不一、发展类别不一、发展基础不一、发展速度快慢不一等诸多不一致因素，使文化发展也呈现出多样性态势。贵州文化资源多样，民族成分众多，山地优势明显，在文化上有许多唯一性和独特性，如何利用文化软实力的优势达到强省目的，就必须发掘贵州文化的长板，规避短板，用较为科学和系统的方法来衡量文化强省。

一 贵州文化强省提出背景与发展依据

本文梳理了从2006年到"十二五"期间的相关政策文件，从中可以看出贵州提出和实现文化强省的背景和依据。2006年8月，贵州省委省政府出台《贵州省人民政府关于推进文化体制改革和加快文化发展的若干意见》，提出文化建设的目标任务：即经过5~10年的努力奋斗，束缚文化发展的思想观念、做法、规定和体制机制性障碍根本性破除，覆盖全社会的公共文化服务体系基本构建，以公有制为主体、多种所有制共同发展的文化产业格局和特色鲜明、支柱较多的文化产业体系初步形成，文化市场主体发展壮大，文化产品更为丰富，文化精品不断推出，文化领域内的领军人物和各种高层次专门人才大量涌现，文化产业增加值的年均增长速度明显高于同期经济增长速度，在生产总值中的比重不断增加，成为新的经济增长点，文化的整体实力和创新能力显著提高,实现文化崛起,促进经济、政治、文化和社会的协调发展,在为贵州省经济社会发展实现历史性跨越提供强有力的思想保证、精神支撑和文化条件的同时,文化在经济社会发展综合实力竞争中的地位和作用更加突出。

2011年,贵州省委宣传部出台《贵州省文化产业发展战略规划纲要》,提出今后一个阶段贵州文化产业发展指导思想,是通过跨省联动、区域竞合、引进资本、合作开发、做大总量、将文化产业培育成贵州国民经济新的增长点,并逐步成长为战略性支柱产业。未来十年贵州文化产业发展总体目标指出:把贵州建设成为西部先进的文化名省;使贵州文化产业发展速度明显高于同期贵州生产总值增长速度,把贵州文化产业培育为贵州战略性的后续支柱产业。

《贵州省"十二五"文化事业和文化产业发展专项规划》(2011~2015)[①]在总体要求中提出:"十二五"时期,努力构建民族特色文化产业体系,实现把文化产业培育成贵州国民经济重要支柱产业的奋斗目标。在具体发展目标中进一步明确:到"十二五"期末,力争文化产业增加值达到240亿元以上,平均增长达20%以上,在国民经济中的比重接近全国平均水平,与全国及周边省(区、市)的差距逐步缩小。

2011年5月,贵州省人民政府颁布了《贵州省人民政府关于振兴文化产业的意见》(黔府发〔2011〕18号)[②],在主要目标中明确提出:到"十二五"期末,文化发展整体实力明显增强,初步形成具有贵州特色的文化产业体系,文化在旅游业中的贡献率大幅上升,文化产业增加值年均增长速度明显高于同期贵州省经济增长速度,在国民经济中所占比重逐步提高,成为贵州省国民经济支柱性产业。第一次明确了时间表和发展指标,就是要在"十二五"结束,文化产业生产总值要占本省GDP的5%以上。

2011年10月28日,中国共产党贵州省第十届委员会第十二次全体会

---

① 贵州省人民政府网站,http://www.gzgov.gov.cn/xxgk/ghjh/zxgh/74965.shtml。
② 贵州省人民政府网站,http://www.gzgov.gov.cn/zwgk。

议通过《贵州省委关于推动多民族文化大发展大繁荣的意见》，首次在正式文件中明确提出建设"文化强省"的目标。在"全面把握指导思想和总体目标，努力推动贵州文化跨越发展"一节中明确指出："到2020年，贵州省文化改革发展的总体目标是：社会主义核心价值体系建设深入推进，良好思想道德风尚进一步弘扬，公民素质明显提高；文化管理体制和文化产品生产经营机制充满活力、富有效率；基本建立覆盖城乡、结构合理、功能健全、实用高效的公共文化服务体系，实现基本公共文化服务均等化；基本建立文化产品特色鲜明、产业链条完整、市场要素繁荣的文化产业体系，形成公有制为主体、多种所有制共同发展的文化产业格局，到'十二五'期末，文化产业增加值达到贵州省生产总值的5%以上，文化产业成为贵州省国民经济支柱性产业；基本建立较为完善的文化法规体系，文化资源得到有效保护和科学开发；基本建立创意理念不断涌现、科技手段广泛运用的文化创新体系，贵州文化凝聚力、竞争力、创新力、辐射力显著增强；基本建立结构合理、素质优良、作风过硬的文化人才体系，文化繁荣发展的人才保障更加有力。努力实现贵州文化跨越发展，为建设文化强省打下坚实基础。"[1] 有两点值得注意：一是提出了到"十二五"期末，文化产业增加值达到贵州省生产总值的5%以上的目标要求，即成为支柱性产业；二是提出为建设贵州文化强省打下基础。

为实现跨越发展，2012年1月国务院颁布了《关于进一步促进贵州经济社会又好又快发展的若干意见》（以下简称《意见》），在贵州的战略定位上，提出建设"文化旅游发展创新区"概念，即传承优秀传统文化，弘扬社会主义先进文化，探索特色民族文化与旅游融合发展新路子，努力把贵州建设成为世界知名、国内一流的旅游目的地、休闲度假胜地和文化交流的重要平台。提出要大力发展文化和旅游产业，把文化和旅游产业发展成为贵州支柱产业。

为贯彻落实《意见》中把贵州加快建成"文化旅游发展创新区"的目

---

[1] 《贵州日报》2011年11月7日。

标，2012年12月，由贵州省政府正式发布并实施《贵州生态文化旅游创新区产业发展规划（2012～2020）》（以下简称《规划》）。《规划》提出，到2020年接待旅游总量力争达到4.5亿人次，其中入境游客量力争200万人次；旅游总收入达到6800亿元，旅游业增加值达到2300亿元左右，分别占贵州省GDP比重和服务业增加值比重为12%和25%左右。贵州省委省政府将《规划》重点项目作为省重点建设项目进行管理，纳入省政府各部门及各市州目标考核，开创走出一条"保护一方山水，传承一方文化，促进一方经济，造福一方百姓，推动一方发展"的旅游转型升级、后发赶超之路。

建设文化强省，文化产业增加值是一个重要核心指标。贵州对文化产业发展的认识和理解，是提出建设文化强省的基石。从2006年提出将文化产业培育成为新的经济增长点，到培育成为贵州战略性的后续支柱产业，再明确到"十二五"末期，成为贵州省国民经济支柱性产业，文化产业增加值达到贵州省生产总值的5%以上，这充分说明了贵州已经做好了提出建设文化强省的准备。

二 贵州文化强省指标体系建构

（一）贵州文化强省指标体系建构理论依据

建构指标体系需要相应的理论依据作为支撑，才有系统性和逻辑性。贵州文化事业、文化产业和文化人才的发展，近几年有了突飞猛进之势，如文化产业的发展，最新数据显示，2014年，贵州省国有文化企业539家，占贵州省文化产业增加值的10.22%；从业人员24860人，占贵州省文化产业从业人员的6.81%。贵州省民营文化企业8506家，实现增加值165.02亿元，占贵州省文化产业增加值的55.59%。2014年，贵州省文化产业增加值占贵州省GDP比重3.21%，较2013年上升0.59个百分点；文化产业单位12911个，比上年增加1213个；个体工商户51336户，比上年增加992户；从业人员36.48万人，比上年增加3.66万人；收入705.68亿元，比上年增加222.68亿元。尽管如此,由于贵州省基数低,要在"十二五"末实现文化产业占GDP的比重5%、成为支柱产业的目标,还有一定距离。

但事实是,贵州文化优势明显,文化资源丰富多样、文化生态环境与全国相比保持良好、原生文化价值观对社会和谐有促进作用,文化的唯一性和独特性特征明显,坚韧不拔的"贵州精神"代代传递,因此,评估文化的发展和文化的促进作用不能仅仅是文化产业的发展,还包括一些无形的、意识形态方面的文化,如社会中的价值观、态度、信念、取向等文化理念要素。基于这样的认识,该研究报告选择了发展理论、竞争力优势理论和十八大文化强国内涵作为文化指标体系建构的依据和理论支撑。

1. 发展理论

20世纪50年代发展理论兴起,随着发展研究的深入,发展理论逐渐形成。经典的社会发展理论涉及的问题多半来自西方社会,以两种研究范式为代表:一种是寻求社会平衡发展的均衡论范式,另一种是注意社会演进过程的进化论范式。经典的社会发展理论为后来的发展理论研究奠定了基础,如发展文化学。发展文化学,主要研究一个国家发展过程中现代化与文化的作用与反作用关系及其规律,现代化过程中的传统文化的调适等问题。随着世界的不断变化,发展理论和视角也在不断变化和扩展,"文化与发展"主题成为发展研究的一个主要内容。将文化研究引入发展研究领域是一大创新,它与以往发展研究中关注文化特征不一样,文化始终是一个提倡的研究视角。

发展理论的扩展和变化,带来了新的发展观,新发展观更注重人类不断增长的选择能力和选择范围,而不仅仅是物质生活的丰富。在这种发展观里,文化所扮演的角色不仅仅是促进经济增长的工具,其地位并非是从属的,它有其内在价值,文化态度和价值观是人们实现发展目标的社会基础。因此,要抛弃工具性的文化观,赋予文化以建设性、决定性和创造性的意义,将文化发展纳入发展概念的整体之中,让文化成为发展的最终目标和归宿。

2. 竞争力优势理论

竞争力优势理论是由美国哈佛大学教授迈克尔·波特最早提出的。他认为产业竞争力,即是一个国家是否能创造一个良好的商业环境使该国企业获得竞争优势的能力。由于当代的国际竞争更多地依赖于知识的创造和吸收,竞争优势的形成和发展已经日益超出单个企业或行业的范围,成为一个经济体内部各种因素综合作用的结果,一个国家的经济结构、价值观、文化和历史都成为竞争优势产生的来源。

3. 十八大报告"文化强国"的内涵做支撑

贵州文化强省指标体系的建构,除了以学术理论作为支撑外,还需要重点围绕"十八大"提出的"文化强国"四方面的内容,结合贵州文化发展现状,甄别贵州文化强省的关键性指标,突出独特性和竞争力。"十八大"报告对"文化强国"内涵的表述,是引领文化强省发展的方向。文化强国主要有四个方面的内容:一是要加强社会主义核心价值体系建设;二是要全面提高公民道德素质;三是要丰富人民精神文化生活;四是要增强文化整体实力和竞争力。这四方面的内容,既包含文化促进国强的方面,即利用文化增强国家的综合实力或竞争力,同时更是对国家发展提出更高目标和总体要求,在进行指标体系开发方面就需要采取分阶段设计,根据不同阶段的目标,设计相应的指标,因此,贵州文化强省指标体系应该是动态的、分阶段的。

(二)构建贵州文化强省指标体系遵循的原则

贵州文化强省指标体系的建立应基于以下原则:目的性与科学性原则、区域性原则、可操作性原则、动态调整原则。

1. 目的性与科学性原则

目的性决定了其他评价要素,包括指标选择和设计、评估方法、评估结果等。贵州文化强省的目的性需要以政府文化强省政策作为制定依据,需要以对本省社会经济发展贡献率为依据,需要为文化投资提供信息,需要以人民的幸福感为依据。科学性体现在指标体系在逻辑结构上尽量严谨合理,选取的指标应该内涵清楚、定义准确、界定分明。

2. 区域性原则

不同的省区，经济社会发展水平不一，文化发展差距较大，不能套用文化产业已经成为支柱产业的省区指标，也不能与文化资源匮乏的省区相提并论，贵州有自己的文化优势，找出差异，取长补短，设计出带有区域性特点的指标。

3. 可操作性原则

贵州文化强省指标体系所采集的数据，尽量采用近年来最新的同口径数据，从各种统计资料上直接获得或者通过计算后获取，使理想化的指标体系能够现实化，并能进行量化处理；对无法采集到的指标，或者无法量化的指标，尽可能以问卷调查的方式获得数据，或者用其他指标替代。价值观、态度、信念等要素主观性较强，不能完全用量化指标来测定，需要设计主观指标来弥补客观指标的不足、方便定性测量，主客观指标能够动态结合。

4. 动态调整原则

贵州文化强省建设其目标是分阶段性的，当一个阶段的目标完成后就需要调整，为后一个目标进行规划。该研究报告根据贵州文化发展规划的要求（遗憾的是贵州没有出台"文化强省规划"），将贵州文化强省指标体系进行分阶段设计，近期目标主要是增强文化产业的竞争力、倡导社会主义核心价值观，远期目标是将贵州建设成为文化底蕴深厚、文明程度较高、人们精神文化生活丰富的文化强省。因此，文化强省的内涵和评价指标只有是动态的、变化的、可调整的，才能客观、全面地描述和反映未来文化建设的发展水平和发展趋势。

三 贵州文化强省指标体系框架

根据"十八大"提出的"文化强国"内涵，结合贵州出台的《贵州省"十二五"文化事业和文化产业发展专项规划》、《贵州省委关于推动多民族文化大发展大繁荣的意见》以及贵州省统计局《贵州省文化产业统计报告》和《贵州统计年鉴》所制定的发展目标和相应数据，按照目的性、科学性、系统性和层次性的要求，将贵州文化强省指标体系设立4个一级指标，13

个二级指标、三级指标为53个（见表1）。同时，根据所提出的动态性原则，将文化强省指标体系分为两个阶段设计，前期是到2020年前的指标体系，更加注重社会主义核心价值建设与文化整体实力和竞争力两大关键要素；后期是2020年以后5~10年的指标体系，加强对公民素质和人民精神文化生活的关切，同时三级指标增至72个（见表2）。

一级指标四项，即社会主义核心价值体系、公民素质、人民群众精神文化生活、文化整体实力和竞争力。二级指标10（13）项：文化引领、公民受教育程度、公民科学文化素养（公民思想道德素质）、公共文化财政投入、公共文化设施建设（公共文化传播、文化消费）、文化资源、文化多样性、文化品牌、文化产业、文化人才。三级指标分别为53个和72个（略）。

所编制的文化指标体系，有以下突出特点需要加以说明。

（1）社会主义核心价值体系作为一级指标设立，其目的在于强调在现代化的发展过程中，文化价值观的重要性，它是一个社会生机勃勃的土壤和灵魂。

（2）在公民素质指标下，设立了"终身教育"和"文化参与度"测算指标，体现了对文化发展中主体人的关注度，该研究认为人的全面自由和发展其本质就是对文化强省的主体贡献。

（3）文化多样性的二级指标，是该研究结合贵州实际情况，重点凸显贵州的文化优势所设立的，应该说有必要性和独特性，在与内陆地区比较中，能够实现优势互补，也才能实现贵州的文化跨越发展目标。

（4）该指标不完全是客观指标，有主观指标在里面，对文化观念意识的审视，很难量化，需要通过质性调查加以补充说明，备注中有说明。

表1 贵州文化强省指标体系框架

一级指标	二级指标	三级指标(53个)	备注
社会主义核心价值体系	文化引领	对社会主义核心价值认同度	调查
		政府全年组织理想信念讲座次数	
		贵州省理论图书的销售数量	
		干部、群众信仰马克思主义比例	调查
		文明城市、村镇、行业覆盖面	

续表

一级指标	二级指标	三级指标(53个)	备注
公民素质	公民受教育程度	学历结构	
		专业技术职称(证书)	
	公民科学文化素养	年均参与文化活动次数(文化参与度)	
		年均阅读科学文艺书籍数	
		见义勇为等好人好事年增加数	
		公民社会诚信度	调查
人民群众精神文化生活	公共文化财政投入	省域人均文化事业投入	
		文化事业经费占财政支出比例	
	公共文化设施建设	省域人均拥有公共文化设施建筑面积	
		省域拥有博物馆、图书馆、美术馆数量	
		省域人均拥有体育场地面积	
		省域媒体节目制作播出数量	
		省域媒体自办节目及点击率	
		农村居民人均教育支出占消费比	
		城镇居民人均娱乐、文化消费支出占消费比	
		农村居民人均娱乐、文化消费支出占消费比	
		人均观看电影、表演、展览次数	
文化整体实力和竞争力	文化资源	世界文化遗产数	
		世界自然遗产数	
		国家重点文物保护单位数量	
		省级重点文物保护数量	
		国家级非物质文化遗产数量	
		国家级风景名胜区数量	
		中国民间文化艺术之乡数量	
		国家地质公园数量	
	文化多样性	少数民族成分数量	
		千人以上参与的民族文化节日数量	
		生态博物馆数量	
		国家级少数民族特色村寨数量	
		省级少数民族特色村寨数量	
		少数民族传统文化传承数量、规模的变化	调查

续表

一级指标	二级指标	三级指标(53个)	备注
	文化品牌	年均注册文化产品商标数量	
		特色文化产业集群品牌	
		参与文博会知名产品数量	
		文化产品年均销售量	
		工艺美术品生产总产出数	
		进入中国1000强的文化企业品牌数	
		文化企业上市数量	
	文化产业	文化产业规模结构	
		移动多媒体产业年总产值	
		传媒出版产业年总产值	
		文博会展产业总产值	
		文化旅游总产值	
		广告经营总额	
		网络创意总产值	
	文化人才	文化产业人员从业人员数	
		国家级少数民族民间艺人数量	
		省级少数民族民间艺人数量	

表2 贵州文化强省指标体系框架（2020~2025）

一级指标	二级指标	三级指标(72个)	备注
社会主义核心价值体系	文化引领	对社会主义核心价值认同度	调查
		文化凝聚力指数	调查
		政府全年组织理想信念讲座次数	
		贵州省理论图书的销售数量	
		干部、群众信仰马克思主义比例	调查
		文明城市、村镇、行业覆盖面	
		社科文化研究队伍、课题及辐射力	调查
公民素质	公民受教育程度	学历结构	
		专业技术职称（证书）	
		终身学习计划	调查
	公民科学文化素养	年均参与文化活动次数（文化参与度）	
		年均阅读科学文艺书籍数	
		人均参与的业余文化培训数	
	公民思想道德素质	家庭和谐指数	调查
		社区和谐指数	调查
		见义勇为等好人好事年增加数	
		公民社会诚信度	调查

续表

一级指标	二级指标	三级指标(72个)	备注
人民群众精神文化生活	公共文化财政投入	省域人均文化事业投入	
		社会科学研究经费占财政支出比例	
		文化事业经费占财政支出比例	
	公共文化设施建设	省域人均拥有公共文化设施建筑面积	
		省域拥有博物馆、图书馆、美术馆数量	
		省域人均拥有体育场地面积	
	公共文化传播	博物馆、图书馆、美术馆年均展出数目	
		省域媒体节目制作播出数量	
		省域媒体自办节目及点击率	
		政府举办的公益性文化体育活动数量	
		政府举办的公益性文化体育活动受众	
	文化消费	城镇居民人均教育支出占消费比	
		农村居民人均教育支出占消费比	
		城镇居民人均娱乐、文化消费支出占消费比	
		农村居民人均娱乐、文化消费支出占消费比	
		人均观看电影、表演、展览次数	
		图书馆、博物馆、美术馆年流通人次	
文化整体实力和竞争力	文化资源	世界文化遗产数	
		世界自然遗产数	
		国家重点文物保护单位数量	
		省级重点文物保护数量	
		国家级非物质文化遗产数量	
		国家级风景名胜区数量	
		中国民间文化艺术之乡数量	
		国家地质公园数量	
		古村落数量	
	文化多样性	少数民族成分数量	
		千人以上参与的民族文化节日数量	
		生态博物馆数量	
		国家级少数民族特色村寨数量	
		省级少数民族特色村寨数量	
		少数民族传统文化传承数量、规模的变化	调查
		少数民族价值观	调查

续表

一级指标	二级指标	三级指标(72 个)	备注
	文化品牌	年均注册文化产品商标数量	
		特色文化产业集群品牌	
		参与文博会知名产品数量	
		文化产品年均销售量	
		工艺美术品生产总产出数	
		进入中国 1000 强的文化企业品牌数	
		文化企业上市数量	
	文化产业	文化产业规模结构	
		移动多媒体产业年总产值	
		传媒出版产业年总产值	
		文博会展产业总产值	
		文化旅游总产值	
		广告经营总额	
		网络创意总产值	
		影视动漫总产值	
	文化人才	文化事业从业人员数	
		文化产业人员从业人员数	
		社会科学研究从业人员数	
		科技事业从业人员数	
		文化经纪人数量	
		国家级少数民族民间艺人数量	
		省级少数民族民间艺人数量	

四 贵州实施文化强省指标体系建议

由于贵州在省级层面还没有提出文化强省的发展战略规划，其指标难以对照相应的目标进行系统设立和测算。所提出来的指标体系之所以要分阶段设计，也是对贵州提出的"十二五"末实现文化产业成为贵州省支柱产业的目标信心不足，2014 年贵州文化产业增加值只占贵州省 GDP 比重的 3.21%，比 2013 年上升了 0.59 个百分点，要在 2015 年实现 5% 的目标还存在较大困难。因此，加大文化产业的发展，第一步要实现文化促进经济的加速跨越，让文化发展助推省强；第二步再稳步推进其他方面的指标，最终实现文化强省。

由于缺乏统一的目标和系统的统计数据，该报告对贵州文化强省的指标体系研究也只是停留在研究阶段，希望贵州省能出台文化强省规划，以此为指导，完成下一步实证和应用研究，以期对该指标体系进行指标权重测算，选取典型市区来进行实际操作，验证评估指标的可行性和完整性，不断对贵州文化强省指标体系进行修正和完善。为此，该研究报告对贵州实施文化强省指标体系提出几点建议：

（一）开展贵州文化强省指标体系试点工作

本报告甄别设立的文化强省指标，还只是停留在依据原则设立阶段，其指标是否科学合理并且适用，还需要放到实践中进行检验，不断修正，趋于科学和规范。就贵州省而言，文化资源数量、质量，文化产业的发展水平，文化人才和公民素质等评价指标，都不尽相同。因此，还需要选择发展水平不相同和不一致的地区，分别进行测算和比较，才能将各个指标的加权合理得出。

文化强省指标体系试点工作是较为烦琐和细致的工作，有几种选择路径可以实施。一是比较三个自治州的发展水平，更多的是从民族文化多样性方面加以考察，三个自治州由于民族成分较多，文化多样性显著，如果能真正比较并确立科学的指标，那将具有独特性和创新性。二是对发展层级不一致的市县进行比较，更多的是考虑文化产业的发展水平，如贵阳、遵义为一类，镇远、黎平、黄平等为一类，这样有针对性地比较和验证，可以发现指标中的核心要素。三是加强质性研究，文化的差异性决定了质性研究重要性，许多指标都不能量化，是动态的、变化着的，必须通过调查访谈等方式评估文化的作用和价值，从而使指标体系评估值更为合理和有限。

（二）定期监测，不断修改和完善文化指标体系

贵州文化强省指标体系经过试点确立后，应该尽快进入实际操作阶段。

通过定期监测，如每年完成一次测算，从整体上把握贵州文化发展的态势和文化对经济社会发展的助推作用，预测来年的发展。文化指标体系应该是动态的，需要定期监测和调整，不断修改和完善。同时，为了持续监测和有序发展，需要配套相应的管理手段和措施作为保障。

首先，需要配备专业监测统计人员，通过有针对性的培训，加强监测人员对文化强省指标体系的认识和把握，既能够做到准确测算，又能够发现问题，及时修正。也可以委托第三方进行专业评估，使之更为规范和公正。其次，将文化指标体系纳入信息管理系统，紧跟大数据时代的步伐，用数字化加以管理，使之更为高效和便捷。

（三）将贵州文化强省指标体系尽快纳入政府职能绩效

文化强省指标体系的价值，体现在对现状的把握和对将来的预测，究竟对贵州经济社会的发展、对实现小康社会能起到多大的作用，只是坐而论道是评价不出来的，需要实施和运用，纳入政府统计部门，成为政府完成政绩的一项考核任务，是落实指标体系价值的有效途径。

借鉴以往的小康建设指标、文化产业指标纳入统计部门的做法以及取得的成效，文化强省指标如果能纳入政府绩效的考核指标范畴，目标更明确、手段更具体，实施起来更有目的性、长期性和持续性才能有保障。

（四）扩大文化强省指标体系监测评估外延，开展贵州省文化强县评估

贵州文化强省指标体系研究主要是从省级层面来分析的，但一个省的强需要千千万万的地州市县乡的强作为支撑。贵州有的县早就打出"文化强县"的口号，都对文化带动经济社会的进步发展寄予厚望；近几年，一些县市对文化的重视以及保护性开发带来的新气象更加让决策者看到文化的作用和力量。但同时我们也看到在这一过程中，也存在对文化的滥用和破坏性行为。诸如指标中涉及的对文化品牌的不重视，导致文化品牌的减少和消失现象出现；诸如文化的引领作用没有很好发挥，导致价值观混乱、信仰模糊

等现象出现。如此种种,一个相对统一的指标能够有效地明确文化建设的目标性,因此,可以将文化强省的指标体系延伸和扩展到对文化强县的监测与评估,充分发挥它的效能和作用。

在进行文化强县监测评估时,也需要不断对指标体系进行修正和完善,一级指标的五大内容是不变的原则指标,二级指标和三级指标可以根据本县实际情况进行删减和增加。

参考文献

唐代兴:《文化软实力战略研究》,人民出版社,2008。
田丰等:《文化竞争力研究》,中国社会科学出版社,2007。
祁述裕主编《中国文化产业国际竞争力报告》,社会科学文献出版社,2004。
王岳川、胡淼森:《文化战略》,复旦大学出版社,2010。
马萱:《我国区域文化产业竞争力研究》,社会科学文献出版社,2011。
林雄主编《广东省建设文化强省规划纲要辅导读本》,南方日报出版社,2010。
刘宝莅主编《文化自觉与文化自信》,山东人民出版社,2012。
李宗桂等:《时代精神与文化强省》,花城出版社,2012。
李长春:《文化强国之路:文化体制改革的探索与实践》(上、下),人民出版社。
李志等:《国外文化强国评估指标的研究现状及启示》,《重庆大学学报》2011年第4期。
刘玉堂、刘保昌:《中西部文化强省的目标、内涵和指标体系》,《黄冈师范学院学报》2010年第8期。
宋宏:《建设文化强省:内涵、逻辑与评价》,《学术界》2010年第10期。
任仲文编《大跨越——文化体制改革迈出关键步伐》,人民日报出版社,2011。

B.3
贵州省管国有文化企业经营机制调研报告

黄勇 王前 魏霞 蔡伟*

摘 要： 贵州国有文化企业发展成效显著，文化产业改革与发展步伐不断加快，企业领导班子建设和法人治理结构取得重大进展，企业干部人才队伍不断壮大，企业运行机制逐步建立，企业经营水平和竞争能力不断提高，企业内部管理不断加强。但同时也存在企业规模小、竞争力不足，企业领导班子建设和法人治理结构有待进一步加强和完善等问题，内部管理和生产经营机制仍有待健全，企业干部人才队伍建设有待进一步完善，企业干部对企业激励机制满意度低等问题，提出进一步建立现代企业制度，完善法人治理结构，加强企业干部人才队伍建设，完善企业运行机制，进一步开拓市场，打造合格的市场主体，创新与完善以内部控制为重点的内部管理制度，进一步完善国有文化企业发展的政策环境等对策建议。

关键词： 国有文化企业 人才队伍 经营机制 对策

---

* 黄勇，贵州省社会科学院贵州文化产业发展研究中心执行主任，研究员，研究方向为区域经济、产业经济、投资经济、发展经济学；王前，贵州省社会科学院贵州文化产业发展研究中心副主任，研究方向为区域经济、产业经济、文化产业；魏霞，贵州省社会科学院区域经济研究所研究员，研究方向为区域经济、产业经济；蔡伟，贵州省社会科学院区域经济研究所助理研究员，研究方向为区域经济、产业经济。

为进一步加强省管国有文化企业领导班子和干部人才队伍建设，完善企业法人治理结构，推动文化企业与行政机关、事业单位之间进一步理顺关系，推动企业完善生产经营机制，探索建立管人、管事、管资产、管导向相统一的体制机制，2014年，贵州省委宣传部成立了专题调研组，并在贵州日报报业集团传媒有限责任公司、当代贵州期刊传媒集团有限责任公司、贵州广电传媒集团有限责任公司、贵州出版集团公司、贵州文化演艺集团有限责任公司、多彩贵州网有限责任公司，通过座谈会、个别访谈、问卷调查等多种方式进行了专题调研，对贵州省省管国有文化企业领导班子和干部人才队伍建设及内部生产经营机制的发展情况进行了研究。

一 现状与问题

（一）现状与特点

1. 贵州省文化产业改革与发展步伐不断加快

近年来，贵州抢抓《国务院关于进一步促进贵州经济社会又好又快发展的若干意见》（国发〔2012〕2号）文件从国家层面将"文化旅游发展创新区"作为贵州五大战略定位之一的重大机遇，努力克服宏观经济形势下行压力的影响，充分发挥优势，不断优化文化产业发展环境，以改革为动力，以培育大型骨干文化企业为抓手，完成了贵州省299家经营性文化单位完成转企改制任务，核销事业编制9017个，以"十大文化产业园区"和"十大文化产业基地"等为代表的重大工程和项目建设有序推进，不断推动多彩贵州文化品牌产业化运作，传统文化产业结构逐步优化，新兴业态逐渐形成，产业规模不断扩大。根据2012年7月国家统计局颁布的《文化及相关产业分类（2012）》中的新标准进行初步统计，截至2013年底，贵州省文化产业单位共有11698个（包含企业、行政事业和社团单位），其中法人单位10643个，产业活动单位1055个，文化产业单位比上年增加3269个；个体工商户50344户，比上年增加22695户；共有从业人员32.82万人，比上年增加9.62万人；收入483亿元（含执行企业会计制度的综合单位的营业收入、执行行政事业单位会计制度的综合单位的事业收入和事业单位经营收入、个体工商户的营业收入），比上年增加96.81亿元；贵州省文化产业增加值达到209.72亿元，比上年增加57.69亿元，与2004年的24.79亿元相比，文化产业增加值规模将翻三番以上，年均增速达到20%以上；占GDP的比重为2.62%，比上年上升0.4个百分点，比2004年提高了1.14个百分点。其中，2012年国有文化企业收入为67.51亿元，国有文化企业收入已超过总贵州省文化产业总收入的1/6。贵州省文化产业形成了以文化休闲娱乐服务业、文化用品的生产、文化产品生产的辅助生产、文化创意和设计服务、工艺美术品生产为主导的产业结构。总之，贵州省文化产业增长潜能正在加速释放，贵州省文化产业发展呈现"发展提速，主业扩大，业态融合，加快集聚"的特点，文化产业对贵州省经济发展的贡献进一步增强。

2. 企业领导班子建设和法人治理结构取得重大进展

新组建的省新闻出版广电局作为报业集团、期刊传媒集团、广电传媒集团、出版集团、多彩贵州网公司的行业主管部门，省文化厅作为文化演艺集团的行业主管部门，主要对集团公司出版经营活动履行监督管理职能。6家省管国有文化企业集团中，除贵州日报报业集团现在还是"一套人马，两块牌子"外，其他5家企业都按照省委、省政府的要求和部署，组建公司，理顺企业经营主体地位，与行业主管部门已实现"管办分离""政企分开"。

根据省委、省政府关于加快文化体制改革发展的有关精神和文件要求，除贵州出版集团（多彩贵州网未知）没有设立监事会（党委会、董事会和经理层均已设置）外，其他5家企业均已建立了党委会、董事会、经理层、编委会、监事会。按照《公司法》的规定，对企业董事会、经理层、监事会的职权进行了明确，规范了董事会、经理层议事规则、决策程序和办事流程，明确了监事会工作职责和工作重点。围绕国有企业负责人考核、评价、监督等方面工作，研究并制定了一系列制度。从班子建设来看，到2014年7月，6家省管国有文化企业领导班子共有班子成员总数为31人。其中，男性24人，女性7人；45岁以下的6人，45~50岁的7人，50岁以上的18

人；均为大学本科以上学历，14人为研究生，17人为本科学历；正高级职称17人，副高级职称8人，中级及以下职称1人；在本企业工作时间方面，25人在3年或3年以上，6人在3年以下；在交叉任职方面，有7名企业领导班子成员在事业单位兼职（其中，当代贵州期刊传媒集团5人，贵州广电传媒集团2人）。

根据本次调研回收的104份问卷统计结果，被调查对象对企业法人治理结构的实际运行情况进行了评价。受访者对所在单位股东会、董事会、经理层的权限划分的认可程度为60.2%（即选择"非常认可"和"比较认可"的合计值），对所在单位重大事项的决策范围及决策程序的认可程度为73%（即选择"非常认可"和"比较认可"的合计值），对所在单位党委会、编委会、股东会之间的事权划分的认可程度为62.4%（即选择"非常认可"和"比较认可"的合计值），对所在企业股东大会对董事会进行有效约束是否形成的认可程度为54.3%（即选择"已经形成"和"初步形成"的合计值，对所在企业董事会的决策和监控作用是否形成的认可程度为62.1%（选择"已经形成"和"初步形成"的合计值），对所在企业总经理由董事长聘任并接受董事会监督的认可程度为60.4%（选择"已经形成"和"初步形成"的合计值），对所在企业监事会有效监督董事会和总经理行为的认可程度为51.5%（选择"已经形成"和"初步形成"的合计值），认为所在企业的法人治理结构与国内同行优秀企业相比有差距的为86.5%（选择"差距很大"、"差距较大"和"有差距"的合计值）。总的来看，各单位受访者对于企业法人治理结构运行情况的认可度集中在60%~70%。

3. 企业干部人才队伍不断壮大

6家省管国有文化企业有厅级后备干部共11人，其中，45~50岁的有3人；均为大学本科以上学历，其中研究生7人，本科4人；职称为正高级的2人，副高级的5人，中级及以下职称的2人，无专业技术职务的2人；在交叉任职方面，6名厅级后备干部在事业单位兼职（其中，当代贵州期刊传媒集团4人，贵州广电传媒集团2人）。未列入省委管理的重要岗位和重要舆论阵地的领导干部共16人，其中，45岁及以下的5人，45~50岁的5

人，50岁以上的6人；研究生学历4人，大学本科11人，大学专科及以下的1人；正高级职称5人，副高级职称4人，中级及以下职称2人，无专业技术职务5人；从在本企业工作时间看，3年及以上的有10人，3年以下的6人；从交叉任职情况看，5名未列入省委管理的重要岗位和重要舆论阵地领导干部在事业单位兼职（其中，当代贵州期刊传媒集团3人，贵州广电传媒集团2人）。中层正职共126人，其中，男性94人，女性32人；45岁及以下的45人，45～50岁的52人，50岁以上的29人；研究生学历26人，大学本科89人，大学专科及以下11人；从交叉任职情况看，28名中层正职干部在事业单位兼职（其中，当代贵州期刊传媒集团25人，贵州广电传媒集团3人）。在优秀专业技术人才方面，有全国"四个一批"人才3人，省管专家共9人，贵州省"四个一批"人才79人。

4. 企业运行机制逐步建立

各省管国有文化企业集团组建以来，按照省委、省政府和省直有关部门的要求，结合文化企业发展实际需要，积极建立了绩效考核评估机制、政治导向审核机制、信息披露及重大事项报告制度、财务制度及向出资人、管理部门报告制度，以及企业内部的其他规章制度。在生产经营机制方面，广电、报业、出版等集团根据自身企业发展需要，分别建立了各自相应的绩效考评制度，对各自下属经营单位的薪酬总额费用、非生产性固定资产购置等款项开支，实行工效挂钩。在人才选拔培养机制方面，各企业根据各自实际情况，建立了人才引进、选拔、培养等制度。根据问卷调查统计，受访者对所在企业干部和人才选拔配置方式的认可程度为74.3%（选择"非常认可"和"比较认可"的合计值），受访人中对所在单位开展的各种人才培养方式认可程度较高的有自我学习、带教式的在岗培训、轮岗交流、职业发展规划、集中的短期培训、挂职锻炼等几项。在政治导向审核机制方面，各企业分别建立了稿件、图书等选题审批制度。在问卷调查中，受访人对所在企业重大报道、选题、剧目及节目等的政治导向审核机制建立及运行情况的认可度为83.8%（选择"建立、运转非常好"和"建立、运转较好"的合计值）。在企业信息披露及重大事项报告制度的反响方面，在问卷调查中受访者对所在单位的企业信息披露及重大事项报告制度建立及运行情况的认可度为72%（选择"建立、运转非常好"和"建立、运转较好"的合计值），认为"一般"的占23%，认为"建立、运转较差"的占1%，"未建立"的占4%。在企业财务制度及向出资人、管理部门报告制度的实施效果评价方面，在问卷调查中受访人对此问题的认可程度为76.2%（即选择"建立、运转非常好"和"建立、运转较好"的合计值），认为"一般"的占20.8%，"未建立"的占3%。

5. 企业经营水平和竞争能力不断提高

大部分省管文化企业在做大主业的同时，围绕主业另辟蹊径，充分发挥企业自身优势，大力拓展市场，积极发展辅业，推动整个企业发展壮大。在企业经营战略方面，除演艺集团外，其他企业均在推进跨地区、跨行业、跨所有制、兼并重组等企业经营战略。根据问卷调查，受访人认为所在单位"在主业之外开展其他经营业务"的有69.7%，"没有开展其他经营业务"的有29.3%；在认为"所在单位在主业之外开展其他经营业务"的被调查者中，83.3%的人认为自己所在单位开展的其他经营业务是跟主业有关的经营活动，74.3%的受访者认为多元化经营对自己企业的影响是正面的。

6. 企业内部管理不断加强

根据《党章》和贵州省有关规定，各企业内设部门与事业单位内设机构逐步健全，均建立了党团组织，并成立公司工会、职代会及纪检监察等组织机构。在企业人员兼职方面，6家文化企业中有行政单位干部、事业单位人员共141人在企业兼职。其中，期刊集团和广电集团分别有69名和71名事业单位人员在企业兼职；在薪酬体制方面，除演艺集团、期刊集团（多彩贵州网情况未知）外，其他各企业均建立了薪酬管理办法、企业绩效考评制度，一定程度上调动了企业员工的积极性、主动性和创造性。问卷调查中受访人对所在单位的当前薪酬体制的满意度为29.7%（即选择"非常满意"和"较满意"的合计值），认为"一般"的占55.4%，选择"基本不满意"和"完全不满意"的占14.9%。在企业规章、运行体制是否完备的评价方面，受访人对所在单位的企业规章、运行体制是否完备的认可度为

67%（即选择"非常完备"和"较完备"的合计值），选择"一般"的占32%，"基本不完备"的占1%。

（二）存在的主要问题

1. 企业规模小，竞争力不足

2012年贵州省国有文化企业收入为67.51亿元，与湖南省242.22亿元、云南省88.9亿元、四川省102.3亿元、重庆市99.19亿元、广西壮族自治区82.2亿元等周边省、市、自治区的国有文化产业总收入相比，贵州省国有文化产业总体规模还偏小，省管国有文化企业还缺乏在国内具有较强竞争实力和有一定影响力的骨干文化企业。调研反映出，部分企业的产业结构也比较单一，链条较短，主业经营收入、盈利能力仍处于"占大头"地位，6家省管国有文化企业中没有开展辅业的就占近三成，企业多元化经营发展不足。

2. 企业领导班子建设和法人治理结构有待进一步加强和完善

一是部分企业存在资产监管与出资人不一致，如出版集团资产监管尽管明确了省财政厅对集团公司经营性国有资产进行监管，但集团公司成立之时在工商注册登记的出资人为贵州省新闻出版局，企业国有资产监管部门和工商登记注册的出资人不相一致。二是一部分单位企业领导班子成员配备不齐，未达到各企业"组建方案"所确定的人数。三是尽管大多数企业已建立了党委会、董事会、经理层和监事会等一整套完整的企业法人治理结构，但仍有4家企业尚未确定总经理，一些企业有董事长却没有董事，企业董事、高管层、监事体系还不完整，处于架空状态。四是部分企业企业法人治理结构不健全，如缺少监事会等。五是即使已基本建立起了现代企业法人治理结构的企业，其法人治理结构的实际运行效果仍较不理想，有待进一步提升。

3. 内部管理和生产经营机制仍有待健全

由于国有文化企业深化完善改革的任务仍然艰巨，转制文化企业改革不到位，造成企业内部管理和生产经营机制不健全，文化生产力尚未得到充分释放。主要表现：一是公益性文化事业与经营性文化产业的界定不够清晰，没有完全按照《公司法》的规定规范运营，部分企业还处于事业单位管理之中，对集团下属企业的关、停、并、转等企业改革与发展推进较慢。二是财务规章制度、企业财务决算体系、风险管控制度、企业内部控制自我评价制度等企业内部控制管理制度仍不健全，尤其是只有广电集团一家企业正在建立风险管控制度。三是尽管企业已建立了相应的企业管理制度，但运行效果总体还不理想。

4. 企业干部人才队伍建设有待进一步完善

一是企业干部人才队伍培养方式单一，时间较长的脱产教育、海外培训或外派及接班人计划等培养培训方式的比例较低。二是对省管文化企业执行的"增人不增资、减人不减资"的财政扶持方式，一定程度上削弱了国有文化企业引进人才的力度和动力。三是企业家产生和成长机制欠缺，大部分企业未建立预备企业家资格制度和审查制度，贵州省尚未建立文化企业的职业经理人市场。

5. 企业干部对企业激励机制满意度低

主要是企业干部对当前企业制定的薪酬体系、分配制度、激励和约束机制的满意程度较低，企业薪酬体系等内部管理制度还有待进一步改善。

二 进一步推进国有文化企业改革与发展的建议

（一）进一步建立现代企业制度，完善法人治理结构

完善法人治理结构的根本要求是规范公司股东会、董事会、监事会和经理层的权责，形成权力机构、决策机构、监督机构和经营管理者之间的制衡机制。核心是加强董事会建设。前提是实事求是，根据国有文化企业所属行业、规模等分类对待。要进一步加强企业领导班子建设，选优配强领导班子成员，切实把专业知识丰富、领导和管理能力强的高素质人才选配到董事会、监事会和经理层担任领导职务，完善董事会，强化监事会，优化经理层，完善法人治理结构。

一是推动国有文化企业进行规范的公司制或股份制改造，确保权责明确、高效运转，努力形成符合市场经济要求、体现文化企业特点的资产组织形式和经营管理模式。

二要加强企业董事会建设。董事会设置要根据国有文化企业所属行业、规模等分类对待。对竞争力强、规模大的国有文化企业，要按照《公司法》和企业章程的规定设置董事会，董事会（包括外部董事）的人数一般为5~7人，董事长为法定代表人，董事长和总经理分设，原则上党委书记一般由董事长兼任，除总经理外，其他经理层成员一般不进入董事会。合理增加外部董事比例，逐步推进外部董事大于内部董事。要理顺董事会与经理层的关系，真正建立和完善董事会和经理层之间的委托代理关系。要建立和完善董事的信息披露制度，基于股东会和董事会之间的信托法律关系，公司股东有权力获悉关于董事活动、薪酬以及商业利益的相关信息，以确保公司法人治理结构更加透明。对规模较小的国有文化企业，根据公司章程，可以设1名执行董事，不设董事会，执行董事为法定代表人，兼任总经理，与党委书记分设。建立完善的党委领导与法人治理相结合的组织结构，把党委领导与法人治理体制结合起来，构建合理的国有文化企业领导组织结构。

三是加强企业监事会建设。对设置董事会的国有文化企业，应按照《国有企业监事会暂行条例》的规定健全企业监事会制度，完善监督机制。要优化监事会的成员结构，完善监事会内设外派运行机制，由履行出资人职责的管理机构委派或推荐监事会主席和专职监事，与股东监事和职工监事共同组成企业监事会。合理控制监事会成员中内部成员的数量，适当增加外部监事，使监事会更具有独立性；减少兼职监事，增加专职监事。要在制度上保证监事会权益行使。监事（长）可以按监督的程序和规范参加董事长或总经理召集的工作会议进行旁听，了解有关财务报表等。积极推行财务总监外派制度，探索实行首席财务官制度。同时，要加强对监事成员的业务培训工作，力求全面提高监事的素质，使监事会成员精通公司业务、财务、法律，变为真正的内行，保证监事会的监督治理机能正常运转。对未设置董事会的国有文化企业，其监督工作由企业的纪检或工会组织行使，由属于企业领导班子成员的纪检组组长或工会主席负责牵头。

三是加强经理层建设。企业的委托—代理关系主要落实在经理层。经理的职责是最大限度地落实董事会决议,实现股东利益。为此,在公司法人治理结构中对经理层的激励机制和约束监督机制都不可或缺。要规范国有文化企业中、高层职数限制与职位设置,经营层原则上控制在5人(不含总经济师、总会计师、总工程师)以内。加强对董事会市场化选聘经理层工作的指导,明确选人、用人标准,规范管理办法,完善配套政策。要完善经理聘任制,对经理层人员实行市场化选聘,建立以聘任制、任期制和经营目标责任制为主要内容的管理制度,明确责任、权利、义务,推行契约化管理。以合同约定和业绩情况决定薪酬和去留,真正形成竞争择优、薪酬能高能低、职务能上能下的机制,从选聘到管理均实现市场化。

(二)加强企业干部人才队伍建设

加强省管国有文化企业干部人才队伍建设,完善人才进出机制,优化人才结构,充分发挥干部人才在企业发展中的作用。

一要探索人才进出新机制。探索符合文化企业经营管理者特点的管理体系和管理方式,实行更加市场化的选聘和退出机制。加大企业管理人员市场化选聘力度,合理增加市场化选聘比例。依法建立以合同管理为核心、以岗位管理为基础的市场化用工机制,建立公正、透明的招聘制度,释放人才红利。推行职业经理人制度,培育和建立一批政治立场坚定、有专业知识、熟悉经营管理、年富力强的职业经理人队伍,更好发挥企业家作用。推行任期契约化管理,明确责任、权利和义务,严格任期管理和目标考核,建立科学的退出机制。

二要优化企业人才结构。构建科学合理的人才结构体系,为企业发展提供人才支撑。要加强中层干部队伍建设,注重从一线具有丰富生产经营经验的人员中提拔中层干部,注重从外部大型文化企业中引进中层干部;加强专业技术人才队伍建设,具备条件的企业,要构建技术研发平台,为技术人才进一步提高技艺,创新突破提供支撑。同时,加强和科研院所和高校在人才培训和交流等方面的合作，不断充实技术人才队伍。加强营销人才队伍建设，强化对营销人才的培养和引进，弥补贵州省文化企业在营销能力等方面的不足，为产品从生产环节到消费环节实行强力、有效地助推。

三要实施干部人才能力提升工程。要把强化能力提升作为企业干部人才队伍建设的一项重要工作来抓。要注重理论学习和实践锻炼的结合。采取定期培训、专家现场辅导、派遣挂职锻炼等形势提高实际生产经营能力；采取专题培训、自学等形式，提高在对经济发展形势、企业现代经营管理、市场风险及规避、创新等方面的理论知识的掌握。通过提升能力，全面提高企业干部、人才的综合能力，为企业发展提供强有力的人才支撑。

（三）完善企业运行机制

完善企业运行机制就是要还原企业的本来面目，使企业实现权、责、利的有机统一，人、财、物的有机结合，产、供、销的有机衔接，成为自主经营，自负盈亏，自我约束，自我发展的市场运作主体。

一是健全和完善决策机制。企业必须建立由职工当家做主，实行经营决策民主化，形成全体成员广泛参与，专家参谋咨询或负责设计，董事会（经理层）决断并全权负责的多元主体决策结构。

二是完善收入分配机制。将员工平时的绩效管理和年终的考核结果与个人的薪酬挂钩，职工收入的增加与企业经济效益相联系，不仅要通过奖金反映出来，更主要的是应通过工资分配反映出来。采取上缴利税与工资总额挂钩的办法，实现多利润多分配。职工收入与股份、经营成果及风险挂钩。另外，在各企业集团选择一家子公司试点，探索职工参股、入股，将企业经营好坏与全体职工收入紧密联系。

三是创新企业家产生和成长机制。建立预备企业家资格制度，即明确规定获得预备企业家资格的人选所应具备的专业知识，对国家经济政策、法令和经济运行规律的熟悉程度，过去和现在的业绩等。

四是健全和完善人力资源管理。对实行转制的企业员工，将其原来的事业单位编制封存，实行全员聘任制。对经营管理人才进行市场化选聘，对控股公司实行总经理和财务人员委派制。对集团下属公司总经理实行任期目标责任制。建立合理的、符合市场规律的薪酬体系，实行经营者年薪制、经营群体持股，吸引并留住高素质、高水平的各类管理人才。积极推行符合文化企业要求的职业经理人资质评价制度。研究制定对高技术水平和高技能人才评价体系。通过建立有效的激励约束机制，使各集团做到权责分明、管理科学、富有效率。

五是健全企业财务决算体系。按照整合优势资源、优化资源配置、进行结构调整和产业升级、做足做深国有文化企业产业链、服务主业的原则，制定各集团公司年度预算方案，通过指标下达，对各公司投资总额和投资回报率、产业发展方向、经营思路、奖励办法和组织领导等做明确规定，并逐一签订完成经济指标责任书，对完成全年任务指标和超额完成任务指标以及未完成任务指标等都制定明确的奖惩办法，做到对经营者奖有标准，惩有依据，逐步建立和完善国有文化企业与业绩贡献紧密联系，鼓励创造和依据经济效益实行分配的激励淘汰机制。

六是对失去活力的企业进行关、停、破产管理。对集团公司自主经营、自负盈亏下属子公司中长期亏损、失去活力的企业进行关停、破产。

七是建立和完善国有文化企业经营考核管理办法，推动国有文化企业建立以社会效益和经济效益业绩为基础、考核结果与薪酬分配相挂钩的业绩考核制度。推动国有文化企业建立健全监督机制，落实股权董事、监事职能，维护出资人权益。

（四）进一步开拓市场，打造合格市场主体

在加快推动贵州省国有文化企业加快公司制改造步伐的基础上，以体制创新、模式创新、制度创新、经营创新、产品创新为抓手，培育新型市场主体，打造主业突出、特色鲜明的骨干文化企业。

一是创新产业发展模式。探索集团事业活动与经营活动"两分开"的运营模式，推进产业经济快速发展，通过资源的科学配置和整合运用，兼顾效率和规模，构建各集团"主业为本、多元发展"的产业发展格局。综合

利用品牌、内容、资本、技术资源，以市场为导向，以创新的思路优化产品结构，调整产品定位。针对提升主业核心竞争力与市场占有能力的要求做强主业，针对突破主业产品边界与经营规模的要求做大辅业。

二是加强企业重组。采取市场化整合、行政划拨等多种手段，推动国有文化企业间的联合重组，提高国有文化企业配置效率，促进国有文化企业加快股份制改造，进一步加强和改善经营管理，促进自主创新，提高国有文化企业市场竞争力。培育一批主业突出、产业链完整、市场控制力强的大型文化企业集团，引领贵州省文化产业结构战略性调整和转型升级。争取国家有关部委对贵州省重点培育的、成长性较好的国有转制文化企业的支持力度，帮助推动省出版集团、省广电网络公司等企业早日挂牌上市，发挥贵州省文化产业领域龙头的示范带动作用。加速国有文化资本向重要领域、关键环节集中，增强国有文化企业作为文化市场主体的作用，通过支持和鼓励有实力的大型国有文化企业、集团实现跨地区、跨行业、跨所有制兼并重组，成为文化产业的主导力量和文化产业的战略投资者。

（五）创新与完善以内部控制为重点的内部管理制度

内部控制作为经营管理的重要举措，有助于预防和降低企业风险，在企业发展壮大中具有举足轻重的作用。

一是建立健全企业内部财务规章制度。按照《会计法》《公司法》等法律法规的要求，包括股东会、董事会、监事会、经理及其以下各基层管理和业务经管部门及人员的内控权限、职责义务范围、履行方法及其奖惩内容、办法等各项内容都应以科学合理的制度形式固定下来。及时、准确地查错防弊，由财会部门协助企业管理、经理层制定相应的授权批准程序。

二是完善内部审计控制程序。加大注册会计师对企业内部控制的审计力度，通过主持定期及非定期的单位内部审计，及时发现企业经营和会计方面已经发生的或潜在的问题并采取相应措施。

三是实行财务总监委派制。对下级企业实行财务总监委派制，财务总监应对企业财务部门和财务人员进行领导，掌握会计系统的运行，对于单位的

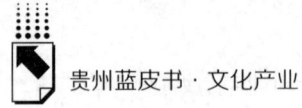

重大交易、资产变动等拥有审批权。

四是完善职代会制度。定期召开职工代表大会，让企业职工尤其是工程技术和管理人员有参与企业日常经营决策的机会，充分发挥内部牵制作用。

五是建立风险管控制度。对于有条件的企业，应该建立独立的风险管理部门，将和企业相关的潜在事件与业务活动结合起来考虑风险，以便采取有效的控制措施，保证目标的实现。

六是构建企业内部控制自我评价制度。建立内部控制自我评价制度，对企业现有内部控制体系的设计、执行及其运行结果所进行长期跟踪调查、测试、分析和评估，以期能更好地达成内部控制的目标。

（六）进一步完善国有文化企业发展的政策环境

一是理顺文化企业国有资产监管体制，加强国有文化企业资产监管。针对文化行业的特殊性，根据国家对国有文化资产管理的特殊要求，尽快成立文化企业国有资产监管机构。以管资本为主，从完善国有文化企业资产监管制度入手，积极沟通协调宣传、文化、财政、审计、监察、法制等部门，研究并出台涉及贵州省经营性国有文化资产和非经营性国有文化资产的监督管理暂行办法、国有文化企业重大事项管理、国有资本预算及绩效管理、企业负责人经营业绩考核与薪酬管理、出资企业预算管理及财务决算报告监督管理、国有文化资产损失认定核销等管理制度和办法，形成具有可操作性的贵州省国有文化企业资产监管政策法规体系和制度体系。夯实文化资产管理监管工作基础，推进国有文化企业清产核资工作，建立健全对国有文化企业资产的存量、分布、结构、运营效益等统计和运行监测体系。

二是进一步理顺行政管理体制。进一步理顺文化行政管理部门与国有文化企业的关系，充分发挥市场主导作用，使文化行政主管部门把主要精力放到定政策、做规划、抓监管以及依法行政、社会管理和公共事务上，强化行政执行和执法监管。通过采取下放、取消、合并、转移等措施，实行政务公开，改进审批方式，完善审批制度，简化办事程式，提高行政效率。积极搭建各类文化产品交易平台，促进文化产品的合理交流和流动，形成权责明晰、功能齐全、管理科学、良性运行、和谐发展的现代文化市场体系。

三是进一步落实国有文化企业改革政策。加强政策宣传解读和研讨培训，进一步提高中央和省对国有文化企业政策的知晓度。加强细化落实，抓紧制定并出台实施细则，分解具体工作任务，推动有关政策尽快落地。加强跟踪督查，及时掌握各市州地及各部门政策的执行效果。

四是加强文化企业发展的要素配置。制订和完善文化人才规划，创新人才发展机制，优化机制选人才、产业优势聚人才、高薪延揽引人才、孵化培训育人才、竞争上岗用人才的良性模式。建立国有文化企业经营管理人才库，完善人才选拔、聘用、激励机制。建立有活力的国有文化企业优秀人才、特殊人才的使用与激励机制，允许特殊人才以其拥有的文化品牌、创作成果、科技成果和管理经验等作价入股，参与利润分配，推行人才签约制度和绩效分配制度。重点培育国有文化企业经营管理人才和专业人才，尤其要推进省宣传文化系统"四个一批"人才培养向重点培育领军人物倾斜，逐步建立和完善领军人物学习培养基地，推行"领军人物＋团队"模式。继续完善文化企业发展的投融资支撑体系，通过设立并扩大专项扶持资金、中央财政采取贷款贴息、项目补助、补充国家资本金、绩效奖励、保险费补助等，对发展良好的国有文化产业给予支持。加强与银行等金融机构合作，积极创新金融模式，研究开发适应贵州省国有文化企业特点、适用国有文化企业投融资需要的金融产品，为国有文化企业提供多层次的投融资选择。积极探索国有文化企业融资的财政担保模式，积极探索为国有文化企业集合信托融资产品提供增信支持等与现代金融工具相结合的财政担保模式，实现财政资金的市场化运作。加大文化项目的土地政策支持，将公共文化基础设施、文化产业重点项目用地优先纳入省、市、县（区）土地利用总体规划和土地利用年度计划，保障文化项目用地计划指标。进一步完善国有文化企业发展的财政政策、税收政策等。

B.4
贵州与周边省份文化产业对比研究

王国丽*

摘　要： 文化产业作为新兴的、前景广阔的产业和新的经济增长点，越来越受到各个国家和地区的重视。自2007年党的十七大明确提出要"大力发展文化产业"之后，我国各地积极发展文化产业并得到较快发展。近几年来，贵州文化产业发展增速较快，但同时存在规模小和竞争力弱等问题，本文通过对贵州周边省（市、区）文化产业的规模和内部结构两方面的对比研究，梳理出推动其文化产业实现大发展的优势，并结合贵州文化产业发展现状和特征加以借鉴，探寻适合贵州文化产业发展的可行性路径，以促进贵州文化产业的稳健发展。

关键词： 文化产业　产业规模　产业结构

一　引言

当今世界，经济、政治、文化的协调发展特别是经济与文化的日益融合已成为综合国力的重要体现。文化产业发展的程度是经济与文化融合的具体反映，同时也成为衡量一个国家（或地区）经济发展水平的重要标志。文化产业是21世纪的新兴产业，是一个国家（或地区）新的经济增长点。自

---

* 王国丽，贵州省社会科学院贵州文化产业发展研究中心助理研究员，主要研究方向为区域经济、产业经济、旅游文化产业。

"十八大"报告提出"一布局、两目标"后,各地纷纷出台文化产业发展规划,加快文化产业发展,充分发挥其在调整结构、扩大内需、增加就业、推动发展中的重要作用。自此,文化产业进入了一个新的增长周期。2012年,我国文化产业法人单位实现增加值18071亿元,按同口径和现价计算比上年增长16.5%,比同期GDP现价增速高6.8个百分点。2013年,我国文化及相关产业(文化产业)增加值为21351亿元,占GDP的比值为3.63%,其中文化产业法人单位增加值为20081亿元,比上年增加2010亿元,增长11.1%。

自2011年以来,贵州文化产业进入快速发展时期。在2011~2014年,贵州文化产业增加值年均增幅30%以上,截至2014年,文化产业增加值为296.85亿元,增速达41.55%,占GDP比重为3.21%。贵州文化产业呈现高速发展的态势。另外,贵州文化产业的规模与全国其他省市相比还有较大的差距,而贵州文化产业的发展在速度上领先于全国平均水平也恰好说明了贵州文化产业发展拥有巨大的潜力。充分发挥贵州现有的资源优势,大力发展和繁荣文化产业是当前贵州实现经济跨越式发展的有效途径,是守住经济发展与生态环境两条底线的重要举措。

贵州与周边省(市、区)的文化产业在地理环境和文化资源方面有着很多的相似之处,但由于经济发展水平不同、政府投资和居民消费水平存在差异等原因,各省文化产业发展并不均衡,本文通过对周边省(市、区)文化产业的产业规模和产业结构方面的对比研究,梳理出推动其文化产业实现大发展的优势,并结合贵州文化产业发展现状和特征加以借鉴,探寻适合贵州文化产业发展的可行性路径,以促进贵州文化产业的稳健发展。

二 贵州与周边省份文化产业发展比较研究

本文所指周边省(市、区)指的是四川省、重庆市、湖南省、云南省和广西壮族自治区,将这五个省份作为比较研究的对象是考虑到它们在地理位置和文化特征方面与贵州有许多相似之处，但贵州文化产业发展水平却与其存在着较大差距。2013年，贵州文化产业增加值突破200亿元大关，占贵州省当年GDP总量的2.62%，同年，周边五个省份文化产业增加值占GDP比重均超过3%，其中湖南文化产业增加值占当年贵州省GDP比重为5.5%，云南文化产业增加值占GDP比重达到6.1%，文化产业已然成为其国民经济的支柱性产业。本文将从文化产业的发展现状以及产业内部结构两方面对贵州及其周边省（市、区）的文化产业进行比较分析。

（一）产业发展现状对比研究

近年来，我国西部地区经济保持平稳、较快发展的良好势头，文化产业也得到较快的发展。2009~2013年，贵州文化产业增加值年均增长率为35.5%，位居六省市第一，广西年均增长率为29.3%，增速位居第二位，重庆年均增速为22.6%，位居第三位，云南和湖南年均增速分别为18.7%和17.6%，位列第四位和第五位，由于四川文化产业增加值的统计口径在2013年发生变化，故无法测算其年均增长率。五年间，这六个省（市、区）文化产业占GDP比重也逐年增加，贵州省文化产业占GDP比重从2009年1.59%增加至2013年的2.62%，增长了1.03个百分点，广西增长了0.93个百分点，重庆增长0.42个百分点，云南和湖南分别增长0.2和0.1个百分点。但从文化产业增加值的总量及其占贵州省GDP比重来看，贵州与六省市相比还存在着一定的差距。2009年，贵州文化产业增加值为62.23亿元，占贵州省当年GDP比重仅为1.59%，2013年，文化产业增加值达到209.72亿元，占GDP的比重上升到2.62%；2009年，云南文化产业增加值为364亿元，占GDP比重高达5.9%，2013年，其文化产业增加值达到721.77亿元，占比达到6.1%；2009年，湖南文化产业增加值为682.16亿元，占比达到5.2%，2013年，文化产业增加值达到1304.97亿元，占比为5.3%；四川2009年文化产业增加值达到427亿元，占比为3%，2013年，按照国家统计局新的统计口径，四川文化产业增加值为452亿元，占比为3.01%；广西文化产业增加值2009年为142.02，占比为1.82%，2013年分别达到396.78

亿元和2.75%；重庆市2009年文化产业增加值及其占GDP比重分别为188.14亿元和2.88%，2013年分别增长至425亿元和3.3%（见表1）。

表1　贵州与全国、周边省（市、区）文化产业增加值及其占GDP值情况

单位：亿元，%

省份 指标	2009年		2010年		2011年		2012年		2013年	
	文化产业 增加值	占GDP 比重	文化产业 增加值	占GDP 比重	文化产业 增加值	占GDP 比重	文化产业 增加值	占GDP 比重	文化产业 增加值	占GDP 比重
贵州	62.23	1.59	***	***	111.18	1.95	152.03	2.22	209.72	2.62
云南	364	5.9	440	6.1	534	6.1	635	6.1	721.77	6.1
湖南	682.16	5.2	827.56	5.2	1012	5.2	1175	5.31	1304.97	5.3
四川	427	3.01	521	3.03	715	3.4	936	3.92	452	1.72
广西	142.02	1.82	180.21	1.88	293.24	2.5	356.67	2.74	396.78	2.75
重庆	188.14	2.88	238.75	3.01	309.48	3.09	365.89	3.2	425	3.3
全国	8400	2.5	11052	2.75	13479	2.85	18071	3.48	21351	3.63

近几年来，贵州文化产业领域不断扩大，截至2013年底，贵州省有文化产业单位11698个，其中法人单位1055个，个体工商户50344户，从业人员达到32.82万人，文化产业实现年收入483亿元。目前，贵州省文化产业已经广泛涉及文化用品制造业、文化用品贸易业和文化服务业的各个领域，但结构层次不高。2013年，贵州文化产业十大行业中，增加值排在前四位的分别为文化休闲娱乐服务69.02亿元、文化用品生产37.14亿元、文化创意和设计服务25.51亿元、工艺美术品生产19.8亿元，共计实现增加值151.47亿元，占贵州省总增加值比例达72.22%，均实现了40%以上的高速增长，其中生产效率最高的为文化创意和设计服务业，增加值/资产比例为50.67%。贵州文化产业发展中，一方面，发展的速度和对经济的贡献日趋加快和明显；另一方面，发展的总量较小，与周边的省（市、区）还有较大差距，贵州文化产业发展拥有巨大潜力。

（二）文化产业结构比较研究

1. 贵州文化产业结构

贵州文化产业结构不断升级。2009年，贵州文化产业增加值达62.23

亿元。当年文化产业核心层的增加值比重最高，达38.98%，其中增加值比重最高的是出版发行和版权服务行业，占整个核心层的61.6%；包括网络文化、文化休闲娱乐和其他文化服务在内的外围层的增加值比重位居第二位，达到27.16%，其中增加值比重最高的是文化休闲娱乐服务行业，占外围层的比重超过75%；包含文化用品、设备及相关产品生产、销售的相关层所占比重最低，仅为10%。经过4年的发展，贵州文化产业内部结构不断优化，截至2013年，文化产业十大行业中，增加值排在前四位的分别为文化休闲娱乐服务69.02亿元、文化用品生产37.14亿元、文化创意和设计服务25.51亿元、工艺美术品生产19.8亿元，共计实现增加值151.47亿元，占贵州省总增加值比例达72.22%。而文化艺术服务、新闻出版发行服务、文化信息传输服务和广播电视电影服务增加值较低，分别为12.61亿元、11.71亿元、9.26亿元和7.01亿元。文化产业内部的结构已经由三大层级中的核心层比重较高向下降转变，外围层与相关层的比重逐步提高的趋势。

贵州文化产业的发展主要依靠传统旅游服务，文化产业未能较好地运用现代高科技手段，传统文化产业的改造和创新文化表现形式能力较弱，文化产业与数字网络技术融合较低，低技术含量文化产业比重偏大，文化产业增加值率不高。文化产业原创能力不足、创意少以及技术手段不足，文化产业向市场提供的能够得到广泛认同的精品力作和拳头产品不多。

2. 周边省（市、区）文化产业结构

湖南省和云南省文化产业发展较为合理。2013年湖南省文化产业核心层、外围层和相关层三个层次的增加值比例为31.5∶35∶33.5，文化产业发展综合指数在全国排名第八。湖南文化产业发展的特点电视产业发展显著，并且品牌数量较多、品牌实力较强。截至2012年，《中国文化品牌报告》共发布322个文化品牌，其中"湘字号"文化品牌36个，占11%。以"广电湘军""出版湘军""动漫湘军""演艺湘军"为代表的文化湘军品牌在全国都具有较强的影响力。湖南文化产业品牌实力较强，2012年《中国文化品牌报告》共发布322个文化品牌，其中"湘字号"文化品牌36个。截至2013年，湖南卫视连续8年在全国各省级卫视收视率排名第一位，湖南出版集团连续5年进入中国最大企业集团500强。中南传媒、电广传媒连续五届入选全国文化企业30强。

云南文化产业以新闻出版、广播影视、文化艺术为主的主体产业地位较突出。2013年实现增加值313.52亿元，占文化产业增加值的比重达43.08%，占贵州省GDP的2.67%，主体产业对整个文化产业整体的带动作用较为明显。截至2013年底，文化产业法人单位已发展到1.4万家，从业人员21.59万人，文化产业实现法人单位增加值362.4亿元，占贵州省地区生产总值（GDP）的3.07%。云南文化产业发展总体处于西部前列、全国中上的水平。走出一条具有鲜明特色的发展道路，被称为"云南现象"、"云南模式"。总体来说，云南文化产业发展主要依托丰富多样的文化资源，依托文化与旅游融合发展，带动相关产业发展。其中民族演艺、节庆会展发展得最为显著，云南立足本地实际，打造了许多著名特色品牌，出现了以《云南映象》《丽水金沙》《蝴蝶之梦》《印象丽江》《纳西古乐》等艺术精品。

广西文化产业发展中拥有一批特色文化的知名品牌。如《印象·刘三姐》、"广西桂林甲天下"，以及以少数民族为题材创作的《八桂大歌》《妈勒访天边》《歌王》等。广西文化产业发展的经验是在深入挖掘文化特色资源的基础上，既创造精品，又打响品牌；不仅要打造成文化品牌，还要进一步打造成产业品牌。四川和重庆文化产业特点是发展特色旅游和休闲娱乐，比如以金沙遗址为代表的古蜀历史人文景观；以青城山为代表的道教文化；以九寨沟—黄龙世界自然文化，卧龙—都江堰为代表的大熊猫文化等，以川菜为代表的餐饮文化等。

3. 贵州及周边文化产业结构差异分析

总体来看，近几年贵州及周边省份文化产业内部结构持续优化，文化产业步入升级轨道，但由于各省份的文化产业发展不均衡，产业内部的结构存在差异。贵州文化产业主要依靠传统的产业业态，主要以文化休闲娱乐中的景区旅游服务为主，新业态的文化创意以及文化与旅游的融合较少，与周边的省份相比，文化产业缺乏品牌优势，文化竞争力明显较弱。比如，湖南省有优秀的电视文化产业、云南、广西、四川和重庆有著名的景区旅游和文化表演品牌，而贵州的文化产业中只有一个"多彩贵州"稍有名气，没有开发出其他的文化品牌。

贵州文化产业，一方面，民族文化资源产业化发展迅速，文化与旅游融合发展成效初显；另一方面，传统产业和产品的比重较大，缺乏进一步快速更新和开拓市场的能力，文化产业发展还存在科技含量低，文化与科技融合发展不足，文化资源禀赋优势还未转化为市场中的竞争优势，文化核心竞争力不足，现代文化创意设计与产品生产仍是文化产业中的短板。

三 对贵州文化产业发展的启示

本文通过从文化产业发展的现状、文化产业的结构比较分析了贵州及周边五个省市的文化产业，认为贵州文化产业尽管在不断发展壮大，但还处于一个较低的水平，与全国甚至是周边的省份相比仍然有巨大的差距。基于贵州省在地理位置和文化资源特点与周边省（市、区）的相似性考虑，借鉴其文化发展的经验，针对贵州实际提出了贵州文化产业发展的建议。

（一）转变职能，调整导向，统筹兼顾，营造环境

1. 合理布局，统筹兼顾

要突破旧观念的桎梏，充分认识发展文化产业不是行业的文化产业，而是全社会的文化产业，认识到发展文化产业最根本的目的是满足人民群众不断增长的精神文化生活需求，将文化产业纳入经济社会发展总体规划，对战略目标、总量、结构和生产力布局等方面实行宏观调控；同时，要兼顾地区差异、城乡差异，科学规划，合理布局。

2. 深化改革，创新制度，加快发展

深化文化体制改革，创新宏观管理体制，加快职能转变，即从微观管理为主向宏观管理为主转变，从直接管理为主向间接管理为主转变，由"办文化"为主向"管文化"为主转变，逐步使政府文化行政部门的职能从与计划经济相适应的状态转向与市场经济相适应的状态，更好地履行政策调节、市场监管、

社会管理和公共服务职能。同时,建立大文化管理体制,逐步改变政出多门、多头管理,各自为政,条块分割的状况,强化政府大文化产业管理职能。

3. 完善政策法规,健全产业政策,营造发展环境

鉴于文化产业所涉及的行业众多,政策的制定要真正落到实处,并需要相关部门的通力合作,需要相关配套法规的支持和保证。对与文化产业发展相关的如文化资源、设施的管理、保护、开发、利用等,纳入立法范畴。例如云南省为推进文化产业的发展,先后制定了关于加快文化产业发展的"若干意见"和"若干政策",制订并实施了《云南省文化产业统计报表制度》,通过财政、税收、工商、投融资、土地、社会保障等一系列优惠政策,为文化产业的发展提供了政策保障和技术支持。

(二)扩大投融资渠道,加快多元化发展

加快文化产业领域对非公有制文化企业的开放,放宽市场准入,降低民营文化单位和文化中介机构的准入门槛,鼓励、引导外资、民营、集体等非国有资本以独资、合资、股份制、股份合作制及联营等多种形式投资文化领域,充分发挥市场对文化资源配置的作用。建立文化基础设施建设多元化投融资机制,通过合作经营、中外合资、贴息贷款等方式,多渠道筹集文化设施建设资金;同时,筹建文化产业发展基金、文化投资公司和资本市场融资机构等多元化投资主体,以弥补文化产业发展中的巨大资本缺口。鼓励企业赞助、合作开展文化活动,逐步形成政府投入和社会投入相结合,多渠道、多元化的投融资机制,引导投资方向,想方设法地把闲置的社会资本吸引到文化产业中来。

政府应加大对文化事业和文化产业的投资力度,逐步形成以公有制为主体,企业、社会、个人共同参与的多种经济成分、多种经营方式、多层次、多渠道、多体制办文化的新格局,形成以大型文化企业集团为龙头、中小型文化企业为主体的文化产业组织体系,推进文化产业经营主体的集约化、规模化、多元化发展,整合产业生产要素资源,实现优势互补,提高核心竞争力。

(三)立足省情,突出优势,打造品牌

丰富多彩的民族文化资源,是贵州建设民族文化大省的重要依托,是发

展文化产业的资源基础。贵州省可依托丰富的民族文化资源优势，通过旅游、演艺等形式，走出一条独具特色的发展道路。

1. 整合资源，突出优势

贵州可借鉴云南、广西、湖南的"文化品牌"战略，利用自身的文化资源优势，积极开发潜在的文化资源。贵州省拥有丰富的民族文化资源，但是这些文化资源不是产品，更不是产业，仅仅是可供开发或具有开发潜力的潜在文化产品，如民俗、语言文字、建筑、工艺、历史人物、文物古迹、故事传说、音乐舞蹈等，在未开发之前，仍然只是历史的结晶，不具有产品性质的文化资源。贵州文化资源优势要转化为产业优势，必须在保护现有文化资源的前提下，根据资源利用的原则和特点，对资源进行整合，通过艺术再加工，加入新创意，为这些静态的文化资源注入当代精神的价值要素，使之与当代人的精神形成，从而实现其经济价值。

2. 打造品牌，提高竞争力

文化产业也是"创意产业"，任何文化遗产或文化资源只有经过一定形式的再创造，才能成为具有丰厚知识产权的文化产品。贵州丰厚的文化积累，为再创造提供了无限的空间和潜力。贵州省有丰富的民间文学资源，但缺乏打造世界级影视基地的条件以及有震撼力的作品。贵州应建立鼓励再创造的机制，大力培养所需要的创新人才。

（四）运用高新技术，实施人才战略

1. 建立科学人才机制，加强文化人才的培养

顺应文化产业发展要求，实施引得进、留得住、用得活的人才战略。建立与社会主义市场经济体制相适应的用人机制。制定科学的文化产业人才发展规划，坚持开发现有人才和引进急需人才并重的方针。加强文艺创作表演、文化经营管理、科技开发、策划与中介服务等高级人才的培养；建立文化产业人才信息管理系统，加强人才储量、需求等预测分析。

2. 加大对民间文化产业人才的保护和培养力度

民间艺术和手工技艺的传承多以家族传承和师徒传承为主，然而，现代

文明的冲击使年轻人对传统文化的情感越来越淡化，很少有人愿意坚守祖辈的传统，而许多老艺人年事已高，其技艺处于人亡艺失的濒危境地，许多珍贵的民间文化艺术面临失传的危险。因此，在进行民族文化产业化的过程中，人才的保护与培养就显得尤为紧迫。

参考文献

万程成：《区域文化产业发展的动力机制研究》，四川省社会科学院硕士学位论文，2012。

王静雅：《京津冀地区文化产业比较分析》，河北大学硕士学位论文，2014。

李国英：《云南文化产业对区域经济发展的拉动效应研究》，《区域经济》2014年第12期。

孟育耀、殷俊：《重庆文化产业发展路径分析》，《重庆工商大学学报》（社会科学版）2013年第8期。

刘文芳：《四川文化产业从比较优势到竞争优势的依据和路径》，《当代经济》2013年第13期。

《贵州省人民政府关于振兴文化产业的意见》（黔府发〔2011〕18号）。

B.5
贵州省大数据与文化产业融合发展思考

田永红*

摘 要： 贵州省大数据信息基础的集群化、快速化发展为文化产业发展营造了良好的基础环境，在此基础之上，文化产业可一步步谋求创新和进步。同时也为文化产业的发展提供了有力的技术支持和保障，极大地推动了在文化产业领域的技术创新。而要推动技术领域的发展，亟待引进和培养文化企业，鼓励自主创新。同时，要合理引导文化产业自由、健康地发展，推动物质文明和精神文明二者的协同建设和发展。

关键词： 大数据 文化产业 融合发展

文化产业（或根据早期西方学者的说法文化工业）具有的两个最本质的属性，即大规模机械复制和谋求商业利润最大化。① 在现代社会中，文化被人们视为经济社会发展的软实力，文化的产业化发展水平也成为衡量社会发展的一个重要指标。现如今，包括广播、新闻、娱乐、电影、电视、出版等在内的文化产业已经逐渐取代传统的工业、制造业、金融业等，迅速成为

---

* 田永红，贵州省社会科学院对外经济研究所研究员，研究方向为产业经济、旅游文化产业、贫困与发展研究。
① 德国学者霍克海默在指出"文化工业"的概念时认为："文化工业主要有以下几个特点：一是文化工业具有同一性，机械上可以进行再生产。二是文化工业具有娱乐消遣功能，欢笑在娱乐工业中成了骗取幸福的工具。三是文化工业具有商业性，商场和利润左右着文化工业的目的。"

推动全球经济增长的助推器。在 21 世纪初就已经有研究数据表明,"美国创造了世界最强大的文化产业,媒体娱乐业年出口 900 亿美元,文化产业与军事工业并驾齐驱,都是主导美国经济的支柱产业。英国现已成为动画、游戏、音乐、出版、广播等行业强国,文化产业占其 GDP 的 8.2%。在亚洲,20 世纪末期,日本明确制定了振兴文化产业的国家战略,文化产业市场规模迅猛发展,成为仅次于美国的第二大文化产业强国。韩国政府也提出了'文化立国'的战略口号,文化产业实现了跨越式发展,一跃而成世界第五大文化产业强国"。① 相较前几年,各国在文化产业领域内的发展更加如火如荼,美国好莱坞的电影及其推动下的大众文化、英国的流行音乐、日韩的影视剧和动漫游戏都是其代表性的文化支柱产业。在全球化趋势越来越明显的今天,发展文化产业,对内可以借此普及自己的传统文化,对外可以推动文化出口,同时又无形中传播、扩散了本国文化的影响力,可谓双赢之事。因而,大力发展文化产业成为全球各国的必然选择。越来越多发达国家国民经济的重点和支柱产业转向了文化产业,各国在多领域内极力寻求文化产业的最大化发展。

在我国,文化产业伴随着社会主义市场经济体制的确立应运而生,特别是进入 21 世纪以来,由于我国经济的飞速增长,伴随着城镇化的推进和互联网技术的普及,加之人民生活的物质水平和国民受教育程度的不断提高,对于文化消费方面的需求也是日益增长。中共中央也多次针对文化建设提出各项决议,例如要"充分认识推进文化改革发展的重要性和紧迫性,更加自觉、更加主动地推动社会主义文化大发展大繁荣","坚持中国特色社会主义文化发展道路,努力建设社会主义文化强国","加快发展文化产业,推动文化产业成为国民经济支柱性产业","进一步深化改革开放,加快构建有利于文化繁荣发展的体制机制"② 等。习近平总书记在关于建设社会主

---

① 刘玉春:《变革与创新——我国文化产业发展的战略选择》,《经济与社会发展》2004 年第 12 期。
② 新华社:《中共中央关于深化文化体制改革,推动社会主义文化大发展大繁荣若干重大问题的决定》,2011 年 10 月 25 日。

义文化强国的重要讲话中也特别强调,"一个国家、一个民族的强盛,总是以文化兴盛为支撑的。没有文明的继承和发展,没有文化的弘扬和繁荣,就没有中国梦的实现……要坚持走中国特色社会主义文化发展道路,弘扬社会主义先进文化,推动社会主义文化大发展、大繁荣,不断丰富人民精神世界,增强人民精神力量,努力建设社会主义文化强国。"[①] 所以推动我国文化产业化发展,也是大力推进我国社会主义市场经济,增强文化"软实力"的必然选择。

面对当下国际、国内文化产业发展的大趋势,对于正大力推进"工业强省"目标的贵州而言,如何规划和建设文化产业,实现物质文明与精神文明互相促进的协调发展,是新时期、新形势下一个不可回避的重要课题。目前提出的《贵州省大数据产业发展应用规划纲要(2014~2020年)》(以下简称《大数据纲要》)中明确提出要坚持"应用驱动、创新引领、政府引导、企业主体、聚焦高端、确保安全"的战略思想,如果能根据目前的实际情况与文化产业相关领域的发展结合起来,势必是一件双赢之事。

一 信息基础与文化服务基础

当今世界无疑是互联网、新媒体和电子科技的时代,随着智能手机、平板电脑等便携式智能终端技术的进步和普及,人们可以随时随地享受读书看报、观赏视频、听音乐、玩游戏等文化娱乐方式,网络越来越成为人们日常生活中必不可少之物。可以说,网络和电子智能终端已经成为大众文化消费最重要的渠道和媒介。因而要推进当下文化产业的发展,一个可以提供稳定、高效的文化服务的网络信息环境必不可少。

在《大数据纲要》中明确提出了有关信息基础设施提速工程的问题。文中指出要"加快贵州省对外网络扩容步伐,到2017年贵州省互联网出省

---

① 《习近平总书记系列重要讲话读本——关于建设社会主义文化强国》,《人民日报》2014年7月9日。

宽带达到4000Gbps。落实《'宽带贵州'行动计划》，开展'宽带中国'示范城市群创建工作。力争到2020年，贵州省城区实现光纤接入，城市宽带用户接入能力达50Mbps。提高低频段频谱资源使用效率，推进农村信息基础设施建设，到2017年实现村村通宽带，到2020年，借助各种先进技术实现农村宽带用户接入能力达12Mbps。实现新建开发区、产业园区宽带网络全覆盖，推进1Gbps光纤到楼，100Mbps光纤到户。""综合采用光纤到户、Wi-Fi和4G技术，率先在贵阳国家高新技术开发区、贵安南部科技新城、贵阳经济技术开发区、花溪大学城实现宽带全覆盖。"从当前文化产业发展的趋势来说，贵州全面解决信息基础设施提速问题，将为人们的文化消费提供良好的服务基础。由于现代快节奏的城市生活，人们一方面越来越需要文化娱乐带来的休闲体验，另一方面越来越碎片化的时间使人们不大可能花大量的时间去进行文化娱乐活动，而是用消遣娱乐的方式来打发零散的碎片时间。最明显的例子就是越来越多的人选择在上下班的公交车或者地铁上看视频、小说或者玩手机游戏消磨时间。所以智能手机将在未来扮演越来越重要的媒介角色，因此，Wi-Fi和4G技术的推广覆盖，将在很大程度上方便人们通过智能手机进行文化娱乐活动。而强化信息基础设施，统筹数据中心建设等，也为网络安全提供了相应保障，使人们在享受高新技术所带来的便捷服务时，也尽可能地保障自身网络信息安全。

因此贵州省大数据产业发展的推进，从信息基础建设和集群化、快速化的角度来说，将首先为文化产业发展营造良好的基础环境，在此基础之上方可一步步谋求创新和进步。

二 从技术创新到文化产品创新

文化产业领域本质上是一个创意领域，需要源源不断的灵感保持其活力，并延长其生命力，这一点也突出表现在其所呈现的媒介和方式上。现代文化产业或者说文化工业从最初诞生之时，就与当时的技术进步息息相关。从17、18世纪印刷术的进步所带来出版业的繁荣，到19、20世纪留声机、电视机、大银幕带来的蒸蒸日上的"电视时代",再到如今21世纪的网络与新媒体时代。伴随着科技进步,文化创意与前沿科技的结合越来越成为文化产业发展的核心,而自90年代以来,在新的文化生产机制作用下,文化产业格局也在潜移默化地发生飞速变化。最初代表性的革新事件大概可以从网络文学强势冲击传统文学开始,自此以后文化与网络的关系愈渐紧密。特别是网络零门槛的入门途径,使大众文化得到强势发展,如微博、微信等社交平台、网络文学、微电影、影视剧、翻唱音乐、动漫游戏等,时下年轻人最热衷的文化娱乐消费都可以通过网络来进行。而当下除了传统的网页浏览功能之外,各种App应用层出不穷。由于App丰富的界面、背景音乐、操作手感等多重设计因素给用户带来更为舒适的体验,其正在逐渐取代单一的网页浏览模式,为广大消费者提供多种多样的需求。除了电子游戏,美食、旅游、教育、网络电台、美容健身等一系列的App应用涵盖生活方方面面。正如前文所提到,智能终端将在未来人们的日常生活中扮演越来越重要的角色,更多的文化产品都将通过网络信息的渠道传递给人们。因此创新技术,开发相关电子应用软件也是未来文化产业发展的大势所趋。这一点也恰恰与《大数据纲要》中提出的产业链整合提升工程不谋而合。

《大数据纲要》中明确提出要在电子信息制造产品、基础软件和应用软件、产业公共服务平台等领域实现重点突破。特别是大力发展阻容感片式元件、显示模组、锂离子电池等产品,逐步发展传感器、音视频采集、条形码、RFID等数据采集设备产品,重点发展高性能低功耗服务器、存储设备等云端设备,构建配套体系、引进一批云服务相关应用软件开发企业。一旦在基础硬件和软件的技术方面实现突破,那么也就意味着可以带来更先进、用户体验更好的文化产品。例如,智能终端的硬件效果提升之后,配合其开发的软件应用就可以针对其性能开发出画面更为清晰、动态体验更好的产品,同时由于硬件性能的提升,也能更好地反映出软件应用的设计。网络视频的清晰度从标清到高清再到超清的变化就是音像技术和网络宽带速度发展最明显的例子。此外,软件性能提升也带来了数据量庞大的问题,而云服务则为解决这一问题提供了方便快捷的储存手段。以当下流行的百度、新浪、

360、电信网盘等为例,其网盘所使用的云服务技术能够快速识别相关资源,加快上传、下载速度,为网络文化资源传播和分享提供便利。

贵州省大数据产业推动电子信息产业高端化、集群化、快速化发展,如果能结合文化产业同步发展,将为其提供有力的技术支持和保障,极大地推动在文化产业领域的技术创新。而要推动技术领域的发展,则优秀企业和人才的力量必不可少。

三 引进和培养文化企业,鼓励自主创新

《大数据纲要》在提出各阶段性发展目标时,都指出要加强招商引资和对本地优秀企业的培养以及培养大数据产业高端人才和技术人才。这对文化产业发展来说也是一个不可多得的好机会——能借此机会同时引进相关的优秀文化企业,并同时培养本土文化企业。文化产业是一个创意产业,在市场经济条件下文化产业的发展从大的层面上来说,主要还是依靠文化企业来推动。而对于企业来说,如何培养和挖掘人才又是一个很重要、很关键的问题。所以对于贵州的文化产业发展而言,引进优秀文化企业、培养本土企业、鼓励自主创业、培养优秀人才十分重要。

当下我国力推"大众创业、万众创新",对于文化产业领域,特别是与电子信息产业相关的网络电子文化领域来说提供了绝好的发展机会。以网络电子文化领域来说,作为创业主力军的青年人,除了接受高等院校专业训练的技术人员之外,还有许多出于业余爱好学习新媒体技术的年轻人。他们由于受到网络文学和技术发展的影响,从小接触的文化产品范围广、种类多,喜欢写作、掌握制图、视频制作、计算机操作、程序设计等技能的人不在少数。尤其是新媒体技术带来的"读图时代"使人们已经不光满足于对小说的文字阅读,更乐意享受有画面和音效感的动画游戏所带来的身临其境之感。因此许多动漫游戏的爱好者乐于组成同人社团,将纸面文字变成动画、游戏等形式在网络上发布(网络上也有大型的论坛作为交流平台)。这一性质的社团近两年来不断增多,依靠网络宣传的力量慢慢积累了自己的影响力,

甚至有少数社团推出的作品已经是纯商业性质的贩售游戏。最近还出现了专门的创业者编辑相关杂志，为国内同人游戏社团的作品做纸媒宣传。①

多年来，我们国内的动漫游戏文化产业深受欧美文化和日韩文化的影响，缺乏有影响力的企业和团队，缺乏独立技术，同时也缺乏本土文化的影响力。但随着近两年国家的重视，相关领域的发展和进步，还有国内相关市场的规范化（特别是加大对版权的保护力度等），已开始有一些在国际、国内都颇具影响力的作品出现，这极大地刺激了该领域的发展动力。现在除了已有的正规制作团队和企业之外，部分同人社团极有可能发展为一种创业团队，这无疑是隐形的文化产业人才。而且从日本知名网络游戏公司 Mobage 进驻中国市场、国外各种收费的手机游戏登陆中国地区的应用市场等情况来看，中国在相关产业的发展潜力巨大，很有可能是未来几年内文化产业领域发展的主流。如果能对有发展潜力的团队进行合理的创业资助和扶持，并引导他们健康发展，培养高素质的专门技术人才，将使其成为我国动漫文化产业领域内的一支生力军。而借助电子信息产业的发展推进动漫文化产业，将在我们的传统文化产业领域之外，再开拓出一块新的前沿产业领域。特别是撇开商业利润不谈，如果能挖掘我们自身的传统文化精髓并将其同全新的动漫技术结合起来，可以增强我国同欧美文化和日韩文化在相关领域的竞争力和影响力，同时也是为了摆脱我们长久以来在现代大众文化上受到的某种压抑和束缚，树立我们自己的文化信心。

借助大数据的招商引资和培养人才机会，一方面，贵州引进优秀文化企业可以学习别人的长处，吸收别人的技术，特别是借鉴优秀的企业文化对于文化产业领域内的企业来说至关重要；另一方面，着力培养本土企业，打造和宣传我们自身的独特文化，借鉴类似"多彩贵州"的成功宣传经验，探索出属于贵州的文化发展道路。鼓励自主创业和培养优秀人才则可以吸收大众文化的资源同时充分带动大众的力量，不光是培养和开发后备人力资源，

---

① 这是近期由一个青年创业团队编辑的 ACG 游戏杂志，杂志名为《马鹿 ACG》，主要通过新浪微博等平台进行宣传。

还可以带动就业。简而言之，优秀的企业和人才是发展文化产业的关键性支柱力量。然而除了上述三个技术层面的问题以外，更重要的问题也许是在当下我们要发展文化产业不得不面对的一个原则性的指导思想——发展什么样的文化产业？是交给市场自由发展还是需要核心价值观的引导？

四 合理引导文化产业自由健康地发展

随着资本时代的到来，巨额的商业资本介入文化产业领域，大大刺激了文化产业发展，然而从另一个角度来说，正是因为庞大商业资本的投入，以及在新的文化生产机制作用下，文化产品为迎合市场和消费者的需求变得越来越商业化。从某种程度上说，今天中国的文化生产，实际上是大众需求生产。那么在消费主义观念盛行的当下，发展文化产业时我们不得不考虑的一个问题就是，如何让文化产品变得有竞争力，同时又能具有积极健康的文化影响力？虽然德国学者霍克海默在指出"文化工业"的概念时认为："文化工业具有商业性，商场和利润左右着文化工业的目的"。[1] 但是如果过度追求商业价值，仅仅以市场占有率的多少作为是否具有竞争力的标志，这样的文化产业是否健康？如何在一个文化产品中能同时兼顾思想价值和商业价值？以及如何发扬我们的本土文化特色？要回答这些问题并不容易，如果没有市场的实践我们也很难得出有效的结论，但是至少从90年代以来的新时期文化产业发展现状来看，我们可以寻求一些经验。

由于20世纪70年代末至80年代初我国实行改革开放，大量的西方文化（主要是欧美文化）、日韩文化和港台文化涌入中国大陆。目前正值青年阶段的"80后""90后"几乎是在这些外来文化的影响下成长起来的一代，而这些外来文化本身也构成了我们今天大众文化的一部分——"好莱坞模式""日韩动漫文化逻辑"已经潜移默化地成为接受这些文化产品的青年人

---

[1] 〔美〕戴安娜·克兰：《文化生产：媒体与都市艺术》，赵国新译，译林出版社，2001，第32页。

的思考逻辑。在当今绝大部分中国人的文化心理版图上，恐怕只有欧、美、日、韩的概念。因此在今天我国要发展文化产业时，不得不警惕和克服的一个问题是陷入"别人的文化"或者说在"别人的文化逻辑下进行创作"。当然，随着全球化的进程，在文化上我们提倡平等和交流理解，提倡与国际接轨，但是包容并不等于简单复制，也不是将多元变为一元。我们要学习的是国外的文化产业发展手段和方式，借鉴它们的经验。学习国外先进的技术最终目的是推广我们自己的传统文化、特色文化、本土文化。也就是说，一方面，我们要挖掘自身的文化，借助这个时代的技术将之呈现为文化产品，能够让更多人去了解；另一方面，我们也应该在保持自我的同时与时俱进、与国际接轨，在不同文化的交流碰撞中寻求文化创新。这一点不管是对于一个国家还是一个省市来说都是如此。

贵州在发展文化产业时，所要处理好的一个问题也正在于此——在市场环境下不该过多束缚文化产业的自由发展，但是绝不能任其过度自由，将一切都交给市场。因此如何合理引导主流文化观，坚持社会主义核心价值体系，将文化产业向着健康的良性循环的方向发展其实才是更为关键和重要的问题。

综上所述，文化产业已成为当今社会经济发展的新宠，尤其是整个社会迅速步入信息化时代的今天，在原有的传统的文化出版、传播形式的基础上，借助高新电子技术和智能终端制作、承载、传播、消费文化产品业已成为大势所趋，且随着技术进步，在相关领域的研发和创新将在很大程度上主导未来的文化产业领域发展方向。借着大数据产业的发展形势，在大力推进电子信息产业高端化进程的同时，同步促进相关文化产业建设，将有助于贵州省物质文明和精神文明二者的协同建设和发展。

参考文献

贵州省经济和信息化委员会：《贵州省大数据产业发展应用规划纲要（2014～2020

年)》,2014年4月29日。

〔美〕戴安娜·克兰著《文化生产:媒体与都市艺术》,赵国新译,译林出版社,2001。

〔法〕让·鲍德里亚著《消费社会》,刘成富、全志刚译,南京大学出版社,2008。

〔德〕本雅明著《机械复制时代的艺术》,李伟、郭东译,重庆出版集团,2006。

刘玉春:《变革与创新——我国文化产业发展的战略选择》,《经济与社会发展》2004年第12期。

《政治局第七次集体学习 胡锦涛强调推进文化建设》,新华社,2008年8月12日。

《中共中央关于深化文化体制改革,推动社会主义文化大发展大繁荣若干重大问题的决定》,新华社,2011年10月25日。

B.6 文化产业园区与基地发展问题研究

陈加友*

摘　要： 构建文化产业园区（基地）是促进文化产业发展的主要特征和基本途径。当前，贵州文化产业园区（基地）呈现出发展快、地域文化特色明显的特点，但也存在重复建设情况严重、定位不准确、集聚作用不明显等问题。下一步，要加快推进贵州文化产业园区（基地）建设：孵化创意型园区基地建设方面，要在产业配套、文化服务平台搭建上下功夫；文化旅游型的园区基地建设，要在突出文化内涵和特色、设计好文化产品上下功夫；物流会展型的园区基地建设，要在围绕核心业态，完善服务配套，延长产业链上下功夫。政府部门职能作用上，要在切实为园区基地建设做好服务上下功夫。

关键词： 文化产业园区建设　现状　问题　对策

一　贵州省文化产业园区与基地发展取得的显著成效

贵州省文化产业园区（基地）发展的历史较短，其总体上呈现发展势头猛、数量增加快、地域文化特色明显的态势。

（一）建设进度明显加快

截至2013年12月底，贵州省"十大文化产业园""十大文化产业基地"

---

* 陈加友，贵州省社会科学院工业经济研究所副研究员，博士，主要研究方向为文化产业政策。

建设加快推进，落实土地18804.51亩，完成投资201.67亿元。至2014年8月底，在项目总数不变的情况下，落实土地已达26993亩，完成投资307.84亿元，分别比2013年增加了8188.49亩和106.17亿元（见表1）；贵阳数字内容产业园、贵阳会展基地、贵州（凯里）民族民间工艺品交易基地、六盘水会展基地4个项目已建成投入使用，累计入驻企业273家，解决就业2630人，实现收入27.2亿元。毕节大方古彝文化产业园、黔西南民族文化产业园、贵州日报报业集团印务传媒研发基地、"多彩贵州城"4个项目已局部投入使用，入驻企业121家，实现收入8700万元。目前已开工建设10个，新开工建设3个，投入使用和局部使用的比上年增加3个，开工建设比上年增加3个。

表1 贵州省"十大文化产业园""十大文化产业基地"主要指标统计

单位：亩，亿元

序号	园区基地名称	已落实土地	计划投资	已完成投资
1	贵州文化出版产业园	282.31	8	0.73
2	贵阳数字内容产业园	30	0.75	0.23
3	贵阳阳明文化产业园	2549	67.2	1.95
4	中国(遵义)长征文化博览园	1000	103	0.3
5	中国(遵义)酒文化产业园	6000	256.89	71
6	黔中国际屯堡文化生态园	1020	75	3.5
7	中国(凯里)民族文化产业园	1500	100	1.78
8	毕节大方古彝文化产业园	600	70	8.9
9	黔西南民族文化产业园	159	6	1.57
10	"多彩贵州城"	2022	420	31.8
11	贵州文化广场	163	300	10
12	贵州日报报业集团印务传媒研发基地	108	2.6	1.57
13	贵州广电家有购物集团电子商务文化产业基地	215.7	4.4	0.6
14	贵阳会展基地(贵阳国际会议展览中心)	1408	58	58
15	遵义会展基地	1235	35	3.4
16	六盘水会展基地	62.5	4.2	4.2
17	铜仁玉屏箫笛研发生产基地	120	4.2	1.14
18	贵州民族民间工艺品交易基地	330	7	1
19	贵州(凯里)民族民间工艺品交易基地	578	12	12
	合　计	18804.51	1522.24	201.67

（二）园区运营效果不断显现

适逢中国向新经济——低碳、环保、绿色——增长模式转变的重要时期，文化产业作为国家战略在各地得到大力提倡和扩张。而文化产业园区作为主要平台，为产业内容聚集和孵化、产业链实现提供了保障。而贵州作为全国相对落后的省份，一些建成投入使用的园区、基地逐步完善配套环境、搭建公共服务平台，正在逐步发挥、引导企业集聚发展的作用。贵阳数字内容产业园搭建了动漫展播、动画渲染等平台，为入驻企业减少开发成本、实现集约发展奠定了基础，2014年园区实现收入4.33亿元。贵州（凯里）民族民间工艺品交易基地入驻企业达到260多家，成为贵州省文化企业集聚规模最大的基地。贵阳会展基地入驻服务企业逐步增多，举办了贵州国际酒博会等系列重大展会，知名度和影响力正在迅速提升，社会效益和经济效益显著。

（三）园区运营模式趋于多元

贵州省文化产业园区（基地）在运营模式上，呈现出各自的特点，形成了多元并发的趋势。凯里市"四结合"引出"四模式"，积极探索政府投资型、政府拉动型、混合经济型、招商引资型等文化产业发展新模式发展文化产业；遵义市红花岗区汇智、聚力打造中国（遵义）长征文化博览园，最大化整合遵义市文化旅游资源；毕节市大方县以"三化"推动文化产业园建设，采取"从政府建设到企业参与渐进化"、"从核心园区到各类园区组团化"、"从政府主导到以商招商市场化"进行园区建设；贵阳国际会展中心突出"国际化标准、区域性会展中心"的定位，由专业团队进行管理运营，以"引进全国展会、吸引外地展会、扶持本地展会、创办自办展会，深化开发大型活动与会议市场"为经营思路，不断开拓市场。

（四）政策环境不断改善

近年来，贵州省委、省政府高度重视、积极推进文化产业发展。尤其在党的十七届六中全会的引领下，省委、省政府立足贵州省文化资源富集而经济发展相对滞后的实际,结合《国务院关于进一步促进贵州经济社会又好又快发展的若干意见》(国发〔2012〕2号)文件对贵州省文化产业的定位,先后出台了《中共贵州省委关于贯彻党的十七届六中全会精神推动多民族文化大发展大繁荣的意见》、省第十一次党代会报告、省委常委会工作要点、省政府工作报告、省政府加快现代服务业发展意见、省文化改革发展工作要点等重要文件,明确提出要"加快建设省'十大文化产业园''十大文化产业基地'",积极推动园区、基地的规划建设。2015年《贵州省人民政府工作报告》也明确提出要"加快'十大文化产业园'建设"。分别对财政、税收、投融资、工商管理、资产管理和经营政策、土地扶持、人员安置、收入分配和社会保障政策、鼓励社会力量兴办文化事业文化产业等方面的扶持政策做了明确的规定。贵州省各市州也都出台了相应的配套政策,加大对文化产业的政策、资金上的扶持力度。

二 存在的问题及原因分析

贵州省由于贵州省地域广阔,文化资源丰富但相对分散,加之贵州省经济水平较低,城乡居民文化消费水平低,文化产业发展起步晚,发展水平相对滞后,导致文化产业园区(基地)建设中既存在全国共性问题,同时也存在地方特殊问题。

(一)全国文化产业园区(基地)发展中的共性问题

我国文化产业园区的形成和发展为产业发展所需的各种信息、人才、发明和市场需求提供了聚集的条件,并由此把相关的各种企业、研发机构、大众传媒、工作室、艺术家俱乐部、服务机构、教育培训机构等组合在同一个空间。[①] 这样不但降低了开发的成本,更重要的是形成了许多新的生产力组合,有力地推动了文化产业的发展。但成功的产业簇群多是经过几十年,甚至上百年的自然演化发展而来的,而我国文化产业园区(基地)建设在我国还处于发展初期,尚在摸索阶段,在园区(基地)建设上还存在以下共性问题:一是

---

① 欧阳坚:《文化产业政策与文化产业发展研究》,中国经济出版社,2011。

园区数量多，重复建设现象严重。文化产业巨大潜力使各地投资建设文化产业园的热情高涨，但一些地方不依据本地实际进行建设，致使产出效益很低，研发活力不强，如果不靠政府在地租、房租、贷款等方面的特殊政策，很难形成可持续发展的局面。二是以文化建设为名，搞房地产开发。我国文化产业园除少数是自发形成的以外，大多是在地方政府直接参与下建成的。部分园区开发商以文化建设项目为名，为争取文化扶持政策，将文化事业变相为房地产商的开发项目，或者进行所谓的"文化地产"开发，其实质也就是景观地产，并不具备文化消费和文化交流功能。三是规划论证不充分，定位不准确。一些产业园区对市场和周边环境研究不够，论证不充分，选址不合理，缺乏市场支撑。园区布局混乱，缺乏长远规划，对园区本身文化内涵立意与性质的定位不准确。尤其是一些依赖文物古迹发掘而建设的产业园，往往与文物保护相冲突。在遗址布局、功能发掘上显得不够深入，在借助产业园建设把文化资源变成市场产业，形成文化资源永续利用上的考虑还不成熟。还有的房地产商在文化遗址周围胡乱开发，对文化遗产造成了难以弥补的破坏。四是产业化水平低，集聚作用不明显。由于文化类企业数量少，企业之间的关联度低。许多园区（基地）局限于地理空间意义上的集聚，而非产业集聚，没有形成完整的产业链。它们与园区外部及其他行业的互动性较差，促进效果有限，而且很难与周围社区居民产生交互作用。同时，不少开发商主导型的文化产业园区迫于盈利的压力，降低园区的进入门槛，允许一些非文化类企业进驻，导致园区内文化类企业占比偏低，文化生态环境被破坏，未起到产业集聚发展的效果。统计资料表明，目前全国共有各类主题公园包括影视城在内2500多处，其中有70%处于亏损状态，20%持平，只有10%左右盈利，约有2/3的投资无望收回成本。

（二）贵州文化产业园区（基地）发展中存在的地方特殊问题

贵州省文化产业园区（基地）发展中存在的问题总体上表现为"三个不够到位"：一是实施进度不够到位。黔南平塘射电天文科普文化园虽然高度重视、采取了各种措施，但却是21个项目中唯一还没有确定实施主体的产业园区，需要抓紧完成招商引资工作，确定实施主体，推动项目建设取得更多实质性成效。

贵州文化广场建设因土地出让、征地拆迁等前期工作艰巨复杂，推进较为滞后。贵州现代文化创意产业与数字出版产业基地及其他项目在规划编制及报审、老厂房的搬迁等方面也存在实施进度不够到位的情况。二是规划、谋划不够到位。文化产业园区、基地项目不同于其他项目，都必须依托其文化资源、深入挖掘其中的文化内涵、打造独具魅力的文化品牌，否则就将沦为一般的商业项目、失去核心竞争力、失去文化特有魅力。因此，必须牢固树立"规划是龙头"的理念，高度重视项目的前期规划。但是，贵州省在这方面工作做得不够到位，如"多彩贵州城"、修文阳明文化园等项目虽然做了很多规划、投入很多成本、浪费很多时间，却依然存在规划和谋划高度、深度不够的问题。三是政策措施不够到位。对于集聚企业孵化型的园区基地，比如贵州（凯里）民族民间工艺品交易基地、黔西南民族文化产业园，虽然以招商方案、会议纪要等形式确立了一些扶持政策，但是在加强园区、基地针对入驻企业的扶持政策上，文化服务平台的搭建上，都还不够到位，入驻企业还是物理集聚，没有形成产业配套集聚。

三 贵州省文化产业园区（基地）发展面临的机遇

随着全面深化改革的深入推进，文化产业发展更是迎来了历史最好机遇。

（一）党中央和国务院的高度重视为文化产业园区（基地）发展提供了重大战略机遇

把文化产业打造成国民经济支柱性产业，是中央明确提出的奋斗目标。党的十八大确立了经济建设、政治建设、文化建设、社会建设和生态文明建设"五位一体"的总布局，标志着我国进入了新的阶段，即实现"两个一百年"奋斗目标和中华民族伟大复兴的"中国梦"，经济社会的发展和人民生活水平的提高，文化自身内容品质的提升和发展方式的转变等，对文化产业发展提出了新的、更高的要求。党的十八届三中全会做出了全面深化改革的部署，将深化文化体制改革作为重要组成部分，启动了新一轮文化体制改革，目的就是进一步把握国际、国内形势，通过深化改革，推动社会主义文化大发展、大繁荣，提高国家文化软实力，建设社会主义文化强国。随后，中央全面深化改革领导小组多次召开会议，对深化文化体制改革、加快文化繁荣发展做出了一系列重大部署。尤其是2014年，国务院及各部委密集出台了推进文化创意和设计服务与相关产业融合发展、加快发展对外文化贸易、深入推进文化金融合作、支持小微文化企业发展、推动特色文化产业发展、支持电影产业发展、支持经营性文化事业单位转制和文化企业发展以及藏羌彝文化产业走廊总体规划等系列政策，数量之多、力度之大、含金量之高，都是空前的。

（二）经济新常态为文化产业园区（基地）发展带来新机遇

当前，中国经济进入新常态，正在从高速增长转向中高速增长，从规模速度型粗放增长转向质量效率型集约增长，从要素投资驱动转向创新驱动。新常态对于文化产业园区（基地）意味着新机遇。中高速的经济增长、改革效应不断释放为文化产业园区（基地）继续快速发展创造了良好环境。行政审批制度改革、简政放权、扩大营改增试点、开展结构性减税等都为文化产业园区（基地）继续发展壮大提供了有利条件。而文化产业属于朝阳产业，资源消耗低、环境污染少、附加值高，是典型的注重质量效益的集约型产业；文化产业最重视和强调创意、创新，是典型的创新驱动型产业；文化产业还是当前少数几个总供给还不能满足总需求的领域之一，在转方式、调结构中不断呈现逆势上扬的增长态势。可以说，新常态下发展文化产业大有可为。

（三）贵州省"赶、转、跨"战略和同步小康创建为文化产业园区（基地）发展带来重大现实机遇

贵州省正在大力实施既要"赶"又要"转"还要"跨"的发展战略。对于"赶"，就是要努力保持一个高于全国、高于西部、高于以往的速度，2014年贵州省GDP增速达到10.8%，而2011~2013年，贵州文化产业平均增速达到25%，2013年增加值达到209.72亿元，文化产业不仅为国民经济提供智力支持，还成为其直接动力；对于"转"，就是要转变经济发展方式，把经济结构战略性调整作为重点，而发展文化产业正是转变经济发展方式、调整经济结构的重要

抓手之一。贵州是文化资源大省，非物质文化遗产数量在全国名列前茅、传统村落数量全国第二、文化旅游景点众多，把这些文化资源优势转化为产业优势，将为我们实现转变经济发展方式奠定基础；对于"跨"，就是要实现跨越式发展，文化发展具有不平衡性规律，经济欠发达地区凭借文化资源禀赋，完全能够率先实现文化产业的跨越发展。2015年"两会"期间，省长陈敏尔在谈到贵州实现跨越的"逆袭"之路时指出，要紧紧围绕推进新型工业化，转型发展"五大新兴产业"，其中之一就是以民族风情和自然风光为特色的文化旅游业，并且特别提到要加快"十大文化产业园"、"十大文化产业基地"建设。贵州省以县为单位实行全面建成小康社会工作，将文化产业增加值占GDP比重纳入统计监测体系，并确定了4%的目标值。同时，省委组织部、省目标办也分别将文化产业发展纳入对各地党政领导班子和省直有关部门的考核。通过这些指标的考核，为贵州省文化产业发展带来强劲驱动力。

四 贵州省文化产业园区（基地）发展面临的挑战

在世界范围内金融危机风险仍未解除的情况下，世界经济增长放缓，国际贸易增速回落，国际金融市场剧烈动荡，世界经济形势总体上仍然十分严峻，复苏基础仍然薄弱。从国内形势来看，我国经济发展中不平衡、不协调、不可持续的矛盾和问题仍然突出，经济增长下行压力和物价上涨压力并存，部分企业经营困难，经济金融领域也存在一些不容忽视的风险。我国主要经济指标增速继续回落，经济运行的下行压力加大，不可避免地给部分文化行业带来不利的影响，尤其是文化用品制造、乐器制造、玩具制造等行业普遍出现亏损企业增多、增速放缓、从业人数下降的现象。贵州省文化产业发展基数低，支撑文化产业发展的文化企业数量、规模、从业人员相对较少，文化产业园区（基地）多为在建和新建项目，服务企业的配套设施、服务能力还有待完善，经济效益并不明显。要在2020年之前将文化产业发展为国民经济支柱型产业必须加强政策引领和战略谋划，加强部门，提高服务水平和能力，不断提高贵州省文化产业整体实力和竞争力。

五 贵州省文化产业园区（基地）发展的对策建议

未来五年贵州省文化产业发展要着力推进"13251"工程，即"发挥一个优势、明确三个重点、依靠两个动力、搭建五个平台、实现一个目标"，要充分发挥多民族文化资源优势，明确多民族文化产业、文化旅游融合发展、新兴文化产业三个重点，依靠文化体制改革和文化创意两个动力，搭建孵化、融资、招商、会展、联盟五个平台，力争到2020年贵州省文化产业增加值占GDP比重达到5%以上，推动文化产业成为国民经济的支柱型产业。

（一）孵化创意型园区基地，要在产业配套、文化服务平台搭建上下功夫

贵阳数字内容产业园、贵州（凯里）民族民间工艺品交易基地、黔西南民族文化园、毕节大方古彝文化产业园、贵州现代文化创意与数字出版产业基地等都属于孵化创意类园区、基地。一是要加强产业配套。简单地将企业集聚在一起，不只是物理上的集聚，还要让集聚企业产生化学反应，产生"1+1>2"的效果，必须在产业配套上下功夫，在产业链的完善上下功夫。产业配套越完善，专业化分工就越发达，规模效应和整体竞争力就越强。完整的产业链包括研发、设计、生产、制造、营销、服务等环节。要针对产业链缺失和薄弱环节，开展有针对性的招商引资活动，打造完整的产业链条，提升整体竞争力。二是要搭建文化服务平台。要让企业"进得来、稳得住、能发展"，搭建文化服务平台是关键。搭建文化服务平台，目的是要为入驻企业减少成本，促进企业快速发展壮大，推动园区、基地集约发展。在这方面，一些建成投入使用的园区、基地做了不少探索、做了大量工作。希望继续实施好"政府引导、企业参与"的工作机制，在搭建融资投资、公共技术、展示营销、公共交易等平台上取得更大成绩，为园区、基地快速发展增强动力。三是要完善扶持政策。完善含金量高的扶持政策是推动园区、基地实现孵化壮大的催化剂，也是政府为入驻企业做好服务、推动文化产业发展

的重要抓手。一些园区、基地虽然以招商方案、会议纪要的形式确立了一些扶持政策，但是还不够系统、完善。希望各地、各部门继续探索，结合国务院及各部委2014年出台的系列政策，结合自身实际，制定并运用"三个十五万"、租金补贴、财税、社保、土地等文化经济政策进行扶持。

（二）文化旅游型的园区基地，要在突出文化内涵和特色、设计好文化产品上下功夫

民族文化特色浓郁、非物质文化遗产众多、文化旅游景点遍布是贵州文化产业发展的特色和优势。各地、各部门结合贵州民族文化、红色文化、历史文化、酒文化等资源，打造了不少文化旅游型的园区、基地，比如"多彩贵州城"、贵阳阳明文化园、黔中国际屯堡文化生态园、中国（遵义）酒文化博览园、黔东南州民族文化产业园、毕节大方古彝文化产业园、遵义长征文化博览园，等等。对于这些文化旅游型的园区、基地：一是要挖掘文化内涵和特色。文化是旅游的"灵魂"和"内容"、旅游是文化的"载体"和"渠道"。从现状看，一些文化旅游型的园区、基地文化策划还不精准，还没有找准文化灵魂、特色不够明显，导致有景点无文化，有沦为一般项目的倾向。要深挖文化这口井，在谋划策划上下功夫，做出特色、做足内容、强化体验，让游客记忆深刻、流连忘返。二是要针对旅游市场需求，提升游客精神追求，设计好文化产品。要针对旅游"吃、住、行、游、购、娱"各个环节注入文化元素，在特色餐饮、体验客栈、交通组织、体验互动、产品特色、演艺剧目等方面加强产品设计，以市场需求为导向，实现好经济效益。同时，要把社会效益放在首位，要实现好文化产品在价值引领、社会导向、提升游客精神需求方面的作用。决不能搞假古董，不能编造虚假的历史故事，不能随意"肢解"非物质文化遗产。

（三）物流会展型的园区基地，要在围绕核心业态，完善服务配套，延长产业链上下功夫

对于贵阳会展基地、遵义会展基地、六盘水会展基地、家有购物集团电子商务文化产业基地，这些物流会展型的专业园区、基地，要围绕核心业

态，在前向关联、后向关联和横向关联上配套好相关产业。比如会展基地，要在策展、招商、营销、物流、设计、布展、服务等全产业链条上继续下功夫。物流型园区、基地则要围绕购物这个核心业态，抓住电子商务蓬勃发展的大好机遇，做好线上和线下的结合。

（四）政府部门职能作用上，要在切实为园区基地建设做好服务上下功夫

贵州省各级文化改革发展领导小组及办公室要认真履行好协调、指导、督办的职责，加强对园区、基地规划建设和运营管理的调查研究，有针对性地开展指导，发挥好协调作用，整合好各部门、各行业等各方力量，形成强大合力，推动园区、基地加快规划建设进度、提升运营管理水平。省旅游、经信、文化、新闻出版广电等部门作为文化产业园区、基地建设的责任单位，一方面加快完成自身承担的园区、基地建设任务，另一方面还要发挥行业优势，在文化景区建设、中小微文化企业扶持、文化特色挖掘、新媒体建设等方面加强指导和提供服务。省发改委、科技厅、国土厅、商务厅、投资促进局等有关部门，要根据自身职能职责，在园区、基地的规划建设和运营管理方面，在项目立项、规划报审、搭建电子商务平台、实现文化与科技融合，开展招商引资等方面提供有力支持。各级政府相关部门要切实转变职能、强化服务，认真抓好国务院和各部委出台的《关于推进文化创意和设计服务与相关产业融合发展的若干意见》《关于深入推进文化金融合作的意见》《关于大力支持小微文化企业发展的实施意见》《关于推动特色文化产业发展的指导意见》等系列大力支持文化产业发展的政策在贵州省的贯彻实施。同时，各地还要根据实际情况，制定并出台扶持园区、基地发展的相关配套政策。

B.7
生态文明理念下的"国家公园省"建设研究

李代峰*

摘　要： "国家公园省"的建设是贵州省旅游业发展的方向和旗帜，必须站在生态文明这个高度去审视和研究贵州旅游业发展的新课题，本文从生态文明与贵州旅游发展的关系着手，从"国家公园省"的内涵、建设基础、实现途径及优化途径几个方面，阐释生态文明理念下的"国家公园省"建设的路径，希望生态文明推动贵州省旅游产业发展的可持续性、跨越式发展。

关键词： 旅游　生态文明　全域旅游

一　问题的提出

生态文明是贯穿于经济建设、政治建设、文化建设、社会建设全过程和各方面的系统工程，党中央、国务院历来对此高度重视，党的十八大报告明确指出，要"大力推进生态文明建设"，并把生态文明建设纳入中国特色社会主义事业"五位一体"总体布局，系统阐述了加强生态文明建设的重大意义、总体要求和重点任务，指明了推进生态文明建设的正确方向和路径。贵州省委省政府高度重视生态文明建设，时任省委书记赵克志提出贵州将以

---

* 李代峰，贵州省社会科学院文化研究所副研究员，主要研究方向为地方特色文化与发展。

生态文明理念引领经济社会发展,着力发展文化旅游业,打造全国生态文明建设先行区。省第十一次党代会报告指出"必须坚持以生态文明理念引领经济社会发展,实现既提速发展,又保持青山常在、碧水长流、蓝天常现"。省委十一次四次全会强调:"保护生态环境是必须坚守的一条底线。要坚持既要金山银山也要绿水青山、绿水青山就是金山银山的理念。"建设生态文明并不是要制造文明的对立,而是要继承和发扬此前文明中所积累的有利于促进人与自然和谐相处的各种要素,在我们加快贵州省经济社会发展的同时,如何把生态文明理念贯穿其中,如何更有效继承和发扬好贵州省经济社会建设已经取得的成绩,是我们必须统筹考虑的一个重要问题。

经过多年的发展,贵州旅游业取得了令人瞩目的成绩。当前,贵州旅游发展站在了一个新的历史起点上。"国家公园省"的建设是贵州省旅游业发展的方向和旗帜,随着"国家公园省　多彩贵州风"旅游品牌的全面打响,如今的贵州迎来旅游发展新机遇,旅游资源大省正在向旅游强省扎实迈进。但是,在进行旅游大规模开发的进程中,存在很多忽视保护、过度开发、急功近利的情况,在一定程度上导致了环境的污染、生态的破坏以及景观的退化。这对贵州旅游产业的升级、发展带来阻碍,必然会伤及贵州省旅游业健康发展的基础,影响到旅游的健康持续发展。因此,必须站在生态文明这个高度去审视和研究贵州旅游业发展的这一新课题。贵州旅游业的转型升级必须基于生态文明理念,基于大生态观来统筹发展,以此推动贵州省旅游产业的可持续性、跨越式发展。"国家公园省"是贵州旅游业发展的潜力所在,是实现可持续性、跨越式发展的必由之路。

二　生态文明与贵州旅游的发展

(一)生态文明

在追求人类文明的道路上,人类依托自然资源创造了一个个的文明形态,在人们分享工业文明所带来的巨大物质成果的时候,世界共同面临严峻的生态危机。我们究竟应该拥有一个什么样的未来？社会进步的出路究竟在何方？生态文明给人们展现了一个美好而光明的前景。

生态文明是在人类文明进程中继农耕文明和工业文明之后的一种高级形态，它强调人类是大自然的一部分，应该具有人类应予以尊重的内在价值，是人与自然、人与人、人与社会和谐共生的文化伦理形态，是一种人类自身和自然界一致，相互协调共同发展的新文明。生态文明的提出意味着人类对于人与自然关系的认识上升到一个新的高度，它是21世纪的主导文明。

（二）生态文明理念下贵州旅游业发展价值选择

生态文明理念对旅游业发展的支持，不仅体现在环境保护方面，也从各个相关方面给予指引作用，将生态文明理念深入旅游实践中，对于旅游业的发展将有更光明的导向。

1. 生态文明是贵州旅游发展方式转型的风向标

旅游业作为消费终端产业，其全面、协调与可持续健康发展，成为经济社会发展的巨大"倒逼动力"，必将极大推进和深刻影响着社会生产与消费方式的巨大变革。

2. 生态文明对贵州旅游业发展提出新要求

贵州旅游业的发展必须在生态文明理论指导下，坚持和谐发展，走可持续发展之路。为此，贵州旅游业必须做到以下三点。

一是努力通过技术手段和科学规划来实现节约能源和高效利用资源。二是实现旅游科学管理，促使旅游产业结构由数量发展型向数量、质量、效益结合型发展模式转变。三是走循环经济之路，形成资源利用的产业链。

3. 生态文明是贵州旅游业和谐发展新起点

目前，贵州旅游业在国内外有一定的影响和知名度，未来贵州旅游业要实现新的发展，只有牢固树立环境保护意识和生态文明理念下的资源观、发展观，才能实现其可持续发展。

（三）生态文明与"国家公园省"建设关系

生态文明是继农业文明、工业文明发展之后的一个更高水平的发展阶段，是以促进人与自然和谐相处为宗旨，以追求和谐发展、可持续发展为目标的新型文明形式，是缓解生态环境压力、统筹人与自然和谐发展的战略选择。"国家公园省"是依托良好的自然生态环境和独特的人文生态系统，采取生态友好方式，开展生态体验、生态教育、生态认知并获得身心愉悦的旅游方式。从这一意义上讲，"国家公园省"是建设生态文明的重要途径，生态文明是建设"国家公园省"的重要目标。

1. "国家公园省"是建设生态文明的重要途径

建设生态文明，促进经济社会又好又快发展，需要加快转变经济发展方式，形成节约能源资源、保护生态环境的产业结构、增长方式、消费模式。旅游业主要是面向民生的服务业，具有综合性强、关联度大、涉及面广等产业特点，具有环境成本低、就业容量大、带动作用强等产业优势，发展旅游业对优化产业结构、转变发展方式具有重要的积极作用。同时，由于旅游业赖以生存和发展的基础是其所依托的良好的自然和人文资源，尊重自然、保护环境、节约资源已经成为旅游业发展的普遍共识，并日渐成为全行业的自觉行动，因此旅游业是资源节约型、环境友好型产业。特别是以关爱生态、保护环境、追求人与自然和谐发展为目标的生态旅游，更加突出旅游者和从业人员的环境责任、社会责任和文化责任，更加强调资源节约型、环境友好型旅游发展方式和旅游消费模式。

"国家公园省"直接面对的是地球为人类提供的美丽自然景观，还有人类在这美丽自然景观下所创造的文化，以及承载这美丽景观和文化的环境系统，要使这美丽的自然景观和文化价值得以有效发挥并传承下去，使今天和未来的人类都能分享到自然的美丽和人类的智慧，就必须保护好它及其赖以存在的环境系统。因此，"国家公园省"建设在生态文明建设中应该发挥更大的作用。随着生态文明理念的普及，推行清洁生产、发展循环经济，最终实现旅游产业全面绿色转型，形成对生态环境的破坏达到最小化的绿色产业链，转型为绿色旅游产业是旅游发展的必然趋势，自然资源的保护在生态文明理念影响下形成必然。生态文明建设要求必须做到节约、协调和持续性，避免盲目性、重复性发展，有利于旅游产业的良性发展，由旅游业过去的数量增长型向质量效益型转变。

2. 生态文明是建设"国家公园省"的重要目标

根据欠发达地区生态旅游资源特点，结合市场需求，发展生态旅游，建设"国家公园省"，一方面，可以增加旅游相关部门（行业）的收入，同时，建设"国家公园省"是一种依靠科技，有利于环境的产业形态，随着科技的不断创新，资源和能源的减量化、再使用和再循环，可以降低企业生产成本，提高企业的经济效益，增强旅游企业的竞争力；另一方面，建设"国家公园省"可以改善生态环境，教育旅游者，激励和加强管理和科研水平，倡导健康生态旅游等，从而促进人的意识文明、行为文明，还可以实现增加就业、保护原生态的民族文化和满足居民休闲旅游等功能。

总之，生态文明要求人们改变传统的机械分析思维和片面强调部分的哲学世界观，而要树立起人、生命、自然都是主体，是有机联系的系统性整体的生态文明哲学观和方法论，改变将人类凌驾于环境之上的传统思维模式，强调人与自然必须保持平衡、协调和统一，社会、生态和经济必须协同发展，"国家公园省"体现了生态文明理念。

生态文明建设为建设"国家公园省"确立目标和指导思想、提供机遇、创造条件，"国家公园省"的发展反哺生态文明建设，为生态文明建设提供经济支持，是实现生态文明的重要途径。

因此，二者是一种相辅相成、互为条件、相互促进的关系。

三 国家公园省的内涵

贵州落实绿色发展战略，提高生态文明建设水平，很重要的一条就是发展旅游业，而发展旅游业很重要的一条，就是倡导生态、绿色、低碳、环保的旅游业态，将可持续发展理念融入旅游业发展的各个环节，把旅游业作为推动绿色变革与转型、升级、发展的重要载体，在生态文明的理念下发展旅游业，实现"绿水青山"与"金山银山"的统一。随着旅游市场的成熟，更多游客市场需求从观光游转向深度游，需要全方位的旅游体验。贵州打造

"国家公园省",营造处处是风景、停下是景区的全新旅游体验。

贵州素有"公园省"的美誉,雄山、秀水、怪石、奇洞、峡谷、温泉、瀑布、溪流、湖泊、湿地、草原、森林等景色风光千姿百态,美不胜收。因此有良好的自然条件打造国家级的"公园省"。

(1) 贵州本身即是一个天然的大公园,从贵阳、遵义、安顺、黔东南、黔南、黔西南、毕节、铜仁等各州市均有自身的风景特色,处处是风景。

(2) 贵州省是一个文化千岛之省,是一个民族文化的大观园,处处有风情。同时也是全国人民的大花园,是国民休闲地、山水涵养地。应将本地良好的生态文化通过包装、提升,形成特色的旅游吸引物体系,并纳入国家战略层面,通过服务配套设施体系的建设,丰富的产品体系构建,共同支撑贵州建设国家级的公园省。

(3) 该定位也充分体现了贵州全域化旅游的理念,贵州省全域就是一个大景区,是一个国家大公园、一个大国家公园。国家公园省的具体内涵包括：生态涵养地、山水大观园、文化千岛省、避暑养生地、国民休闲地、国家度假省。生态涵养地主要指贵州不仅生态环境较好,同时也是两江(珠江、长江)上游的重要生态屏障。山水大观园主要指贵州既有乌江、北盘江、都柳江、赤水河等资源,同时也有着万峰林等奇山美景,贵州省可谓形成了一个处处是美景的山水大观园。贵州的民族文化、夜郎文化、军事文化(屯堡文化)、土司文化、红色文化等构成了文化的多样性,因此文化千岛省也名副其实。而根据前文对贵州气候资源的分析可看出,贵州许多地区,如贵阳、安顺、六盘水、毕节等均适合避暑养生,同时具有开发度假产品的资源类型与条件,借力良好的政策环境,打造国民休闲地、国家度假省。

四 建设基础——旅游产业绿色转型

贵州作为"国家公园省",文化和自然遗产是其立省之本。以低碳环保、保护先行、合理开发的理念构建绿色旅游体系,推行清洁生产、发展循环经济，最终实现旅游产业全面绿色转型，成为对生态环境的破坏达到最小化的绿色产业链，形成绿色旅游产业是贵州旅游发展的必然趋势。

（一）绿色酒店、饭店节能减排

在黄果树、梵净山等知名景区周边发展绿色酒店与生态住宿，使用清洁能源与绿色建材，使建筑与当地自然环境有机融合，尽可能采用当地建材，建筑风格与周边环境相符；酒店采用污水循环系统和垃圾分类系统，使其对自然环境的负面影响达到最小化。

（二）旅游景区景点循环型低碳式发展

以尊重生态系统和经济活动系统的基本规律为前提，通过运用生态工程的方法，以资源的高效循环利用为核心，优化景区产品生产至消费的各个环节，实现物质的多级循环利用和景区活动对环境的有害因子零（最小）排放或零（最小）干扰的景区经营管理模式。

（三）打造低碳旅游城市、风情小镇

在重点旅游城市、旅游小镇推行"低能耗、低污染、低排放，与高效能、高效率、高效益"的"三低三高"低碳标准，推行低碳旅游公共服务、低碳旅游设施、低碳旅游吸引物、低碳旅游环境、低碳旅游消费方式等。

（四）大力发展生态旅游

发展生态旅游是贵州旅游业发展的必然趋势。生态旅游强调实现资源与环境的可持续性、增强游客的环境保护意识，通过约束旅游者和开发商的行为，使之共同分担维护景观资源价值的成本，从而使当地社区居民也成为发展旅游业的直接受益者。

五 实现途径——新型城镇化下国家公园省全域覆盖

"国家公园省"要有两个最基本的突出。一是突出"国家公园省"建设

的生态美学特征，把生态城市建设和城市美学建设紧紧结合起来；二是突出"国家公园省"建设的贵州特色，在这个过程中发挥贵州的自然资源优势、历史文化优势、地域人文优势。因此在"国家公园省"建设中要把生态文明理念和原则全面融入城镇化过程，彰显自然景观、建筑风格、民族风情和文化品位，建设一批有特色的示范小城镇。国家公园省建设就是要以"美丽乡村、绿色小镇、山水城市、和谐社区、多彩贵州"为抓手，通过现代交通设施的连接和公共服务的延伸，使城乡发展融为一体。统筹考虑山水、田园、乡村、都市四要素，打造山水相依、山环水抱的城市，让"河在城中，城在山中，房在林中，人在绿中"。

（一）构建旅游城镇体系

构建布局合理、特色鲜明、功能完善、错位发展的贵州旅游城镇等级体系，形成以省域旅游中心城市和区域旅游中心城市为依托，以旅游节点县市为重点，以绿色小镇为基础的旅游发展支撑体系，努力把旅游城镇打造成为旅游产业发展的重要目的地、集散地和客源地。

（二）旅游元素融入城市建设

1. 促进城市建设与旅游发展有机融合

重视旅游节点塑造，在城市的主要交通门户、交通枢纽、市民公园广场、商业中心、大型公共建筑等重要城市节点营造浓郁的旅游氛围，通过雕塑、活动等多种不同的措施强化节点的旅游功能，为游客营造随处可见的城市文化体现和旅游休闲体验。将城市的文化场馆、体育场馆、城市公园、主题公园、博物馆等重要公共建筑和休闲场所的建设与旅游发展和需求结合起来，重视场馆的外在地域表现形式、历史文化要素和内在的综合功能利用，以便于城市举行大型旅游节活动。依据不同城市的文化魅力，识别并促进贵州城市建设的文化特色弘扬。

2. 建设城市的景观视觉系统

合理确定城市景观风貌分区，按照不同的城市景观风貌分区指导城市各项建设活动，尤其是可以充分利用贵州多山、多坝的特色，在不同城市组团中将城市的历史文化、现代文化、民族文化等多种文化分区、分片展示，从而增强城市文化的景观呈现能力，为游客营造良好的旅游景观氛围。重点塑造标志性城市景观，在城市中市民活动较多、游客活动较多的区域建设、提升并完善城市的核心景观（包括建筑、雕塑、植栽等），形成城市旅游核心吸引物。按照旅游线路设计和城市的步行空间等，规划、设计并预留城市的景观视廊，形成良好的城市空间认知意向；并在完善城市游览空间可识别性的基础上，通过不同角度展示城市中重要的旅游吸引物，全面展示城市的空间文化魅力。控制并优化城市的天际线及特定视野的观赏效果，尤其是在独山区域、滨水区域等开放空间，更应十分重视城市天际线的维护，形成良好的景观基底背景和游客景观认知。

3. 提升城市开放空间的旅游休闲游憩功能

重点依托城市滨水空间、开放空间、生态廊道，导入旅游休闲功能。鼓励城市滨水空间的综合开发，形成集餐饮、休闲、游憩、滨水活动等于一体的，结合城市的商务、商业功能的城市核心综合区域和城市标志性地区，从而有助于游客尽快认知城市并充分利用城市的休闲、景观设施。鼓励城市生态廊道的保护和自然化建设，尤其是重视对城市的水系驳岸的生态化处理；重要绿化区域和廊道的多树种生态群落建设；以及大型区域基础设施（如高速公路、铁路、高压电网和燃气输配管网等）和工业园区的防护林带在满足防护要求后的景观化建设。

六 优化途径——优化旅游产品打造全景贵州

旅游产品是旅游业得已发展的基础与核心，旅游产品结构不合理，就意味着旅游目的地的吸引力和竞争力较差，令旅游目的地的发展举步维艰，不利于其旅游业的持续、健康发展，也谈不上推动生态文明建设。

（一）大力发展避暑养生旅游产品

突出纬度优势。发挥贵州夏季避暑优势和低纬度、高海拔适宜四季旅游的优势，划出海拔1000米低纬度、高海拔旅游圈，树立独特的"云贵高原海拔旅游"品牌，形成与西藏高原旅游迥异的有贵州特色的旅游业。

突出温度优势。打造具贵州特色的中国避暑旅游胜地，在此基础上打造"中国夏都"，形成清朝皇家避暑在承德、民国政要避暑在庐山、新中国避暑在秦皇岛、新时期避暑在贵州的新的国家性的避暑胜地，通过推动国家领导人接见国家元首或举办APEC会议等形式形成以"中国夏都"为总品牌，以"爽爽的贵阳"、"中国凉都"等附属品牌的相互簇拥、相互促进的大避暑品牌理念；整合贵州省民族文化资源和多梯度山地运动资源，建设若干避暑旅游基地，延伸避暑旅游产业链，做大、做强贵州避暑经济。

（二）提升做优地质科普与山水观光旅游产品

充分发挥山水观光旅游产品在整个贵州旅游产品体系中的基础性作用，增强并提升文化科技体验内涵，建设完善旅游基础服务设施，完善、升级旅游解说系统，提高旅游综合管理水平，通过引进大型文化旅游投资集团，带动贵州省旅游业的全面升级与转型，突出精品景区龙头带动和品牌建设作用，打造一批国家级、智慧型、精品型山水观光旅游景区。

（三）三线建设遗产资源整体利用

在贵州的大多数三线建设企业，目前仍然承担着生产的任务，掌握着世界先进水平的核心技术（航空、航天、能源等），是贵州省现代化建设和国家重大科技项目建设的主力舰队。目前，四川、重庆等三线建设遗产资源富集地区，尚未意识到三线建设遗产资源的意义。贵州应抓住这一有利时机，将三线建设遗产资源保护利用，上升到战略层面予以精心安排，并与新型工业化、文化旅游、生态文明等事业产业融合，探索出重大工业遗产资源利用的新路。

(四)通过自驾车和慢游体系构建全景贵州

1. 自驾车体系

以贵州省知名的自然和文化旅游资源为本底,以高等级路网为依托,以自然风光、民族风情、唯美赏花、红色文化、地质奇观等为主题,形成自驾车黄金旅游线路,并依托河流、公路、机场及自驾线路设置自驾车营地。

2. 漫游体系

构建贵州省旅游风景道体系建设,结合观光线、休闲度假线、自驾车旅游线、户外运动线等,打通漫游的"毛细血管",形成旅游公路、风景道、遗产道等,形成全域漫游旅游体系。

参考文献

《发展生态旅游促进生态文明——国家旅游局局长邵琪伟在全国生态旅游发展工作会议上的讲话》,《中国旅游报》2008年10月29日。

张辉:《旅游经济论》,旅游教育出版社,2002。

吴敬琏等:《纵论中国经济增长方式转变》,《时事报告》2005年第4期。

吴晓青:《建设生态文明开创生态旅游发展新局面——吴晓青副部长在全国生态旅游发展工作会议上的讲话》,《中国环境报》2008年11月6日。

宋笑飞:《生态文明观浅析》,华中科技大学硕士学位论文,2005。

沈国明:《21世纪生态文明:环境保护》,上海人民出版,2006。

姜春云:《跨入生态文明新时代》,《求是》2008年第21期。

伊武军:《从"人类中心观"到"生态文明观"》,《东南学术》2001年第5期。

郑昌盛:《生态旅游呼唤生态文明建设》,《兰州商学院学报》2006年第2期。

刘延春:《关于生态文明的几点思考》,《林业经济》2003年第1期。

B.8
贵州原生态文化保护、发展、提升及其产业化*

文新宇**

摘　要： 在现代化、全球化的背景下，为应对经济、社会、文化发展的形势，贵州原生态文化同样面临保护、发展、提升的问题，而其提升、发展又涉及产业化的问题。本文针对贵州原生态文化保护、发展、提升存在的问题，分别从理念引导、法律保障、行动措施、文化生态环境的角度提出了突破狭义理解、利用原生态价值，做到保护、发展、提升有法可依，落实八项"重点任务"，保留、培育原生态文化生存的土壤的对策、建议，这些对策、建议对原生态文化产业化提供了另外一种思路。

关键词： 贵州原生态文化　保护　发展　提升　产业化

在现代化、全球化的进程中，人类文化面临着同化、一体化的问题，文化多样性面临前所未有的挑战，各民族原生态民间文化同样也面临消失的历史命运。原生态文化因其自身弱势而需加以保护，因面对现实、无法回避文化土壤无复存在、为了适应需要而变化、发展，因应对现代化、全球化而需

---

* 本文系2014年度贵州省软科学研究项目"贵州原生态文化保护、发展、提升研究"［黔科合体R字（2014）LSK2006号，文新宇主持］的部分研究成果。
** 文新宇，贵州省社会科学院法律研究所副研究员，主要研究方向为文化产业、法律人类学。

自我提升，已变成当下不得已的现实选择。在现代化、全球化的背景下，为应对经济、社会、文化发展的形势，贵州原生态文化同样面临保护、发展、提升的问题，提升、发展又涉及产业化的问题。因贵州是多民族省份，贵州原生态文化保护、发展、提升问题则主要表现为对贵州各少数民族的原生态文化的保护、发展、提升问题。

一 重新认识贵州原生态文化的价值、作用

曾几何时，在建设现代化的过程中，贵州原生态文化曾被当作"原始""落后"而被人为地改造或消灭。在明确建设生态文明、建设民族文化大省、大力发展旅游文化产业的现阶段，贵州原生态文化无疑又获得了一次"新生"，重新被人们认识。原生态文化因其所具有的粗犷、质朴等审美价值和人类文化记忆的稀缺性价值而被重视，被大量地产业化、商业化、舞台化。

从贵州当前各地方关于"原生态"范畴的经济、文化活动的兴起，各地企业的"原生态文化"商业化炒作，以及让我们反过头来关注的那些原生态文化持有群体的生活状态来看，我们都看到"原生态文化"已多方面涉及贵州经济、社会、文化发展。因而，重新认识贵州原生态文化的价值、作用，已为形势所逼。

（一）何谓"原生态文化"

学者们对"原生态文化"的界定进行了广泛探讨，有把时间的维度来研究探讨的，有从空间的维度来研究探讨的，有把时间的维度、空间的维度综合来研究探讨的，甚至有否定原生态文化存在、质疑原生态文化提法的。可以说，对"原生态文化"或"原生态民族文化"概念的认定，众说纷纭，分歧较多。

笔者认为，在提倡文化多样性的当下，在全球化的滚滚洪流中，在贵州这片土地上，原生态文化在边远的少数民族村落却有遗存或保留，实属幸事，因而，我们不能否定"原生态文化"这种文化现象，或者说即使原生

态文化已经消失或正在消失，我们则要更加珍视原生态文化研究的价值和意义。任何文化都是需要建构和解读的，当前的原生态文化同样有这个需要，关于原生态文化的研究才开始，因而对原生态文化则需要更多的学术性包容与理解。有学者认为，应以原生态文化大概念的观点，包容原生态文化概念的模糊性，承认原生态文化存在的现实合理性、通俗性，这是唯物主义者的应有态度。① 或者听听余秋雨教授的观点："原生态是一种状态"，"是当代高层文化对整个文化结构轻重比例进行重大调整的结果，是当代智者的一个非常重要的选择，是我们现在最优秀的文化母体，是我们重新开始学习当代文化的一部教科书"；"只要纯朴村寨的村民其生活方式在基本延续，能保存下来的基本上就是原生态文化"。因此，"在这方面不要用过多的、严格的学术要求去要求那些好不容易打造起来的原生态文化。"②

（二）现代化、全球化进程中需重新认识贵州原生态文化

现代化、全球化是世界发展的大趋势，就贵州来说，有有利的一面，也有不利的一面，有利的一面是信息共享、资源共享、追赶发展，不利的一面是在被卷入全球化中容易迷失自己，而在全球化的趋同发展中如何清醒地保住自己的竞争优势就显得尤为重要。随着时代的快速发展，我们目前已处在一个经济全球化与文化全球化的时代。这种区域一体化的发展是一把双刃剑，虽然可以让落后的地区摆脱贫困、让发达的地区找到可持续发展的新契机，但若是盲目的趋附一体化会使本土化的东西受到冷落甚至趋向消亡。

（三）生态文明建设背景下需重新认识贵州原生态文化

随着国家发改委等六部门批复《贵州省生态文明先行示范区建设实施方案》的实施，贵州省生态文明建设大会在贵阳召开，全面安排部署生态

---

① 张云平：《原生态文化的界定及其保护》，《云南民族大学学报》（哲学社会科学版）2006年第4期。
② 余秋雨：《原生态黔东南的力量》，《原生态民族文化学刊》2009年第1期。

文明先行示范区建设各项工作、任务已在进行。在贵州省开展生态文明建设先行示范，守住发展和生态两条底线，努力实现经济发展与资源环境相协调，具有重要的现实意义和深远的历史意义。[①]

贵州拥有丰富的自然资源和良好的自然生态，是长江和珠江上游的生态屏障。贵州是一个多民族省份，有着丰富的原生态民族文化资源，在各民族的文化传统里，孕育着博大精深的生态文化，对传统的生态文化进行挖掘和利用，对于贵州生态文明建设具有重要意义。

（四）建设民族文化大省需重新认识贵州原生态文化

贵州在全国是非物质文化遗产大省，项目具有鲜明个性和地域特色，这样的文化特征是贵州建立文化强省的强大资源优势，离开了非物质文化遗产和民族民间文化，贵州可能就没有文化优势了。所以增强贵州的文化软实力和提高对外文化影响力，都必须依靠底蕴厚重的非物质文化遗产。在建设民族文化大省，促进各民族文化大发展、大繁荣的当下，我们尤其需要从保护文化的多样性和地方性知识的角度，重新认识原生态民族文化的价值、作用，并加以保护、传承、发展。

（五）大力发展旅游文化产业需重新认识贵州原生态文化

国发〔2012〕2号文件从国家层面赋予了贵州新的战略定位，打造"文化旅游发展创新示范区"，力争成为世界知名、国内一流的旅游目的地、休闲度假胜地和文化交流的重要平台。贵州作为民族文化旅游资源大省，丰富的原生态文化和多民族文化、厚重的历史文化及丰富的民族文化活动成果，为发展文化旅游提供了坚实基础。[②]

如何利用好具有贵州特色的原生态文化，对于挖掘特色文化资源，发展贵州旅游文化产业，促进民族地区转变发展方式，增加农民收入，解决少数

[①] 王斌：《生态文明建设引领贵州可持续发展——〈贵州省生态文明先行示范区建设实施方案〉解读（一）》，《贵州日报》2014年6月11日。

[②] 《国务院关于进一步促进贵州经济社会又好又快发展的若干意见》（国发〔2012〕2号）。

民族地区贫困问题,是当前贵州大力发展旅游文化产业的重要课题。因而,当前如何大力发展旅游文化产业,需重新认识贵州原生态民族文化的价值、作用。

二 贵州原生态文化及其资源状况

贵州的原生态文化资源,按其分类,有各民族的建筑文化、手工艺文化、服饰文化、饮食文化、民族医药文化、酒文化、节日文化、歌舞与戏曲文化、口承经典、宗教文化、习俗、礼俗文化、传统历法、传统体育与竞技等。

关于原生态文化的分类类型,虽然有专家从非物质文化遗产和物质文化遗产两个角度进行分类,但根据这两类进行更多类型细分却没有更多的讨论。凯里学院的傅安辉教授对"原生态民族文化"理论建构的"理论范畴"设想反映了他关于原生态民族文化细分类型的理解,即一个民族关于饮食、服饰、建筑、社交、信仰、人生礼仪、伦理道德、习惯法、舞蹈、器乐、竞技、节日、口承经典等方面的一直得到历史传承、较少受到现代文化冲击的传统文化。[①] 笔者认为,按照当前文化的概念,原生态文化同样在物质文化、精神文化、制度文化三个方面有所涉及,一个民族的饮食、服饰、建筑、器乐等方面属于物质文化的方面,社交、信仰、人生礼仪、舞蹈、竞技、节日、口承经典等方面属于精神文化方面,而伦理道德、习惯法等方面属于制度文化方面。

贵州原生态文化遗产资源丰富,从目前挖掘、整理了一大批具有较高历史、文学、艺术、科学价值的非物质文化遗产资源就可见一斑。目前,贵州省有人类非物质文化遗产代表作名录1项,国家级名录74项(125处),省级名录440项(568处),市(州)级名录1000多项,县(市、区)级名录3000多项;国家级文化生态保护实验区1个、省级文化生态保护区2个,

---

① 傅安辉:《论原生态民族文化》,2014年"多彩贵州"原生态文化国际论坛参会论文。

国家级生产性保护示范基地 3 个、省级生产性保护示范基地 28 个。① 尤其是在贵州这块土地上，在偏远的少数民族村落里，一些在其他地方早已消失的原生态文化，仍有较多遗留和传承，今天被发现、被重视，被提炼成了"多彩贵州"文化中最绚丽的色彩，被列入国家级非物质文化遗产代表作目录，成为中华文化中独特的民族文化瑰宝。

三 贵州原生态文化保护、发展、提升存在的问题

（一）对原生态文化保护、发展、提升的认识不清

1. 为什么保护，为谁保护，如何保护

由于在"为什么保护，为谁保护，如何保护"方面，不同的主体会有不同的认识，文化界、政府、文化持有者、文化经营者、社会大众往往站在各自的立场、角度上去理解和行动，远远没有形成推动原生态文化保护的共同认识和共同行动。

目前，一个最现实的状况是，尽管文化界、政府、文化经营者、社会大众等主体在原生态文化保护上的声音和行动较多，但却往往忽视了一个最核心的问题，就是，原生态文化持有者或者说原生态文化的载体——少数民族群体好像"集体失语"了，作为原生态文化保护、发展的真正主体，我们反而没有听到他们的声音，看不到他们的主体性行动和作用。从一定角度看，少数民族群体作为原生态文化的持有者，他们更有对自己文化保护的发言权，从一个文化发展权益的角度看，他们对待自己文化的态度，需要全社会、政府正确的理解、帮助。

2. 没有辩证、系统、动态地对待原生态文化的保护、发展、提升

当前，如何对待原生态文化的保护、发展、提升的问题，需要综合政

---

① 中共贵州省委办公厅、贵州省政府办公厅于 2014 年 5 月 21 日联合印发《贵州省非物质文化遗产保护发展规划（2014～2020 年）》。

府、文化持有者、文化经营者、社会大众的立场、角度、诉求来权衡，不能带有任何偏颇，是一个辩证、系统、动态的工程。但实际情况是，文化经营者往往过于追求商业利益而过度商业化、舞台化开发；原生态文化持有者因其参与市场的弱势或因开发者对他们文化的不尊重和破坏而迷茫于文化的发展、提升，也失去自我保护的动力；政府有时往往重开发轻保护，讲政绩而忽视自身职能，把学术界的保护性开发、保护开发并重等对策、建议置若罔闻；作为文化消费者的社会大众没有在正确的价值观引导下"快餐式消费"、"猎奇式欣赏"原生态文化，这些种种现状，都需要加以改变。缺乏辩证、系统、动态的观念和行动，原生态文化的保护、发展、提升，只会是一句空话。

（二）缺乏规范、约束、激励、监督的法律保障体系

当前，正是由于我国原生态文化保护、发展、提升缺乏规范、约束、激励、监督各社会主体行为的法律保障体系，没有从法律层面来规范、约束、激励、监督各个社会主体对待原生态文化的行为，是原生态文化保护、发展、提升存在种种困难和问题的根源和重要原因。

当前，虽然我们有国家层面的非物质文化遗产保护的法律，省级层面的非物质文化遗产保护的地方法规，但同时，我们也看到各个层面上的法律法规的缺陷和不足，一个关于非物质文化遗产或原生态文化保护、发展、提升的法律保障体系远远没有形成。

（三）政府在保护、发展、提升方面的主导性不够

就目前看，政府在原生态文化保护、发展、提升方面的主导性不够，致使原生态文化保护、发展、提升方面还存在许多问题。比如，原生态文化保护、传承、发展措施相对单一、滞后，导致部分原生态文化来不及抢救并迅速消失；体制、机制还不够健全，政府之间整合资源、形成合力开展工作，并引导社会广泛参与原生态文化保护、发展、提升的局面还没有完全形成；政府在对待非物质文化遗产上存在"重申报、轻保护"现象；

涉及原生态文化保护、发展、提升的机构建设和人才队伍建设亟须强化；在原生态文化保护、发展、提升方面的经费投入特别是基层政府投入力度不够。

（四）原生态文化保护、发展、提升的社会参与不强

从一定角度看，原生态文化理所当然地是全世界、全人类、全社会的文化遗产、可使用的资源。当从人是理性经济人、会趋利避害的自利一面来看，社会上人人想当然地搭上参与欣赏、消费、利用原生态文化的"便车"，但在带有"成本"的对原生态文化的保护行动中，却显得热情不够，参与性不强。

（五）少数民族群众保护、发展、提升的动力不足

当前贵州的少数民族村落，即使再偏远，其乡土性特征也在现代经济、社会发展的大潮中逐渐弱化，居住乡间村里的少数民族群众在外出务工、经商、旅游的过程中，逐渐改变和淡化了传统的观念，生计方式也变得多样，不再完全以农耕为唯一的生产、生活方式，社会组织机制也逐渐地松动，从而致使原来适应于传统村落生活的原生态文化逐渐衰落、消失。与政府、专家对原生态文化保护的担忧和开展大量工作形成反差的是，少数民族群众好像对原生态文化保护、发展显得不怎么热情和"买账"，比如，政府认为村落里的老的木房子不要拆掉来建钢筋混凝土的砖房，而村民却相互攀比修建"不洋不土"的砖房。可见，少数民族群众对原生态文化保护、发展、提升的动力明显不足。

四 贵州原生态文化保护、发展、提升的对策、措施

就以上贵州原生态文化保护、发展、提升存在的问题，下面分别从理念引导、法律保障、行动措施、文化生态环境的角度提出突破狭义理解、利用原生态价值，做到保护、发展、提升有法可依，落实八项"重点任务"，保

留、培育原生态文化生存的土壤的对策、建议，这些对策、建议对原生态文化产业化提供了另外一种思路。

（一）理念引导：突破狭义理解，利用原生态价值

贵州的省情是"欠开发"、"欠发达"，但贵州还有另外一个省情，就是自然生态良好、气候条件较好、冬无严寒夏无酷暑，是最适合人类居住的地方；同时贵州的原生态民族文化绚丽多彩，是人类文化的重要遗产，在全球化的背景下，作为人类文化记忆的原生态文化，在贵州这片土地上越来越显示出她的魅力。当下在贵州，更应该顺应人类发展大趋势，并在全球化背景下，思考贵州的经济、社会、文化的发展方向。21世纪的今天，"原生态"在全球、全国成了关注点，成了一种向往和追求，本身就非常"原生态"的贵州，应该抓住这千载难逢的机遇。从目前来看，贵州要保住发展和生态两条底线，"原生态"在贵州正成为一种发展理念，尤其是在文化多元化呼声下贵州文化特色的一张最亮的牌。

当下，顺应大潮中也有对"原生态"的质疑声音，正如人类语言的局限性无法诠释世界的奥秘一样，"原生态文化"也许不是一个最科学的用词，但在目前，仍然没法找到一个更合适的用词代替它，只是"原生态"这一用词已有了使用的习惯，"原生态"已成了品牌，具有了价值。当前的贵州，不必在乎更多质疑，既要认识"原生态"的价值，又要突破"原生态"狭义的阐述。

同时，在文化创意领域，在品牌建设领域，在旅游文化产业，充分利用原生态价值，以助推贵州的大跨越、大发展。

因而，在贵州决策高层，保护、发展、提升、产业化正成为"原生态文化"的四个关键词，因为原生态文化符合未来发展，所以保护它，为了更好利用原生态的价值，所以提升它，而产业化是发展、提升的重要抓手和途径。对原生态文化进行保护、发展、提升和产业化，符合文化持有者的利益，更符合贵州整体发展的需要。

（二）法律保障：做到保护、发展、提升有法可依

1. 完善非物质文化遗产保护法律体系

（1）国家立法的完善

国家立法的完善主要围绕《非物质文化遗产法》及其配套法律展开，主要体现为以下几个方面：

其一，从立法宗旨上更加明确该法在规范、约束、激励、监督各个社会主体、利益主体的行为、形成统一社会行为、推动非物质文化遗产保护事业发展，尤其是除了主要规范和明确了政府部门在非物质文化遗产保护上的职责、职能、责任外，还要明确文化持有者、文化经营者、社会大众等主体在非物质文化遗产保护行为上的规范、激励、约束、监督，不能缺漏相应法律主体。

其二，除了对非物质文化遗产传承人权利、义务、职责加以明确规定之外，对涉及非物质文化遗产保护的其他各主体，包括作为文化主体（持有者）的少数民族群体，以及在非物质文化保护过程中，所涉及的对非物质文化遗产进行整理的人（即整理者）、进行改编的人（即改编者）、进行创作的人（即艺术再创者）、进行商业经营的人（即经营者）等其他主体，该法应明确他们的行为在哪种情况下是对非物质文化遗产的保护，在哪种情况下是对非物质文化遗产的损坏、破坏，法律鼓励什么、禁止什么应该非常明确。在开发和保护矛盾激化的当下，对防止因使用不当、开发过度造成非物质文化遗产过快消失的情况，在该法中应得到体现。

其三，进一步细化侵犯权利主体的侵权责任。缺乏法律责任的法律没有法律应有的效力。

其四，尽快出台《非物质文化遗产法实施细则》，具化非物质文化遗产保护各项制度，以增强其现实可操作性；抓紧出台《非物质文化遗产生产性保护扶持政策》《非物质文化遗产传承人保护指导意见》等指导性文件；尽快建立配套法律制度，如集中管理制度、财政补贴制度、登记注册制度、

利益分享制度等。①

(2) 加快贵州非物质文化遗产法规的制定、完善、实施

首先,制定地方非物质文化遗产法律法规,要有的放矢,而不是照搬、照抄。贵州省少数民族数量众多、原生态文化(非物质文化遗产)特色鲜明、种类丰富多样,应在制定、完善非物质文化遗产法律法规的过程中,得到充分体现。

其次,地方立法往往"重立法、轻实施",以致所制定相关法律的实效不明显。因此,要重视贵州非物质文化遗产法规的实施。同时,建立健全法律实施跟踪评价机制,以准确评估非物质文化遗产法律法规的实施情况,以掌握法律实施的社会效果。

2. 加强知识产权保护,促进发展和创新

民族民间文化在历史的长河中本来就是在不断发展和注入新的元素的,相对于当下的创意、发明等知识产权角度的创新只是程度的不同。那些艺术再创者、文化经营者借助现代市场经济的创意方式把民族民间文化改造、创新后形成高价值的文化产品,产生了经济效益后,通过知识产权的形式返还一定比例经济收入给少数民族群体的做法,是一种互利共赢的商业行为,一定程度上也是在帮助少数民族发展。而且,适当的传统文化进入市场产生经济收入,会适当激发少数民族群体发现新形势下传统文化的"有利"、"有用",激发他们保护的动力和热情,传统文化才得以传承、发展。

同时,还要利用知识产权法律制度,加强对利用原生态文化进行创作形成的艺术、美术作品的版权保护,促进原生态文化的产业化和生产性转化,加大原生态文化产业化当中衍生文化产品的版权、商标保护力度,形成一批拥有自主知识产权的原生态文化知名品牌。鼓励以版权、商标、专利及专有技术商业秘密等无形资产评估作价出资或参股组建文化企业,大力发展文化、创意产业。

---

① 辛纪元、吴大华、吴纪树:《我国非物质文化遗产法律保护的不足及完善》,《贵州社会科学》2014年第9期。

（三）行动措施：八项"重点任务"

当前，《贵州省非物质文化遗产保护发展规划（2014～2020年）》（以下简称为该规划）从贵州省的高度，站在顶层设计的视角，对贵州省的非物质文化遗产工作做出了全面而深刻的部署，为贵州未来7年的"非遗"保护描绘了时间表和路线图。把非物质文化遗产的保护从过去的部门工作上升为贵州省行动，这对于"非遗"大省贵州而言，毫无疑问，是具有里程碑的战略意义的。[1] 该规划对贵州省非物质文化遗产保护发展特别明确了八项"重点任务"。鉴于原生态文化与非物质文化有重合性，原生态文化既包含建筑、服饰、饮食、器物、手工艺、农耕等方面的物质文化，同时也包含节日、歌舞、戏曲、宗教、习俗、礼俗、传统体育与竞技等非物质文化，贵州省非物质文化遗产保护发展的八项"重点任务"，亦可以视为贵州省原生态文化保护、发展、提升的八项"重点任务"。依据该规划中八项"重点任务"在项目分类、具体目标、时间安排、牵头单位、责任单位、配合单位方面的细化，[2] 我们同样可以参照用于细化贵州省原生态文化保护、发展、提升的"重点任务"。笔者认为，当前贵州原生态文化保护、发展、提升的八项"重点任务"具体为：原生态文化深度调查及数据库建设、原生态文化整体性保护和生产性保护、原生态文化保护人才培养、原生态文化保护理论研究、原生态文化合理利用、原生态文化精品创作、原生态文化系列活动及品牌建设、原生态文化展示交流平台建设。

（四）文化生态环境：保留、培育原生态文化生存的土壤

首先，改善传统村落的生态环境，转变少数民族群众传统的发展观念，提升他们利用优秀传统民族文化进行生计的能力，把传统村落改善和创造成

---

[1] 唐子：《非遗保护的"贵州经验"探索：写在〈贵州省非物质文化遗产保护发展规划（2014～2020年）〉出台之际》，《贵州民族报》2014年6月12日。
[2] 中共贵州省委办公厅、贵州省政府办公厅于2014年5月21日联合印发《贵州省非物质文化遗产保护发展规划（2014～2020年）》。

适宜原生态文化保护、发展、提升的环境和土壤。当前,发展民族文化村寨旅游是改善和创造成适宜原生态文化保护、发展的环境和土壤重要形式。

其次,通过政府、社会力量来保护、发展、提升原生态文化,也是改善和创造原生态文化保护、发展、提升的环境和土壤的重要形式。原生态文化、非物质文化遗产是少数民族的资源和财富,也是全人类、全社会的资源和财富,要借助全社会的力量来参与原生态文化的保护、发展、提升。

2014年7月,"多彩贵州"国际原生态文化大汇在贵阳市进行了展演,取得了相当成功,是一个质量高、影响大、群众反响好的重大原生态文化活动,也是借助全社会力量发展、提升原生态文化的重大举措。随着下一步"多彩贵州"国际原生态文化大汇活动的继续开展以及相关原生态文化活动的增多,在全社会形成原生态文化保护、发展、提升的环境和土壤就有望实现。

(五)激发文化主体保护、传承、发展的动力

首先,政府应最大限度地给予文化持有者以引导与支持,通过经济保障、社会声望和社会地位的提升,形成重视传承、激励传承的机制与社会氛围,确保文化的持有者能正常开展传承工作。[①] 少数民族群众作为原生态文化持有者,应强化自觉传承的意识,积极承担原生态文化的传承任务,积极参与原生态文化的展览、展演、交流等活动。同时,随着时代发展、社会变迁,也要把握文化的发展规律和属性,进行自觉改良、提升,使原生态文化得以发展,满足少数民族精神文化的需要,满足于自身发展的需要。

其次,充分利用好"民办公助"等扶持政策、制度,通过举办参与性很强的传统文化活动,促使少数民族恢复举办传统节日,形成浓厚的原生态文化氛围,真正调动起文化持有者参与的积极性,充分展示原生态文化,让原生态文化得到较好的传承、发展。

---

① 吴平:《少数民族生态文化生成风险与传承危机对策研究——以贵州黔东南为例》,《原生态民族文化学刊》2012年第4期。

B.9
生态文明视野下贵州特色民族文化的保护与开发

——兼论佛教文化本土化的经验及启示*

张博文 毛锦茹**

摘　要： 佛教自西汉末年传入我国以来，秉承众生平等、惠及天下苍生的大慈悲心怀和超脱世俗、追求和平、幸福、智慧的不凡境界，很快便从宗教、艺术、文学诸领域与本土的儒家、道家文化相融合。历经两千年传播、传承和演变、发展，佛教逐渐融入本土文化，汇聚形成我国儒、释、道三位一体的文化格局，凸显了中国传统文化一体多元、合和共存的价值理念和包容精神。一方面，佛教对于人们向往和平、幸福、智慧的价值追求的积极引导和众生平等、因果轮回的人生感悟，与生态文明倡导的人与自然、经济建设与环境保护之间和谐发展具有内在的一致性，契合了经济社会可持续发展的价值理念，对于城镇化背景下贵州特色民族文化的保护，具有重要的启迪意义。另一方面，佛教文化本土化的经验及做法，对于城镇化背景下贵州特色民族文化的开发，具有重要的借鉴意义。

关键词： 生态文明　佛教文化　特色民族文化　保护　开发

---

* 贵州省高等学校人文社科研究基地项目"城镇化背景下贵州民族传统文化保护与开发研究"（批准号 JD2014099）阶段性研究成果。

** 张博文，贵州财经大学西部现代化研究中心副主任，教授，博士，研究方向为高等教育管理（教育与反贫困）、社会现代化理论；毛锦茹，贵州财经大学经济学院教师，研究方向为高等教育管理、公共治理与社会现代化。

对于贵州民族传统文化来说，特色民族文化是核心，是灵魂，也是最具有生命力、最具有创新精神和发展潜力的文化遗产。如何保护与开发贵州特色民族文化，不仅关系整个贵州民族传统文化的传承和发展，而且是确保贵州民族地区经济社会可持续发展、实现全面建成小康社会奋斗目标的关键。这里，结合佛教文化本土化的经验及做法，探讨生态文明视野下贵州特色民族文化的保护与开发问题，具有重要的理论和现实意义。

一 生态文明与佛教文化的价值理念

所谓生态文明，指的是人类文明的一种形式。就是说，它与单纯强调物质文明或精神文明不同，而是着眼于人类的未来发展，强调的是以尊重和维护生态环境为手段，实现人与自然、经济建设与环境保护之间的和谐发展，体现了后工业化时代人类文明发展的新要求。就是说，生态文明与物质文明、精神文明并存，是一种可持续发展的文化观念和价值理念，是人类文明的新形式。

作为人类文明的新形式，生态文明与作为一种宗教性的精神存在的佛教文化，在价值取向上具有内在的一致性。就是说，从价值取向上看，佛教文化尽管诞生于古代印度所处的农业社会、与耕战结合和注重休养生息的农耕文明有着内在的联系，但其所倡导的众生平等、普度众生、行善积德、因果轮回、现世报应等一系列价值理念和修行戒律，恰恰与生态文明强调的尊重和维护生态环境、人与自然和谐、经济建设与环境保护协调发展是相通的，具有价值理念的一致性。

事实上，自西汉末年佛教传入我国以来，它之所以能够很快融入中国传统文化，与上述价值理念对于中国传统农业社会和农耕文明的尊重与维护，有着必然的联系。正是佛教秉承了众生平等、普度众生、惠及天下苍生的大慈悲心怀和追求和平、幸福、智慧的不凡境界，使其很快便从宗教、艺术、文学诸领域与本土的儒家、道家文化相融合，历经近两千年传播、传承和演变、发展，逐渐融入本土文化，汇聚并形成我国儒、释、道三位一体的文化格局，凸显了中国传统文化一体多元、合和共存的价值理念和包容精神。

由此可见，生态文明与佛教文化在价值理念上是相通的。从某种意义上讲，佛教文化是一种生态文明的具体形态或存在形式。"生态文明"相对于佛教文化而言，是一个新词汇，人们对其内涵和实质的理解远不如佛教文化来得更容易一些。因此，借用一些更为世俗化的形式，比如佛教宗教化的戒律、仪式及其赖以传播的宗教语言、宗教文学、宗教艺术等文化载体，作为生态文明的宣传手段或具体实现形式，并融入贵州特色民族文化的挖掘、整理和传承、保护中，无疑将有助于生态文明视野下贵州特色民族文化的保护和开发。因此，在分析生态文明与佛教文化关系的基础上，进一步探讨生态文明建设与佛教文化本土化的主要经验及启示，对于生态文明视野下贵州特色民族文化的保护与开发，具有重要的理论启迪和现实借鉴意义。

二 生态文明建设与贵州特色民族文化的保护

相对于贵州特色民族文化的保护问题而言，生态文明建设的主要经验及启示，更具有理论启迪意义。作为生态文明的一种具体形态或存在形式，佛教文化在中国的传播与传承不仅仅发展了宗教、艺术和文学等文化载体，而且更体现了生态文明建设的核心价值理念。比如，佛教文化对于人们追求和平、幸福、智慧的价值引导，以及对于众生平等、因果轮回的人生感悟，与生态文明建设倡导的人与自然、经济建设与环境保护之间和谐发展，具有异曲同工之妙。就生态文明建设而言，佛教文化以其传播手段和传承形式的世俗化、大众化，契合了经济社会可持续发展的价值理念，对于加强生态文明建设、促进贵州特色民族文化的传承和保护具有重要的启迪意义。毕竟，佛教文化在传播与传承的过程中非常注重贴近生活、贴近实际，尤其重视官方的支持和满足政治统治的现实需要。比如，佛教在南朝和唐代初期两次大规模兴起，就是与官方支持分不开的。实际上，官方的支持，尤其是皇家对于广建庙宇、大兴佛教的热衷和巨额投资，是有原因的，主要是通过佛教教化抚平战争创伤、满足维护统治秩序的现实政治需要。为了弘扬佛教文化，促进佛教的传播与传承，与寺庙建筑布局和宗教活动有关的宗教艺术、宗教仪式、宗教戒律、宗教文学等各种形式的文化载体相继被发展起来，可以说是异彩纷呈。与古印度佛教传播与传承过程中结集活动相类似，佛教文化在我国传播与传承主要是借助咏诵经文、讲经说法、佛法大辩论、举办重大的法事活动等实践平台加以实现的。佛教文化传播与传承的经验和做法启示我们，加强生态文明建设，促进贵州特色民族文化的传承和保护，也应该像佛教传播和传承那样，根据经济社会发展的实际情况，搭建必要的实践平台和文化载体。具体说来，至少应该做到以下几点：

首先，将生态文明理念融入文化旅游创新区建设，挖掘贵州特色民族文化的新亮点。加强生态文明建设，最为重要的是思想观念转变，尤其是发挥生态文明新观念的渗透、扩散其所倡导的价值理念对于旅游发展的牵引功能，进一步厘清思路。根据《国务院关于进一步促进贵州经济社会又好又快发展的若干意见》，已明确了贵州旅游发展的战略定位，即"将贵州打造成文化旅游发展创新区"，"建设成为世界知名、国内一流的旅游目的地、休闲度假胜地和文化交流的重要平台"。之所以如此定位，是基于贵州独特的人文优势和自然环境优势的现实考虑。其中，温凉多雨的气候条件、洁净而少有污染的空气、优美的自然景观和众多令人流连忘返的山水风光，构成了贵州独特的自然环境优势，这些是显而易见的。然而，贵州独特的人文优势，尤其是独具匠心、巧夺天工的民族民间工艺和服饰文化，以及具有地方特色的风味小吃和众多富含深厚文化底蕴的节庆活动，所有这些特色民族文化的挖掘、整理和高品位包装，并未引起足够重视，远未进入资源的深度整合和开发的视野。至少可以说，目前对于文化旅游创新区的建设，尚未从人类自然生存状态的回归、终极的人文关怀等生态文明建设的价值取向和理念，来审视文化建设与经济发展的关系。当前，推进贵州文化旅游创新区建设，必须融入生态文明的价值理念，真正将文化建设特别是特色民族文化的整合和开发作为经济发展新的增长极。毕竟，贵州文化旅游发展的看点在于活的"文化"、亮点在于文化的"特色"。因此，只有基于生态文明的新理念、新视野，致力于文化资源深度的整合和有效开发，才能挖掘更多特色民族文化的新亮点。

其次，瞄准经济社会发展新需求，搭建有利于贵州特色民族文化传承和保护的平台。节能减排、绿色环保的生态文明理念已开始渗透到人们的观念，对于人们外出旅游、公务和商务旅行产生广泛而深刻的影响，使诸如太阳能、风能路灯制造和节能炉灶生产之类的新型节能环保产业正在悄然兴起。新型节能环保产业的发展正体现了经济社会发展需求的新变化，代表着人类未来的希望和发展方向，是对于生态文明建设的经济呼应。相比之下，文化呼应、文化建设作为未来经济发展的增长极，更应该在加强生态文明建设、促进特色民族文化的传承和保护方面有所突破！为此，应依据经济社会发展新的需求，像佛教倡导的乐善好施美德和戒杀生、戒色、戒妄念等一系列的自我约束机制那样，通过搭建诸如自行车绿色环保行、素食运动、贫困生爱心捐赠、大学生"三下乡"与助教兴智行动、志愿者活动等一系列践行生态文明与和谐发展的新理念的文化实践平台，将贵州特色民族文化的资源整合与开发引向返璞归真的自然本质和原生态，力戒劳民伤财的政绩工程和人为包装对于文化的灾难性破坏乃至毁灭。可见，推进贵州文化旅游创新区的建设，除了理念的创新和对于旅游发展的牵引，还应促进旅游、文化、教育的互动发展，搭建一系列践行生态文明与和谐发展新理念的实践平台。毕竟，旅游、文化与教育的互动发展日益成为少数民族文化传承、保护的有效形式和重要途径，[①] 也是贵州文化旅游创新区建设的重大战略举措。因此，只有从贵州经济社会发展的实际出发，在旅游、文化与教育之间互动发展中践行生态文明新理念，不断增强旅游创新发展的文化自觉，才能搭建越来越多的实践平台，共同致力于特色民族文化的传承和保护。

最后，进一步拓展特色民族文化的视野，发展具有多种表现形式和功能的文化载体。生态文明固然强调的是对环境和人类可持续发展能力的保护，但这种保护是以发展为前提的，绝非片面地保持现状或僵化地对待发展而故

---

① 张博文：《少数民族文化传承、保护与高等旅游教育特色化发展研究》，《民族教育研究》2008年第5期。

步自封、抱残守旧。秉承生态文明建设新理念，意味着发展要有一个新思路、新视野。对于贵州特色民族文化传承和保护来说，应该拓展新视野，将特色民族文化保护与开发结合起来，通过"开发中保护民族文化的独特性、稀有性和创新能力"和"保护中开发民族文化的多样性、适应性和生存能力"，实现保护与开发的双赢并举。为此，应根据城镇化背景下贵州特色民族文化传承和保护的新要求，将城乡文化融合、城乡居民互动作为文化建设重点，通过各类文化实践平台，发展诸如社区演唱会、广场舞、恳谈会、聚餐会、风情酒吧、文化沙龙等多种表现形式和功能的文化载体。毕竟，作为凝聚民族共同体的精神力量和环境氛围，特色民族文化是借助一定的实践平台、利用各种具有不同表现形式和功能的文化载体加以孕育和形成的。因此，围绕文化旅游创新区建设，加强生态文明建设，促进贵州特色民族文化传承和保护，应拓展思路和视野，将特色民族文化的传承、保护与创新、发展联系起来，根据城镇化对文化建设的要求，发展各种形式和功能的文化载体。只有这样，才能使特色民族文化的保护性开发与开发性保护有机统一，实现保护与开发的双赢并举。

三 佛教文化本土化与贵州特色民族文化的开发

相对于贵州特色民族文化的开发来说，佛教文化本土化的经验及启示更具有现实借鉴意义。作为一种外来文化，佛教从传入中国开始，就面临着如何与儒家和道家等本土文化相融合、实现本土化的问题。历史地看，佛教文化本土化经历了南朝和唐代的辉煌之后，在宋元时期开始走向世俗化，至明代，世俗化成为佛教最为显著的特点。① 其中，宋代佛教文化的儒化对后来世俗化发展产生了深远影响。这里，所谓佛教文化的儒化，主要是指宋代佛教文化的本土化内涵和特征，即一方面，吸收当时儒家心性理论，将原始佛教文化本体论意义上的"如来藏清净心"转变为现实的人心，认为"万法

---

① 贾东丽：《明代佛教文化的世俗化与晚明拟话本的互动》，华中科技大学硕士学位论文，2006。

唯心"，充分发挥个人"心"的主动性，为宋代佛学重视心灵的超越、清净奠定了理论基础；另一方面，吸收儒家孝道、忠义、爱国等理论，开始关注世间秩序，并以儒家文化观念比附佛教理论，以此调和儒佛，具有了明显的伦理化和调和性特征。① 实际上，儒学作为一种世俗性文化，强调的是"入世"态度，比道教文化和佛教文化更为强调世俗社会的治理和对现实生活的关注；道教文化和佛教文化作为一种宗教性文化，持"出世"态度，讲求的是一种个体精神生活的虚灵空净与超凡脱俗。② 佛教文化本土化过程中的儒化反映了儒学的深刻影响，由此必然导致佛教文化世俗化，使其更加贴近社会现实和实际生活，在继续为人们的心灵提供"精神抚慰"的同时，更为符合维护统治秩序的现实政治需要。佛教文化本土化的经验和做法启示我们，任何一种文化的创新和发展都离不开现实的土壤，应结合经济社会发展的实际情况，按照不同文化的秉性、资源开发的特点和规律，满足社会发展的现实政治需要和个人精神生活的慰藉。对于贵州民族传统文化尤其是特色民族文化来说，文化的开发实际上是围绕文化的创新与发展逐渐展开的。

　　首先，立足贵州特色民族文化开发的实际情况，将扎根民族地区经济社会发展现实土壤作为文化创新与发展的目标和任务。调查中，笔者发现，目前，贵州特色民族文化开发的"特色"缺失，导致文化的同质化和空心化，对文化的多样性产生了巨大破坏。"文化多样性是人类文化繁荣发展的重要前提"③，"正是各个民族文化的存在和发展，以及不同文化之间的交流和融合，才使文化在各个历史时期呈现出色彩缤纷的多样性"④，"但是，现代技术的发展和强势主流文化的冲击正在改变着少数民族文化传承的环境，使文化多样性受到前所未有的严重威胁"⑤。于是，少数民族文化传承和保护普

---

① 魏立艳：《佛教文化与宋传奇》，华中科技大学硕士学位论文，2004。
② 林剑：《是三教并立，还是一学独尊？》，《江汉论坛》2013年第12期。
③ 张博文：《少数民族文化传承、保护与高等旅游教育特色化发展研究》，《民族教育研究》2008年第5期。
④ 王芳：《文化多样性：民族教育滋生的土壤》，《当代教育论坛》2007年第9期。
⑤ 张博文：《少数民族文化传承、保护与高等旅游教育特色化发展研究》，《民族教育研究》2008年第5期。

遍遇到"诸如文化趋同化发展、个性缺失和民族教育滞后、商业化及现代生活方式冲击等问题，导致少数民族文化的生存和发展面临着严峻挑战"[①]、"一些民族歌谣、曲艺、传说等开始失传，一些精湛的民族工艺和建筑开始衰微，一些有利于培养人类美德的传统礼仪和习俗被逐渐废弃等"[②]。进一步加以分析，当前贵州特色民族文化的开发之所以会缺失"特色"、导致文化同质化和空心化，根本原因在于脱离实际，无视文化多样性的极端重要性，盲目地克隆旅游文化产品或只是简单地移植文化旅游项目，没有真正地扎根民族地区经济社会发展现实土壤！如上所述，佛教文化本土化的一个极其重要经验，就是从实际出发，通过与儒家文化、道教文化等本土文化之间的交流和融合，深深扎根中国社会生活的现实土壤。与中国本土文化的交流和融合，不仅没有消弭佛教文化特性和价值理念，反而使佛教文化更加发扬光大、彰显自身作为一种精神性存在的特色和价值，得到广泛的传播和两千年的传承！因此，特色民族文化开发也必须从实际出发，善于学习、借鉴外来优秀文化，融合其合理的文化内核，用以创新和发展自己的文化特色，使自身更深入实际、深入生活、深入脱贫致富的社会现实。只有扎根民族地区经济社会发展的现实土壤，才能避免文化同质化和空心化，确保贵州特色民族文化异质、异域意义上的独特性和稀有、唯一意义上的民族性，从而不断增强特色民族文化的影响力和生命力。可见，扎根民族地区经济社会发展的现实土壤是文化创新与发展的目标和任务，也是贵州特色民族文化开发的必然选择。

其次，针对贵州特色民族文化开发休闲性、适应性特点，将实现与旅游、教育的互动发展作为文化创新与发展的路径选择。扎根民族地区经济社会发展现实土壤，意味着特色民族文化不仅是民族的，也是有特色的。民族的就是世界的，是讲文化的影响力。特色是文化的内核、精华和灵魂，反映的是文化的生命力。对于特色民族文化开发来说，一方面，必须把握人们对

---

① 张博文：《少数民族文化传承、保护与高等旅游教育特色化发展研究》，《民族教育研究》2008年第5期。
② 王希恩：《论中国少数民族传统文化现状及其走向》，《民族研究》2006年第6期。

特色民族文化进行品味、感悟和体验的休闲需求,将特色民族文化作为一种稀缺的旅游商品或文化旅游品牌加以精心打造和高品位包装,发挥特色民族文化的休闲功能,以满足旅游者观光、度假、猎奇、探险、走亲访友等精神层面的休闲需求。另一方面,必须把握特色民族文化建设与经济社会发展的契合点,将特色民族文化作为一种教育资源加以整合和开发,发挥特色民族文化的育人功能,以适应经济社会发展对于人才和智力支持的迫切要求。针对特色民族文化开发具有休闲性、适应性的特点,要对特色民族文化进行资源的深度整合和有效开发,就必须围绕"一个中心、两个基本点",实现文化与旅游、教育的互动发展。具体说来,"一个中心"就是"扎根民族地区经济社会发展的现实土壤","两个基本点"就是"扩大特色民族文化影响力,保持特色民族文化生命力",这是文化创新与发展的目标和任务。至于实现文化与旅游、教育之间互动发展,作为文化创新与发展的路径选择,主要采取两种方式,即一是通过旅游的方式,使特色民族文化在与外来文化的相互交流碰撞和跨域、跨文化体验中实现横向扩散、传播,扩大特色民族文化影响力;二是通过教育的方式,使特色民族文化在与外来文化的相互比较借鉴和学习选择中实现纵向延续、传承,保持特色民族文化生命力。

最后,着眼贵州特色民族文化开发的人文关怀,将精心打造和谐、安全、绿色文化旅游品牌作为文化创新与发展的根本标志。文化是为人服务的。因此,特色民族文化开发要关注和考虑人的需要,要具有人文关怀和文化底蕴。毕竟,文化的创新与发展最终要落实到项目的策划和产品研发上。这里,衡量项目策划优劣、产品质量高低的根本标准是人的需要,即要看项目策划能否把握人的需要,将人的休闲需求充分考虑进去,加以规划和设计,从而形成一个比较科学、可行的项目实施方案;要看产品研发能否满足人的需要,将人的休闲需求的实际满足转化为技术性问题,加以研究和开发,从而形成一个能够满足人的需要的产品。只有基于人的实际需要,着眼人文关怀,才能将文化的创新与发展引向高水平项目策划和高质量产品研发。因此,精心打造和谐、安全、绿色的文化旅游品牌,是特色民族文化开发的最终成果,也是文化创新与发展的根本标志。

行业与区域发展篇

Industrial and Regional Development Report

B.10
2015年区域文化产业发展报告

王 前*

摘　要：　2014年，各市州积极适应后发赶超、加快全面小康建成，坚持既要"赶"又要"转"为主要特征的贵州经济新常态，围绕"5个100工程"，加快十大文化产业园区与十大文化产业基地建设，强力推进文化与旅游深度融合发展，积极发展文化创意产业，重点以深圳、西安文博会为对外开放平台，加快文化产业"走出去"步伐，加大文化产业招商引资力度，推进重点项目建设，各市州文化产业仍然保持高速发展，文化产业增速均远远超过各地生产总值增速。进入2015年，随着贵州省工业强省战略进一步有力实施，"5个100工程"建设加快，大数据产业的培育发展助推文化产业发展的效应显

---

* 王前，贵州省社会科学院贵州文化产业发展研究中心副主任，研究方向为区域经济、产业经济、文化产业。

现，文化产业与其他产业进一步融合发展，各市州文化产业将继续保持高速发展态势。

关键词： 文化产业　区域　市州

一　总体情况

2014年贵州区域文化产业，总体仍然虽呈现高速发展态势，但仍以省会城市贵阳市与次中心城市遵义市引领发展，区域间发展仍然不平衡。从增加值与增速来看，贵阳市文化产业增加值位居贵州省首位，达92.72亿元，比上年增加30.80亿元；增速达49.7%，六盘水市增加值为28.25亿元，比上年增加4.49亿元，增速达19%，遵义市增加值为54.94亿元，比上年增加14.56亿元，增速达36%，安顺市增加值为20.6亿元，比上年增加10.39亿元，增速（翻番）达100%，毕节市增加值为18.44亿元，比上年增加3.74亿元，增速达25%，铜仁市增加值为14.62亿元，比上年增加4.5亿元，增速达44%，黔西南州增加值为13.92亿元，比上年增加4.77亿元，增速达52%，黔东南州增加值为28.07亿元，比上年增加6.92亿元，增速达33%，黔南州增加值为25.28亿元，比上年增加6.95亿元，增速达38%。增速最高的是安顺市，增速（翻番）100%，此外超过贵州省平均增速41%的还有贵阳市、铜仁市、黔西南州，增速最低的是六盘水市19%。从各市州2014年文化产业增加值占贵州省比重来看，贵阳市占31.23%、遵义市18.5%、六盘水市9.51%、黔东南州9.45%、黔南州8.51%、毕节市6.21%、安顺市6.9%、铜仁市4.92%、黔西南州4.68%，其中贵阳、安顺、铜仁、黔南的文化产业增加值占贵州省的比重均比2013年有所上升，上升最快的为安顺市，超过2个百分点。从2014年文化产业增加值占各地GDP比重来看，贵阳市3.71%、六盘水市2.71%、遵义市2.93%、安顺市3.96%、毕节市1.46%、铜仁市2.26%、黔西南州2.07%、黔东南州4%、黔南州3.15%。最高的是黔东南州，占比为4%，各地文化产业增加值占其GDP比重超过3.21%的贵州省水平的市、州有贵阳市、黔东南州、安顺市三个地区（见表1）。

表1 2013~2014年各市（州）文化产业增加值及占比情况

单位：亿元，%

地区名称	2013年文化产业增加值	各地文化产业增加值占贵州省比重	文化产业增加值占各地GDP比重	2014年文化产业增加值	各地文化产业增加值占贵州省比重	文化产业增加值占各地GDP比重	文化产业收入
贵州省	209.72	100.00	2.62	296.85	100.00	3.21	705.68
贵阳市	61.92	29.53	2.97	92.72	31.23	3.71	298.98
六盘水市	23.76	11.33	2.69	28.25	9.51	2.71	35.84
遵义市	40.38	19.25	2.55	54.94	18.50	2.93	115.48
安顺市	10.21	4.87	2.38	20.60	6.90	3.96	44.55
毕节市	14.70	7.01	1.41	18.44	6.21	1.46	36.31
铜仁市	10.12	4.83	1.89	14.62	4.92	2.26	32.70
黔西南州	9.15	4.36	1.64	13.92	4.68	2.07	24.44
黔东南州	21.15	10.08	3.61	28.07	9.45	4.00	58.42
黔南州	18.33	8.02	2.84	25.28	8.51	3.15	58.95

资料来源：2014年贵州省文化产业发展统计。

二 各市州文化产业发展主要成效

（一）贵阳市

自2014年以来，贵阳市在发展文化产业上，以深化文化体制改革、促进文化与相关产业融合发展为重点，以加快建设"多彩贵州"城、阳明文化产业园等园区基地为主要抓手，以国际酒博会、"绝对贵州"文化创意活动周等大型会展及活动为平台，以创建国家公共文化服务体系示范区、国家级文化和科技融合发展示范基地、文化旅游创新区为目标，围绕"爽爽的贵阳"城市品牌，在文化旅游商品研发、城市旅游空间拓展、文化旅游演出季、文化旅游精品线路打造、文化主题酒店建设等方面做实品牌支撑,积极助推贵阳文化产业发展升级。贵阳市作为贵州省省会城市,占据贵州省经济、文化中心高地,其文化产业发展一直走在贵州省九市州的前列并继续保持高速发展态势,2014年,贵阳市文化产业增加值位居贵州省首位,达92.72亿元,比上年增加30.80亿元;增速达49.7%,收入达298.98亿元,占贵州省收入的42%,从业人员达74402人,占贵州省从业人员的20%,经营单位2502个,占贵州省经营单位的19%。

(二)遵义市

2014年遵义市在发展文化产业上,立足实际,突出特色文化优势,大胆创新,以"513"文化产业工程为载体和抓手,着力推动茅台古镇文化产业园、长征文化博览园和遵义会展基地以及苟坝、土城、赤水、海龙囤、"遵义1964"等全市文化旅游景区精品工程建设,有力促进了文化产业快速、健康发展。遵义市为贵州省第二大城市,其文化产业发展在九个市、州中,仅次于省会城市贵阳市,2014年,遵义市文化产业增加值为54.94亿元,比上年增加14.56亿元,增速达36%,收入达115.48亿元,占贵州省收入的16%,从业人员达89669人,占贵州省从业人员的24.5%,文化从业人员居贵州省之首,经营单位226502个,占贵州省经营单位的20.5%。

(三)六盘水市

2014年六盘水市在发展文化产业上,以改革创新为动力,进一步深化文化体制改革,重点深入推进六盘水日报社、六盘水广播电视台人事、收入分配、社会保障、经费保障等制度改革,以大力发展"三线"文化、工业文化、民族民间文化推手,围绕"中国凉都"品牌,在文化旅游商品研发、城市旅游空间拓展发展较为突出,特别是农民画、连环画在深圳、西安文博会上展示和交易,成效比较明显。六盘水市为中国的煤资炭工业发展重要基地,2014年,六盘水文化产业增加值为28.25亿元,比上年增加4.49亿元,增速达19%。

（四）安顺市

2014年安顺市在发展文化产业上，在继续深化文化体制改革工作基础上，强力推进园区建设，园区建设成效显著。"黔中国际屯堡文化生态园"园区位于西秀区七眼桥镇的"苗岭屯堡文化城"项目（总投资50亿元）、平坝县天龙镇的"屯堡大明城"（总投资5亿元）两个项目开工建设，"悦道"屯堡文化旅游休闲度假示范区（总投资20亿元）各项前期准备工作正在有序进行。苗岭屯堡古镇项目一期工程已建设完成，共投资4.5亿元，现进入二期工程建设阶段；"天龙屯堡大明城"共完成投资8000万元，兴伟石博园成功申报"国家AAAA级旅游景区"，逐步建设成为含奇石博览园、旅游商品市场、奇石交易市场、工艺品市场、游客服务中心等部门，集收藏、展览、研究、交易和传播石文化艺术为一体的多功能经济实体；以旧州古镇和浪塘及云山和本寨等为重点，建立现代休闲产业园，旧州古镇完成项目建设47个，投入资金11.68亿元；云峰八寨文化旅游区、旧州生态文化旅游古镇在今年荣膺"国家4A级旅游景区"称号。黔中国际屯堡文化生态园被评为贵州省推进建设较快的园区之一。2014年，安顺市文化产业增加值为20.6亿元，比上年增加10.39亿元，增速（翻番）达100%，增速位居贵州省第一。

（五）毕节市

2014年毕节市在发展文化产业上，从优化环境、搭建平台、配套政策、拓展市场等方面入手，围绕推进全市美丽乡村建设和"5个100工程"，依托全市典型的喀斯特地貌、气候等资源，利用沿线文化、自然遗产和丰富民俗，以文化、景区、文化旅游休闲区等结合，围绕打造文化旅游创新区目标，大力推进毕节大方县古彝文化产业园、毕节民族民间文化产业园（以德溪新区路家翰林山庄旧址为核心）、七星欢乐谷文化产业园、黔西县水西古城文化旅游区、金沙县岩孔贡茶古镇文化旅游区、织金县丁宝桢文化产业园、纳雍县"滚山珠"同心文化产业园、赫章县夜郎文化产业园、百里杜鹃花卉旅游文化产业园等建设，成效显著。其中，大方县古彝文化产业园西城门主体工程已完工,完成投资1.3亿元,水西古城已完成建设投资4.9亿元,黔西县水西古城文化旅游区完成投资2亿多元,百里杜鹃花卉旅游文化产业园已呈现观光旅游、绿色消费、休闲度假、花卉苗木、特色产品等产业齐聚发展的良好态势,实现总产值7869.61万元。2014年,毕节市文化产业增加值为18.44亿元,比上年增加3.74亿元,增速达25%。

（六）铜仁市

2014年铜仁市在发展文化产业上,以大力实施重大项目为抓手,以深圳文博会招商引资为平台,重点围绕文化与旅游融合发展,推动实施了一批深圳文博会招商引资项目和特色文化产业项目,实施了1个省"十大文化产业基地"（玉屏箫基地）、2个省级文化产业示范基地（大明边城、松桃苗王城）重点项目。铜仁锦江水上风情（大明边城）项目和松桃苗王城项目上报国家级文化产业示范基地。截至2014年10月底,13个旅游景区已累计完成投资21.765亿元,推动了江梵复线公路、梵净山山水田园生态旅游产业园等93个项目建设。2014年,铜仁市文化产业增加值为14.62亿元,比上年增加4.5亿元,增速达44%。

（七）黔东南州

2014年黔东南州在文化产业发展的突出成效主要表现在"一园一基地"建设与招商引资取得新突破上。在园区与基地建设方面,中国（凯里）民族文化产业园、贵州（凯里）民族民间工艺品交易基地（以下简称"一园一基地"）是贵州省十大文化产业园、十大文化产业基地之一,中国（凯里）民族文化产业园采用"景区园区一体化"发展模式,中国（凯里）民族文化产业园即下司古镇文化旅游景区,总投资约20亿元,落户园区的下司文化综合体项目一期总投资6亿元,已缴纳土地出让保证金5000万元。贵州（凯里）民族民间工艺品交易基地基本建成并运营。贵州（凯里）民族民间工艺品交易基地（凯里苗侗民族风情园）由凯里市人民政府投资12亿元,共有248户企业和商家入驻基地,入住率100%,是贵州省十大文化产业园、十大文化产业基地中唯一建成并投入运营的基地。在招商引资方面，通过深圳文博会平台，共签约合同项目6个，开工率100%，总投资19.3亿元。其中，大世纪国际影视城项目总投资3000万元，镇远五里牌文化旅游风情园项总投资5亿元，雷山县古苗疆文化城建设项目总投资3亿元，雷山县西江文化艺术创作基地项目总投资2亿元，从江县侗族文化产业园——銮里侗族文化风情园项目总投资3亿元，中国（凯里）民族文化产业园之下司文化综合体项目一期总投资6亿元。2014年，黔东南州文化产业增加值为28.07亿元，比上年增加6.92亿元，增速达33%。

（八）黔南州

2014年黔南州在文化产业发展的突出成效主要表现为内联外引与推动文化旅游融合发展成效显著上。以第十届深圳文博会为平台，推介了平塘国际射电科普文化园、都匀经济开发区湿地公园、三都尧人山森林公园等19个重大项目，总投资382.4亿元。以"高铁时代"到来为契机，与深圳世纪华业非物质文化遗产投资有限公司合作，推出"美丽黔南　多彩非遗"人文生态旅游经典线路，进一步推动文化旅游融合发展。2014年，黔南州文化产业增加值为25.28亿元，比上年增加6.95亿元，增速达38%。

（九）黔西南州

2014年黔西南州在文化产业发展的突出成效主要表现为园区建设与引导民营资本发展文化产业取得新突破上。一是大力推进贵州省十大文化产业园之一的黔西南民族文化产业园建设，园区共分四期建设，前三期建设成效显著，第一期为饮食文化、旅游产品区，已完成投资1.5亿元并全部投入使用，建成面积65778平方米，入驻企业91家，其中文化企业58家，第二期为文化创意区，已完成投资0.6亿元，已有8家企业入驻，第三期为奇石、花卉区，已投入0.1亿元。整体园区已完成投资2.4亿元，建成面积8.3万平方米，在贵州省"十大文化产业基地"中建设快、成效好。二是积极引导民营企业投资文化产业，云南森垚集团成立贵州森垚文化旅游发展有限公司，重点投资打造了"万峰汇""非遗"文化旅游园项目。2014年，黔西南州文化产业增加值为13.92亿元，比上年增加4.77亿元，增速达52%。

三 各市州文化产业发展存在的主要问题

虽然2014年各市、州文化产业发展成效都较为突出，但是发展问题依然不少，不仅长期困扰文化产业发展的总量小、投融资难、高端创意人才欠缺、科技支撑不足等共性问题仍然未能改变，而且各市、州由于自身发展的基础与条件不同还存在以下主要问题。

（一）文化产业与科技、大数据、信息、现代金融业融合度不高

在构建文化创意和设计、文化娱乐、文化艺术、文化信息传输等服务业为主的现代文化产业体系发展上，文化产业与科技、大数据、信息、现代金融业融合度不高。特别是贵阳市与遵义市作为贵州省较为发达的城市，其产业基础、科技、人才相比其他市、州较好，文化产业应以现代文化产业引领发展，但发展还较为缓慢，差距仍然较大。

（二）扶持文化产业发展的力度不足

扶持文化产业发展的宏观政策不足与针对具体的产业、行业发展有力支撑，各市、州应出台在园区（基地）建设、文化产业与旅游及其他产业融合发展上给予土地、金融、财政、环境政策支撑。特别是六盘水市没有建立文化产业发展基金，投入不足，绝大多数文化产业缺乏必要的扶持引导资金。

（三）产业集聚缓慢

由于产业集聚的主要载体十大文化产业园、十大文化产业基地建设推进缓慢，产业发展缺乏集聚效应，并且已建成的园区、基地具有轰动效应和经济效益的文化产业项目少，产业发展较为困难。

四 各市、州文化产业发展建议

（一）构建以现代文化产业体系

各市、州中心城市，依托区位、教育、科技和人才等优势，重点发展广告、文化软件、建筑设计、文化旅游、娱乐休闲、摄影扩印、互联网信息、增值电信和广播电视传输服务等产业，构建以文化创意和设计、文化娱乐、文化艺术、文化信息传输等服务业为主的现代文化产业体系。

（二）构建文化创新体系

搭建品牌孵化基地、融资、招商、文化创意、产业联盟，推动科技在文化产业的应用，形成以企业为主体、市场为导向、产学研相结合的文化创新体系。

（三）加快文化产业园区（基地）建设

各市州应出台针对加快园区（基地）建设给予土地、金融、财政、环境支撑的政策，大力支持文化产业园区（基地）建设。

（四）推动文化产业与其他产业融合发展

借力贵州省实施"5个100工程"、大力发展大数据产业，推动文化产业与工业、农业、服务业、信息产业融合发展。重点围绕将贵州建成全国文化旅游发展创新区的目标，充分依托贵州民族文化、生态文化、红色文化、历史文化等优势资源，不断完善旅游观光、休闲度假，文化旅游产品的开发、打造和包装等服务功能，大力推进文化与旅游的深度融合发展。

B.11
推进文化创意与贵州白酒产业融合发展探析

龚 勇*

摘 要： 2014年3月，国务院印发了《关于推进文化创意和设计服务与相关产业融合发展的若干意见》（国发〔2014〕10号），首次从国家层面明确了文化创意产业的战略定位。贵州省文化创意产业起步较晚，但近几年也取得了较大发展，成为新的经济增长点。文化创意产业的兴起，驱动了包括白酒产业在内的各行业价值体系构建的重塑。在新时代背景下，贵州省应充分发挥酒文化资源优势，运用文化创意思维，创新白酒品牌文化、产品结构及宣传营销等，构建白酒生态文化产业链，通过强化人才培养、深挖文化特色、优化市场环境等措施，推进文化创意与白酒产业融合发展，促进贵州白酒产业全面优化升级和持续健康发展。

关键词： 文化创意 白酒产业 融合发展 思路 对策

21世纪以来，伴随着社会经济的发展与科技的进步，世界经济步入了知识经济时代。文化创意和科技创新成了各个国家和地区拉动城市经济增长的活力与源泉，掀起了全球文化创意产业浪潮。近年来，随着我国新型工业化、信息化、城镇化和农业现代化进程的加快，文化创意产业蓬勃发展，成

---

* 龚勇，贵州天智博文传媒有限公司总经理。

为国民经济新的增长点。作为文化产业的一部分，文化创意和设计服务已贯穿在我国经济社会各领域各行业，呈现出多向交互融合态势。2014年3月，国务院发布了《关于推进文化创意和设计服务与相关产业融合发展的若干意见》（国发〔2014〕10号，以下简称《意见》），首次从国家层面明确了文化创意产业的战略定位。《意见》指出，推进文化创意和设计服务等新型、高端服务业发展，促进与实体经济深度融合，是培育国民经济新的增长点、提升国家文化软实力和产业竞争力的重大举措，是发展创新型经济、促进经济结构调整和发展方式转变、加快实现由"中国制造"向"中国创造"转变的内在要求，是促进产品和服务创新、催生新兴业态、带动就业、满足多样化消费需求、提高人民生活质量的重要途径。

贵州是中国西部欠开发、欠发达的省份之一，文化创意产业起步较晚，但近几年也取得较快发展，产业增加值逐年递增，已经成为贵州省国民经济新的增长点。文化创意产业的兴起与发展，驱动了包括白酒产业在内的各行业价值体系构建的重塑。白酒产业是贵州省的传统支柱产业和特色优势产业。自2013年以来，在国内经济下行压力加大、行业持续深度调整的背景下，贵州白酒产业深入贯彻落实贵州省委、省政府"三个转型""五个转变"的指导思想，积极转变和创新驱动，强化质量效应、品牌效应和文化效应，继续保持了健康、良好的增长态势。但从总体上看，贵州白酒产业仍然存在总量小、增长慢、品牌影响力弱等问题，其传统文化优势尚未得到充分发掘。因此，在产业融合、技术进步、消费转型的新时代背景下，贵州省应充分运用文化创意产业的创新思维方式和发展模式，依托贵州丰厚的酒文化资源优势，结合贵州地域文化特色，大力推进文化创意与贵州白酒产业融合发展，增加贵州白酒文化内涵和产品附加值，提升产业竞争力，促进贵州白酒产业结构优化升级和增长方式转变，实现持续健康、跨越式发展。

一 文化创意产业与白酒产业融合发展的主要动因

在当前以知识为核心竞争力的创意经济时代，产业间的相互融合已成为现代经济发展的时代特征。著名经济学家、第十一届全国政协副主席、国际酒业研究院院长厉无畏认为，产业融合是指不同产业或同一产业内的不同产业相互渗透，相互交叉，最终融为一体，逐步形成新的产业的动态发展过程。推进文化创意与白酒产业融合发展，就是要运用文化创意产业的创新思维方式，重新整合白酒文化资源，创新白酒产品，丰富白酒文化内涵，增加白酒产品附加值，使白酒产业链和空间链通过创新思维的激活不断得到拓展和延伸。

文化创意产业是知识经济时代一种以创新性和创造力为核心的新兴产业，强调一种主体文化或文化因素依靠个人或团队通过技术、创意和产业化的方式开发、营销知识产权的行业，具有高知识性、高增值性、强融合性和低能耗、低污染等特征。所谓"文化创意"，就是创意人（个人或团体）根据人们的不同需求选择相应的文化资源，依靠自身的智慧、才华以及所掌握的知识和技能，运用一定的方法和手段，特别是科技手段，对相关事物进行创新性策划和设计并予以实施，从而提升创意项目的质量和效益，进而带动或促进相关产业和事业发展的一种理论和方法。

白酒是中国最具民族传统特色的主体酒类之一，蕴含着厚重的历史人文积淀。白酒文化是中国传统文化的重要组成部分，早已渗透至人们日常生活的方方面面。伴随着知识和科技的不断融合，中国白酒在经历了农业经济、商品经济时期的低级文化层次之后，其发展也相应地进入更高阶段，即酒文化创意时代。随着经济与科技的不断发展，城乡居民收入增加带动的白酒消费升级、互联网技术兴起带来的消费模式变革、经济结构转型以及国家宏观经济政策调整引起的行业环境变化等，都是推动文化创意产业与白酒产业融合发展的主要因素。

（一）白酒消费升级的驱动

据国家统计局公报的数据显示，2014年，我国国内生产总值636463亿元，增长7.4%；居民人均可支配收入20167元，增长10.1%，扣除价格因素，实际增长8.0%；人均消费支出14491元，增长9.6%，扣除价格因素，实际增长7.5%。收入的增加使人们生活水平得到提高，生活品质得到改善，人们的消费需求也从追求物质消费向寻求精神文化消费升级，呈现个性化、多元化趋势。对白酒的消费也不例外，在大量白酒产品质量、价格、技术和功能趋同的背景下，"物美价廉"、"超值服务"，已不再是人们的最终消费目的，更多的是为了追求一种超越物质之外的精神文化和情感诉求。在后工业化时代的今天，"白酒已经脱离了自身的产品性能，不再是一种单纯的商品，而是变成了一种在消费者消费价值观念的支配下，实现情感寄托和自我价值满足的消费载体。"这就需要通过文化创意创新白酒产品，赋予白酒产品独特的精神附加值，以满足不同层次消费者的精神文化需求。而以满足精神文化需求为目的的文化创意产业，其最核心的要素就是文化创意。文化创意的实质，实际上就是通过创意的思维和技术手段实现创新，从而创造出能够满足人们某种精神文化需求的产品或服务。因此，收入增加带动的白酒消费升级，推动了文化创意产业与白酒产业的融合发展。

（二）"互联网+"的推动

白酒产业的发展离不开产业创新，而实现创新必须依靠一定的技术手段。随着信息化时代的到来，移动互联网、大数据、云计算，成了现代经济社会活动中出现频率最高的词汇。中国互联网络信息中心（CNNIC）发布的第35次《中国互联网络发展状况统计报告》显示，截至2014年12月，我国网民规模达6.49亿人，互联网普及率为47.9%，较2013年底提升2.1%；手机网民规模达5.57亿人，较2013年底增加5672万人。互联网技术的兴起，颠覆了原来建立在工业化时代的传统商业模式，原有的运营体系和经营模式正逐渐被重构。互联网信息技术的发展与创新，已成为文化创意产业与现代白酒产业融合发展的直接推动力。"互联网+"的新兴商业模式，驱动了中国白酒产业的加速转型和产业优化升级，逐渐向消费终端价值链靠近。在信息化背景下，电子商务的快速发展，加速了互联网与白酒产业的融合。如何依靠网络手段创新白酒产业的传播与营销方式，将成为一种新的商业机会。

(三)经济转型的环境推动

自改革开放以来,中国经济在经历了连续30年10%以上的高增长后,从2011年开始慢慢减缓,逐渐步入中高速增长的新常态,进入转型发展期。在经济全球化的国际大环境和国内经济增速放缓的时代背景下,今天中国白酒产业面临的政策环境、消费环境和市场环境等已发生了重大变化。自2013年开始,随着中央八项规定、严控"三公消费"六条禁令等反腐新政的出台,加上受经济下行、中低收入群体收入增加带动的白酒消费升级、互联网技术兴起带来的生产方式和消费方式变革等多种因素叠加的影响,中国白酒产业由过去十年非理性高速增长和奢侈性高端政务消费导致的产能过剩、价格虚高、市场虚热的行业泡沫,便日趋凸显,进入深度的转型调整期,也步入中低速发展的新常态。其盈利模式逐渐由过去的规模增长型向质量效益型转变,消费模式也由过去以政务为主导的消费向以商务消费、休闲消费、家庭及个人消费为主的大众化消费转变,步入大众化消费时代。面对宏观环境和行业环境的变化,中国白酒产业如何转变增长方式和实现产业优化升级,关键在于创新。这就为文化创意产业与白酒产业的融合发展提供了契机。

二 贵州文化创意产业与白酒产业融合发展的优势

作为创意经济时代的新兴产业,文化创意产业被认为是21世纪全球最具发展前景的产业之一。贵州是中华酒文化的孕育地之一,是中国名酒之乡,酿酒历史悠久,酒文化源远流长。其得天独厚的酒文化资源,不仅为贵州文化创意产业提供了丰富的基础内容和创作素材,也为激发创意人的创新灵感提供了源泉,从而为两大产业的融合发展奠定了坚实的基础。相较于国内其他省份,贵州省文化创意产业与白酒产业的融合发展在文化资源、地理区位、产业基础等方面,都有着相对较为明显的比较优势。

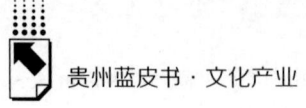

（一）文化资源优势

地域文化的形成是一个漫长的过程。我国是一个幅员辽阔、民族众多、有着五千年悠久历史的文明古国。由于各地都有着各自独特的历史轨迹和特殊的文化记忆，因而造就了很多不同的文化差异，不同的地域形成了不同的地域文化。

贵州位于中国西南腹地，是以夜郎文化、屯堡文化等为代表的山地文化的诞生地和人类史前文明的发祥地，有着包括酒文化资源在内的丰富的自然、人文、历史和民族文化资源。境内山川秀丽、气候宜人，人文地理环境优越，佳酿辈出，是中国酒文化历史最为悠久、酿酒资源禀赋最为优秀的产酒大省之一，自古以来就是理想的酿酒王国。其酿酒的历史悠久，酿酒工艺独特，酒文化博大精深，源远流长，历经千载而不衰，是泱泱五千年中华酒文化的发祥地之一。国酒茅台香飘世界，董酒誉满全球，苗岭美酒处处飘香，名优酒业交相辉映。

贵州又是一个多民族杂居的省份，历史上曾是中国古代几大族系的交会地，民族风情浓郁，民族文化底蕴深厚，各民族都有着悠久的历史和包括酒文化在内的丰富多彩的民族文化，是我国乃至世界上自然和民族文化生态保持最原始、最完整的地区之一。历史上的贵州由于山隔水阻，交通不便，许多民族和支系长期处于相对封闭的状态，故而保留和沿袭了较为原始的民族传统与习俗。世居民族除回族外，其他各民族自古以来几乎都有饮酒和酿酒的习俗，在几千年的生产实践中产生形成了贵州独特、神秘的民族酒文化。不管是酿酒原料、酿酒工艺、酒型酒种、口感香型，还是盛酒的器具以及独具地方民族特色的酒礼、酒俗、酒规、酒令、酒歌和饮酒方式等，都和贵州包括汉族在内的各兄弟民族悠久的历史文化和酿酒文化关联，表现出鲜明的地域特色，呈现出独特的民族文化魅力。多彩的民族文化与酒文化深厚的历史积淀，赋予了贵州白酒多彩的民族文化内涵，为贵州文化创意产业提供了丰富的创作题材。

（二）地理区位优势

贵州毗邻云南、四川、广西、重庆、湖南，又是中国最发达地区之一的珠三角地区的近邻，因而有着广阔的跨区域合作空间。同时，随着贯通东西连接南北的快速铁路和高速公路的建设，贵州将很快成为贵广线、贵昆线、贵黔渝线以及昆曼国际公路等交通线路的中心；再加上龙洞堡机场的扩建，贵州的区位优势将日益显现，成为西部地区重要的交通枢纽。而贵州又有着经济社会发展后进的优势，将迎来先进地区寻求产业转移和资本新投向的浪潮。因此，贵州将成为新的创业热土，从而为包括文化创意产业和白酒产业在内的各行业的发展带来良好的外部环境。

（三）产业基础优势

近年来，贵州文化创意产业的快速发展和白酒产业的健康稳定增长，为两大产业的融合发展奠定了坚实的产业基础。贵州文化创意产业尽管起步较晚，但近几年发展势头强劲，目前已建有贵阳数字内容产业园、多彩贵州文化创意园等一大批文化产业园区；培育出了贵阳朗玛信息技术股份有限公司、贵阳熠动漫文化传播有限公司、贵州恒力天和科技发展有限公司、遵义奇利动画影业有限责任公司等一批知名企业；另外还有贵阳小河文化创意产业园区、贵阳联华科技工业基地文化创意产业园、贵州水田国际旅游文化创意产业园、茅台古镇文化产业园等一大批在建的文化创意产业园区。2014年，贵州省文化创意和设计服务收入达91.24亿元，实现文化产业增加值39.78亿元，同比增长55.94%。

与此同时，贵州白酒产业在国内经济下行压力加大、行业持续深度调整的背景下，继续实施以名优白酒为主的产业发展战略和以茅台为引领的名牌带动战略，深入贯彻落实贵州省委、省政府"三个转型""五个转变"的指导思想，积极转变和创新发展路径与方式，继续保持良好的发展态势。贵州省目前拥有生产许可证的白酒企业382家，规模以上白酒企业109家，占白酒企业总数的28.5%。2014年，贵州省规模以上白酒产量累计完成38.05

万千升，同比增长11%，居全国第八位，增速超过全国8.25个百分点，增速位居全国第八；实现工业总产值619亿元，工业增加值573亿元，同比增长13%；完成销售收入472亿元，同比增长5.17%，居全国第三位；实现利润总额235亿元，同比增长0.97%，跃居全国第一位，利润率稳居全国第一位。其中，茅台集团完成白酒产量9.47万千升，同比增长8.91%，实现工业总产值390亿元，工业增加值365亿元，同比增长7.04%（茅台酒产量3.87万千升，同比增长0.76%；包装量1.83万千升，同比增长16.47%）。

三 贵州文化创意产业与白酒产业融合发展的思路

文化创意产业与白酒产业融合发展的过程，实质上就是两大产业价值链间的相互渗透、融合与延伸，通过提升各个环节的价值，从而实现整个产业价值链增值。探索出适合贵州文化创意产业与白酒产业融合发展的有效途径，不仅能将贵州丰富的酒文化资源优势转化为经济优势，推动贵州白酒产业结构优化升级和增长方式转变，还能为贵州文化创意产业的发展提供文化素材和市场空间，从而实现两者良性联动，提升产业竞争力。

（一）集聚差异化文化资源要素，创新白酒品牌文化

任何一种有形产品都包括技术和造型两部分。白酒也不例外。技术因素取决于科技创新，造型因素取决于文化创意。科技创新和文化创意共同改善产品品质，推动产业转型升级。

贵州省是中国的白酒产酒大省，以国酒茅台为代表的传统名优白酒及新兴名优白酒达数十种，加上地方各类名优白酒则多达数千种。从技术层面上看，贵州白酒因拥有得天独厚的酿造生态环境和独特的民族传统酿造工艺，无论在品质上还是在酿造技艺上，都具有国内其他产区难以匹敌的优势。"贵州出好酒"早已成为业界的共识。尤其是酱香型白酒，它代表了贵州乃至中国白酒的最高水准，是贵州白酒最为集中的核心竞争优势。独一无二的生态环境和几千年生产实践积淀下来的特殊生产工艺，赋予了贵州传统大曲

酱香型白酒在全国的鼻祖地位和高端品质，也决定了贵州酱香型白酒的稀缺性、唯一性和不可复制性，从而构筑了其在不同香型白酒及同香型白酒中的品质优势地位。贵州所产酱香型白酒品质优于异地酱香型白酒品质的产品属地认知，已渐为人们所认同。

从造型层面上看，贵州各民族几千年酿酒、饮酒的历史和源远流长的民族酒文化，为贵州白酒品牌文化的塑造奠定了深厚的历史文化和民族文化基础。问题的关键在于，如何集聚贵州差异化的酒文化资源要素，运用创新思维塑造贵州白酒品牌文化，乃是当前贵州白酒企业和文化创意界最为迫切的问题。白酒本身是物质的，但更多是文化的、精神的。白酒给消费者的感觉，无非就是口感和心感两种。随着人民群众消费水平的不断提高，人们对白酒的消费已不单单只是为了满足一种口腹之乐，更多是为了追求一种对自身归属、尊重和地位等方面的情感诉求。因此，白酒品牌文化的定位，不在物质，更多是在文化领域，在消费者的情感世界。随着大众化消费时代的到来，白酒未来的增长越发依赖来自大众消费的驱动。由于民族习俗和饮食习惯等原因，白酒在中国的消费更多是以正式场合的酒桌文化为主流。在同一种香型白酒的酿造手法、工艺和口感等日益同质化的今天，要想触动消费者的情感世界，将白酒文化渗透至大众餐桌，就必须进行差异化创新，对白酒的品牌文化给予准确的定位。

茅台酒之所以能成为百年屹立不倒的民族品牌，就在于它集聚了酱香酒文化的差异化资源要素，深度挖掘其出身根源：中国酱香酒的源产地茅台镇、中国民族传统文化、中国传统的古老的东方哲学、中国传统酒文化以及中国的历史遗产——品牌演进史。"国酒""文化酒""三个茅台"的品牌文化内涵，成就了茅台酒不断成长的商业神话。

（二）创新白酒产品结构，满足多元化消费需求

随着白酒行业的持续深度调整，中国的白酒消费正在从过去以政府为主导的一元化消费，向以政府、商务、家庭和个人为主体的多元化消费转变，大众化消费趋势愈加明显。中国白酒市场已进入多元化消费新阶段。在消费

价值方面，当前中国白酒消费者对白酒的消费需求，正从过去单一的心理需求逐渐转向追求情感认同和附加价值，追求品牌认同。消费主体方面，目前白酒消费量最大的群体仍然是35岁至45岁区间，尤其是具备消费能力的中产阶级。但"80后"、"90后"一代的中青年和中低收入者正逐渐成为重要的白酒目标消费群体。能否根据不同层次的消费诉求，重新细分目标消费者，创新产品结构，将是白酒企业能否实现持续增长的关键。创新需要为消费大众着想，通过研发丰富多样、个性鲜明、多元化与差异化组合的产品结构，给消费者提供更广泛的选择空间，使消费者能够从该差异化中获得功能、美或者是情感归属等价值。因此，要充分运用文化创意产业的创新思维模式，来满足消费者的各种情感需要。在这方面，茅台"一曲、三茅、四酱"的产品差异化战略，不失为产品结构创新的典型范例。

（三）创新情感驱动，构建白酒个性化定制价值链

白酒消费者由被动消费向主导消费的转变，导致白酒产业链主导权从生产商、流通商转到消费者手中，并广泛、实时地参与生产和价值创造的全过程。随着人们生活水平的提高和生活品质的改善，体验式消费成为当前白酒消费者极为推崇的一种个性化消费方式。白酒个性化定制生产正逐渐成为白酒企业实现新的增长点的一种战略。针对消费者的个性化消费需求，白酒企业应借助社交营销、大数据等新业务新技术，与消费者精准互动，根据消费者的不同需求，将文化创意元素融入白酒的传统文化和现代生活方式中，对定制白酒产品进行独立的精神文化和情感塑造，赋予定制白酒产品独特的文化体验和精神附加值，满足消费者多元化的情感诉求。

白酒是中国的民族传统产业，从传统而来，随着体验经济时代的到来，会使其传统价值再次得到彰显。贵州有许多传统名优白酒厂，其老窖池及生产车间至今保存完好，且仍然坚持传统的手工作坊式生产。这为其打造一种以非生产性功能为核心的传统酒文化体验式定制模式（如定制窖池、定制酒庄）提供了先天优势。同时，在这个体验至上的时代，私人酒窖定制也将是未来白酒消费的一种趋势。私人酒窖是身份和品位的象征，源于法国葡

萄酒兴盛的时代。它不但是一个私人存放美酒的空间，更是藏酒人彰显其生活的一种品位和态度。随着人们物质文化生活水平的不断提高，作为品位、时尚以及身份和地位的象征，私人酒窖将逐渐成为一种追求物质和精神同时满足的白酒消费方式。

（四）创新宣传营销模式，引导消费升级

贵州出好酒，主要得益于得天独厚的地理气候环境、厚重的历史文化积淀以及历史传承的酿造技艺。与国内其他产区相比，贵州白酒在地缘、品质、文化和市场发展空间等方面，有着较为明显的比较优势。尤其是以茅台酒为代表的传统大曲酱香型白酒因其独有的品质属性，具有其他白酒难以比拟的天然优势。但是，从贵州白酒在全国乃至国外的影响力来看，品牌推广及营销较为成功的除茅台酒、习酒、金沙回沙酒、董酒等为数不多的几个品牌外，贵州白酒整体上还缺乏对自身丰厚的文化底蕴的充分展示，缺乏将白酒文化与贵州独特的民风、民俗和地域文化的有效融合。消费者对贵州白酒自身所包含的文化价值的认知，还停留在一个较为肤浅的层面。每年举办的酒博会、茅台酒文节、茅台祭水节等节事活动，都是贵州白酒文化很好的传播平台。这些节事活动，应当用现代创意手法，深度融入贵州本土文化，增强文化自觉与文化自信。同时，要运用文化创意思维，借助大数据、云上贵州以及各种新媒体、传统媒体和文化创意产品等传播媒介，宣传推广贵州白酒的独特品质与健康因子，倡导健康饮酒理念，培育消费观念，引导消费升级。

（五）创新白酒产区，构建白酒生态文化产业链

任何名酒的形成，实质上就是一个文化产生的过程。纵观世界各地某一名酒市场认知的形成，其最核心的支撑主要是产区概念，地理气候环境、水质、酿酒原料、工艺特点以及民族饮食习惯、酒礼酒俗等，共同形成这种酒鲜明的产区特征。在当前知识经济时代背景下，企业竞争边界正从产业边界清晰到产业边界模糊，再到产业边界自设转变，企业竞争的层次也正在从商

品竞争到产业链竞争再升级到产业生态系统的竞争。产业跨界、混搭、融合的现象越来越普遍,甚至成为企业出奇制胜,强势崛起的一种大趋势。中国白酒产业是一个横跨农业、工业和文化产业三大产业的复合存在业态,天然具备多产业联动的接口和驱动力。文化创意产业与白酒产业深度融合,能驱动白酒产业与其产区的土地、旅游资源等形成互动,进而延展和培育出地产、旅游、现代农业,催生出金融、资本、互联网、物流等配套产业。

2011年,贵州省提出了打造黔北、黔中和黔南三个"贵州白酒"集群产区的战略构想。黔北产区得天独厚的自然生态环境和底蕴深厚的国酒文化、红色文化、古盐运文化和黔北民居文化等丰富的自然、人文资源,具有将其打造成国际化白酒产区、构建白酒生态产业链的先天优势。当前,黔北产区正在以赤水河为依托,以国酒茅台为引领的酱香优质白酒为媒介,加快建设产业园区和酒庄,将工业旅游、生态休闲旅游、度假旅游、文化创意、房地产、现代办公等产业链整合进来,走精细化、个性化、体验化的发展道路,形成了一个极具生态化、休闲化、空间聚集化效应的白酒生态产业链。目前,除茅台酒厂建成于1997年的中国酒文化城外,现已建有仁怀民酒工业园以及大中华白酒交易中心、国酒城两个酒业地产,集国酒文化、红色文化、民俗文化于一体的茅台古镇文化创意园,也正在加快建设中。

四 贵州文化创意产业与白酒产业融合发展的对策及建议

"创意是人类智慧的表现,能够创造财富,促进科学技术的进步,实现文化的积累。"文化创意产业与白酒产业融合,能对白酒产品从研发、包装到销售的全过程进行创新。通过文化创意将现代文化设计理念和时尚元素融入白酒传统文化中,能够增加白酒产品附加值,增强白酒品牌魅力,从而提高其对消费者的吸引力,提升产业竞争力。

"十二五"以来,贵州省充分利用文化资源优势大力发展文化创意产业,取得了较大发展,在促进与白酒产业融合发展方面也取得了一定成效。

但由于起点低、基础弱、文化创意人才匮乏等因素，贵州酒文化资源优势还未完全转化为经济优势，酒文化的创意不尽如人意，还存在很多不足之处。如创意层次浅，水平低，科技含量不高，品牌影响力弱；模仿抄袭严重，缺乏自主创新，编故事、杜撰历史、一味地"沽名钓誉"、简单的"复古掘祖"等，各种有悖中国传统酒文化的畸形文化创意层出不穷。因此，加快推进贵州文化创意产业与白酒产业融合发展，既要充分发挥贵州得天独厚的自然、人文资源和酒文化资源的比较优势，又要充分认识到自身存在的问题，因地制宜制定出具有自身特色的融合发展对策，才能做深、做足"文化创意+白酒产业"的文章。为此，提出以下对策建议。

第一，加强文化创意理论和方法研究，强化文化创意人才培养。制定相关政策，引导和鼓励研究机构、高等院校等设置文化创新研究院所，深入开展文化创意研究，及时推广研究成果。推动实施文化创意和设计服务人才扶持计划，鼓励和引导高等院校和科研院所优化专业设置，加强专业（学科）建设和理论研究。大力培养懂科技且有广博知识、善于创新、组织创新能力强的领军人才。发挥职业教育在文化传承创新中的重要作用，重点建设一批民族文化传承创新专业点，加强对民族文化的研究。加大核心人才、重点领域专门人才、高技能人才和国际化人才的培养和扶持力度，造就一批领军人物。

第二，以政策为导向，促进产业间融合发展。贵州文化创意产业与白酒产业的融合发展应坚持文化创意与科技创新两轮驱动。通过制定相应政策，扶持文化创意产业发展，创新贵州白酒的生产、流通和宣传方式；充分利用文化创意产业的融合性等特征，推动文化创意产业与白酒产业联动发展，依托贵州丰富的民族酒文化资源，创新贵州白酒产业业态，实现文化创意产业与白酒产业融合发展。

第三，深度挖掘贵州地域文化特色，树立贵州酒文化品牌。贵州省丰富的酒文化历史资源和民族酒文化资源，是文化创意产业与白酒产业融合发展得天独厚的优势。贵州历史上是一个多民族文化和历史文化的迁徙与汇聚之地，使其融入了多样化的、带有不同地域色彩的文化。中原文化、江南文化、巴蜀文化、荆楚文化、闽南文化和滇文化等,在这里碰撞、交融,铸就了贵州文化的多元性。由于关山阻隔,历代王朝对贵州的统治都较薄弱,对贵州地区的开发明显滞后,贵州各族人民长期以来在一个相当闭塞的环境里生存,文化相对封闭,使贵州成了中国原生文化和山地农耕文明的最后一片净土,许多少数民族至今仍然较为完整地保留和沿袭了本民族原始的民族传统与习俗。不同时期、不同地域的文化元素荟萃,铸就了多彩的贵州酒文化体系,它以其底蕴深厚、多彩多姿,展现贵州民族风貌。贵州省应深入剖析贵州酒文化资源的特点和文化产业的优势,找准市场切入点,成立专门的酒文化创意产业机构,充分挖掘贵州省的地域文化特色,通过文化创意,树立独特的贵州酒文化品牌,实现文化创意产业与白酒产业融合发展。

第四,加大扶持力度,促进文化创意产业转型升级。当前,贵州省文化创意产业发展水平较低,与白酒产业的创新和升级不相适应。因此,贵州省应充分认识加快发展文化创意产业的重大意义,加大对文化创意产业的资金投入,吸引人才加入到文化创意产业之中,促进文化创意产业转型升级。

第五,建立相关机制,优化市场环境。良好的体制是文化创意市场顺畅运作的保证。贵州省应拓宽文化产业融资渠道,完善文化产业的管理体制。推行一定的扶持政策,为各类文化创意项目和文化相关企业提供发展的平台和机会,促进文化创意产业与白酒产业的相互流动,规范相关部门,明确管理职权,提高管理效率。政府计划与市场控制共同作用,调节经济和监管市场,营造良好的文化产业市场环境。

五 结语

文化和知识是一个国家和地区核心竞争力的主要标志。在后工业时代的今天,文化创意和科技创新正逐渐成为现代经济增长的新动力,各种不断兴起的高新技术使工业时代原有的、明晰的产业边界逐渐模糊化,产业融合已经成为现代经济发展的时代特征。贵州具有将白酒产业与文化创意产业融合发展的得天独厚的自然优势和文化优势,积淀厚重的酒文化历史资源和丰富多彩的民族酒文化资源为文化创意产业提供了丰富的创作素材，而文化创意产业又能对白酒产业在产品研发、包装设计、品牌构建、文化建设、宣传营销等各个环节进行创新，对增加贵州白酒的知名度和美誉度，提升贵州白酒产业价值和核心竞争力具有重要的推动作用。在经济全球化的国际大环境和经济下行的国内背景下，大力推进贵州文化创意产业与白酒产业融合发展，是促进白酒产业结构全面优化升级和增长方式转变，做深、做足"文化创意+酒"的文章，加快把文化创意产业培育成新兴支柱型产业的重要举措之一。

参考文献

厉无畏：《产业融合与产业创新》，《上海管理科学》2002年第4期。

赵黎明：《经济学视角下的旅游产业融合》，《旅游学刊》2011年第26期。

李修松、王舰、孙宝启、孙菊生：《大力推进文化创意与相关产业融合发展》，《经济界》2014年第2期。

刘洋：《世界艺术经典·世界酒文化卷》，吉林文史出版社，2006。

陈泽明、龚勇：《贵州酒典》，中国商务出版社，2014。

凌继尧、李林俐：《文化创意与相关产业的深度融合》，《东南大学学报》2014年第16期。

世界酒业联盟国际酒业研究院：《2015全球酒业发展报告》，中国商务出版社，2015。

王浪：《文化创意产业与相关产业融合发展研究》，《城市地理》2014年第14期。

B.12
"多彩贵州城"旅游文化综合体发展与展望

魏 霞*

摘 要: 本文对"多彩贵州城"旅游文化综合体——"多彩贵州城"项目以文化为灵魂、以城市产业资源为依托、以旅游文化创新为抓手的做法进行总结,展现了"多彩贵州城"全面提升"食、住、行、游、购、娱"传统旅游六要素,扩展"文、修、展、养、康、研"新游憩六要素,集中旅游、文化,成为游客"了解贵州""发现贵州"的第一窗口及贵州旅游文化的新向标,并对项目建成后将成为展示多彩贵州文化的平台、临空旅游集散中心和文化休闲避暑旅游目的地做出展望。

关键词: 旅游文化 创新 "多彩贵州城"

"多彩贵州城"是贵州省开发投资有限责任公司与中国凯瑞国际经济技术合作有限公司联合开发的大型文化、旅游产业可持续发展项目,是国家文化产业示范基地入选项目、《贵州省"十二五"文化产业发展规划》十大重点项目之一。[①] 该项目位于贵阳市南明区龙洞堡空港核心区小碧乡,毗邻龙洞堡国际机场,是贵州省"十大文化产业基地"、贵州省"5个100"工程中旅游综合体和城市综合体"双100"重点工程、2014年贵州省"十佳旅游景

---

* 魏霞,贵州省社会科学院区域经济研究所研究员,主要研究方向为区域经济。
① "多彩贵州城"项目简介,http://www.fangce.net/Article/yingxiao/xiangmu/201202/67828.html。

区"。2015年,"多彩贵州城"入选5个国家级项目名录:2015全国优选旅游项目暨2015中国旅游投资优选项目、2015国家文化产业重点项目、2015国家特色文化产业重点项目、2015国家文化金融合作项目、2015国家广告业发展项目。2015年9月30日,贵州省旅游资源规划开发质量评定委员会发布公告,贵阳"多彩贵州城"旅游综合体景区被批准为国家4A级旅游景区。

一 高起点规划文化旅游创新示范区

"多彩贵州城"位于贵阳市双龙航空港经济区核心区,规划占地面积7696亩,建筑面积约750万平方米,总投资420亿元。作为贵州省唯一的创意旅游综合体,"多彩贵州城"按照国家4A级景区标准、5A级景区目标,高起点规划,高标准建设,紧紧围绕将项目打造成为"贵阳城市客厅"、"贵州旅游母港"和"贵州旅游文化升级版、文化旅游创新示范区"的目标,高起点规划,将打造36个核心项目,总体规划分为四大功能板块——多彩贵州、避暑天堂、多彩产业和集散中心。"多彩贵州"板块是项目的核心启动区,具备八大功能、五大业态和十大产品。

"多彩贵州城"的总体定位是创建贵州文化旅游创新示范区,整个项目的发展定位涵盖"文化展示功能——多彩民族风、旅游集散功能——贵州旅游母港、休闲度假功能——贵阳城市客厅、商务服务功能——临空经济综合服务区"。"多彩贵州城"的主题创意来源于分散而丰富的多彩贵州元素,整个项目将分散、丰富多彩的贵州元素,通过"多彩贵州城"这个平台打造成"旅游的聚光灯,民族的万花筒,文化的调色板和避暑的御花园"。通过"避暑的御花园"将凉爽宜人的度假生活、避暑之都带给游客。整个项目以文化为灵魂,以城市产业资源为依托,以旅游创新为抓手,全面提升"食、住、行、游、购、娱"传统旅游六要素,扩展"文、修、展、养、康、研"新游憩六要素,形成功能复合、互为作用、互为价值的"贵阳城市客厅"、贵州旅游母港,建设旅游文化创新区,力争将其打造成为贵州旅游文化的新向标。

为了高起点规划,公司花巨资邀请深圳世界之窗、东部华侨城总策划设计单位深圳艾肯公司编制《"多彩贵州城"创意旅游综合体景区建设规划》，于2013年7月通过100个旅游景区建设规划专家组评审，得到一致好评；同时，2014年3月，《"多彩贵州城"总体规划设计方案（城市设计）》取得贵阳市规划局批文，为景区建设提供了法定批准条件。

2014年8月，"多彩贵州文化展示中心""1958文化创意园""黔文化交流中心"三点一线景点在贵州省第九届旅游发展大会上精彩亮相，得到社会各界一致好评，逐渐成为省内外游客及贵阳市民休闲旅游目的地。景区鱼梁河景观工程、生态梯田、节庆街、极地海洋世界计划于2015年底完成主体工程建设，2016年对外开放。截至2015年11月底，"多彩贵州城"累计完成投资30.34亿元，一个毗邻空港的创意旅游景区拔地而起，为贵州旅游的转型开发谱写了新的篇章。

二 高标准打造独具特色创意产品

创意是灵魂，开放是基石，合作是保障，"多彩贵州城"高标准打造独具特色的创意旅游产品，首期对外开放的"三点一线"旅游产品可以说是独具匠心，市场反应叫好又叫座，对外开放的景点有以下几个。

（一）多彩贵州文化展示中心

展示中心是一座外观宏伟、独具贵州民族特色的功能性建筑，其建筑设计构思巧妙，是由上海世博会贵州馆的总设计师吴琳女士设计。采用了侗家鼓楼、风雨桥、铜鼓和箫笛四大元素按照五行布置，形成世界最大的单体鼓楼群，名为"鼓楼荟萃"，从高空俯瞰，就像一幅吉祥如意龟寿图。其功能一为多彩贵州文化展示中心；二为景区的游客服务中心。作为大型文化主题展示馆，中心可常年举办各类文化主题展示活动，已举办过"绝对贵州""五岳同辉书法展""多彩贵州摄影展"等活动，同时也是多彩贵州"两赛一会"的永久会址。作为游客服务中心，站在游客的角度，为其提供全方位温馨、体贴、以人为本的景区服务。

(二)1958文化创意园

该文化创意园由1958年建造的贵阳龙洞堡生物制药厂(原土霉素厂保留建筑)和新建的同样风格的建筑组成。园区共占地56125平方米,建筑面积100890平方米。整个园区的开发本着对贵阳龙洞堡生物制药厂历史人文本源的尊重,力求将园区自然风光进行保留,并传承园区厚重的历史文化,打造一方纯粹的人文之地,其中保留了贵阳龙洞堡生物制药厂1958年建造的原始建筑10栋、约占地30亩、面积5500平方米,将具有历史文化底蕴的厂区改造成创意产业的孵化基地及贵州后工业时代的文化休闲旅游地,新建面积40000平方米。1958文化创意园采用年轻人最喜欢的"LOFT"风格,通过文化元素重组和时尚符号解构的方式,将贵州文化、休闲、创想、生活等荟萃一堂,将画廊、艺廊、休闲吧、艺术工作室、主题餐饮等融为一体,以文化、创意为主题,体验和展示贵州近代文化,激发游客对贵州文化的激情,拟将其打造成为贵州时尚文化的新高地。

"1958文化创意园"倾力打造大型文化创意演艺品牌秀——《1958·梦幻之旅》,由中央民族歌舞团团长、国家一级导演,贵州省第九届全国少数民族运动会开幕式和闭幕式总导演丁伟先生担任总策划,把贵州山水、近景魔术、杂术杂技、水下表演、空中歌舞等元素创造性地跨界融合,用文化换血的方式重新赋予演员、剧目、环境、设备等新的生命意义,通过移步换景、观演互动的新实景演出方式展现出原创文化大型真人实景秀,拟开创国内情景式互动体验演出的饕餮视觉盛宴。

(三)黔文化艺术交流中心

交流中心位于"多彩贵州城"香樟园内。除了融合徽派建筑风格外,还将园林和宅居,砖、木、石建筑工艺相融建造。在中心内,设有黔元傩非物质文化遗产体验馆、高级宴会厅、高级学术交流厅等,环境清幽,古意盎然。其中黔元傩"非遗"体验馆将是贵州省内唯一一个集"发掘、研究、保护、传承、应用"为一体的非物质文化遗产馆藏。开馆后，游客可在此了解到贵州德江傩堂戏、安顺傩戏、思州傩戏、道真自治县仡佬族傩戏、镇远土家族傩戏、毕节彝族傩戏等有关的傩文化，[①]是省内唯一一个集保护与研究、传承与应用为一体的非物质文化遗产体验中心。走进体验中心的一刹那，游客所看到、所听到、所触摸到、所品尝到的无一不贵州，无一不"非遗"。在祖先的建筑、祖先的人文和祖先的精神中，通过多媒体声光电和环境戏剧手法，让历史穿越到现代，将枯燥变为生动，360度体验贵州民俗文化的博大精深，以最直观、最生动的形式展示贵州非物质文化遗产的无穷魅力，品味贵州"舌尖上'非遗'"的欢欣喜悦。

黔元傩推出至今，深受社会各界好评，已经成为"多彩贵州城"这一文化旅游新地标的代表性作品，成为重新认识贵州、体验贵州的文化体验。

三 高标准推进基础配套设施建设

围绕景区建设，"多彩贵州城"对照国家4A级景区标准，高标准推进景区配套设施建设。

（一）游客集散地

以"多彩贵州城"入口区域及多彩广场为主，建筑面积20000多平方米，设有数量充足的停车位、休息椅、垃圾箱等。

（二）游客服务中心与多彩文化展示中心

建筑面积26000平方米，配套设施完善，能为游客提供咨询、导游（讲解）、电瓶车、自行车、景区影视播放、景区信息查询、文化展示、购物、休息、手机充电及特殊人群保障等全方位的温馨服务。

---

① 《打造城市新地标》，贵阳网—贵阳日报，2014年8月15日，http：//www.gywb.cn/content/2014-08/15/content_1253592.htm。

（三）景区停车场

目前共有固定停车场三个，面积约 25000 平方米，其中展示中心地下一层约 20000 平方米，景区沿线道路临时停车位可同时满足 1200 余辆小汽车、200 余辆旅游大巴车的停放需求，形成地上、地下立体停车模式。

（四）景区厕所

目前已投入使用的旅游厕所共 15 个，分散于三个景点之间，能为游客提供更好的就近、体贴服务。

（五）其他配套服务

景区设立了医务室，配备了专职医生并与贵州省武警总队医院签订了"绿色通道"救援协议，为游客提供安全、便捷的医疗服务，为在游览中出现突发情况提供应急服务保障。

（六）交通设施

"多彩贵州城"外部交通环境十分优越，景区交通四通八达。景区毗邻龙洞堡国际机场、贵阳东客站，距离市中心 12 公里。目前可直达景区的道路包括油小线、东站路、机场路、龙洞堡大道、西南环线、绕城高速等，经龙洞路、龙水路、龙腾路、兴业南路、轻轨 2 号线、环城快速路等将形成"六横七纵八联合"的省内高速公路网。2015 年 9 月 20 日，龙洞堡高铁站开通，"多彩贵州城"从此进入机场—高铁—公路一站式立体交通时代。景区内部交通目前已建成使用"多彩贵州城" 1 号、2 号、4 号、5 号路，形成"三点一线"的景区游览线，道路总长约 2800 米。目前，项目的主要对外联系通道已基本形成。

四 高标准提升管理和接待服务水平

（一）完善管理制度

强化执行力。景区现有各种规章制度、应急预案 40 余项，包括游客须知、旅游安全、食品卫生、购物场所管理、旅游投诉、消防安全管理等以及食物中毒、恶劣天气、突发灾情、传染病疫情、高峰期游客安全处理、紧急突发公共事件等特殊预案。为了监督、强化执行力，按照景区规定，相关部门建立了完整的景区景点工作记录。

（二）强化岗位培训

景区设立专项资金，人力资源中心根据现有岗位人员及景区服务需要情况拟订培训计划，分批分岗，进行员工岗位专业培训，不断提升员工接待服务水平，提高景区整体管理水平，为游客提供更好的旅游接待服务。

五　发展展望

"多彩贵州城"项目的主旨是力求为贵州文化旅游开设一个对外交流的门户，充分展示贵州特色鲜明、丰富多样的旅游文化，填补贵州旅游集散中心、多彩民族文化园、旅游商品大市场的空白，以"为贵阳城市铸魂"为己任，打造具有世界影响力的旅游目的地——"贵州民族文化的迪士尼乐园"。"多彩贵州城"作为贵州文化旅游新地标，今后将加快景区新景点及在建工程建设，力争最短时间内完成景区整体建设并对外开放，继续完善和提升景区基础配套服务设施和景区管理接待水平，在成功创建4A级景区的基础上，将创建国家5A级景区及国家级旅游度假区作为未来3年"多彩贵州城"景区建设的主要工作目标。同时积极搭建以"多彩贵州城"为平台，建立贵州城"一个中心、一个车队、一个网络"线上、线下智慧旅游体系，成为游客到贵州旅游的第一站和最后一站。

"多彩贵州城"的建设根植于贵州多元文化沃土，围绕"文化产业化，产业文化化"和"创意产业，产业创意"做文章。以文化为灵魂，以旅游为平台，以创意为纽带，文化传播与旅游推介紧密结合。将建设成为对外文化交流渠道畅通、软硬件配套设施齐全、个性鲜明、独具特色、定位清晰、内涵丰富的文化旅游主题都市综合体。① 建成后的"多彩贵州城",将集休闲度假、文艺演出、美食娱乐等为一体,聚集优秀的民族文化,使之形成集约化、规模化、产业化的经营,从而构筑在全国具有影响力的文化产业基地,吸引来自国内、外的投资,提高贵州对外的知名度,带动贵州旅游产品升级,促进贵州旅游文化产业链融合,为21世纪中国和亚洲的旅游开发树立一个新的榜样。②

(一)一个中心

贵州旅游集散中心(以下简称"集散中心"),是贵州省旅游集散总站、目的地。预计2017年以前完成项目建设并启动贵州旅游集散中心的运营工作。

集散中心定位:贵州信息集合、旅游服务管理、旅行要素交易平台。

四大平台:贵州旅游信息数据库、贵州旅游运输平台、贵州旅游商品网上交易平台、贵州旅游监督投诉处理平台和突发事件紧急救援中心。

八大功能:信息查询功能、旅游社交功能、旅游交易功能、旅游商品采购功能、休憩补给功能、旅游运输功能、景区营销功能、旅游调度功能。

十六项服务:景区推荐、线路推荐、导游服务、票务预订、行程预约、攻略下载、软件下载、景区营销、商品销售、商品代购、休憩保养、投诉处理、自由组团、行李托运、汽车租赁、旅游运输。

(二)一个车队

按照省委、省政府指示,"多彩贵州城"紧扣国内旅游发展脉络,计划两年内购置1000辆小汽车、500辆大巴车,成立多彩行程旅游服务有限公

---

① 《"多彩贵州城"建设纪实》(4月18日景观项目签约),http://www.gaoloumi.com/forum.php?mod=viewthread&tid=4142&page=1。
② 《"多彩贵州城"建设纪实》(4月18日景观项目签约),http://www.gaoloumi.com/forum.php?mod=viewthread&tid=4142&page=1。

司，组建贵州省旅游车队，为进入贵州省旅游的游客提供规模大、服务好、品质优的自驾游租车服务。

（三）一个网络

线上打造智慧旅游云平台，线下打造贵州旅游景点互联网。项目将聘请国家级专家蒋俊先生（北京巅峰智业集团总裁）做顶层策划，与专门从事智慧旅游建设企业（浙江深大智能集团）深入合作开发，请新疆旅游网、四川旅游网等国内一流智慧旅游运营团队合作运营。从导游管理、购物管理、景区管理、全民营销管理等方面进行全面构建。

今后将建成和开放的主要景点有以下几个。

节庆街：项目占地面积10万余平方米，建筑面积约13万平方米。节庆街项目是"多彩贵州城"的重要组成部分，是全国首例以节庆文化为主题定位的民族文化旅游休闲街区，该区从建筑、民俗、民族非物质文化遗产等角度全方位展示贵州风情的同时，营造一种节庆消费氛围，让文化与现代商业在此得到最有机的交融，聚合成商业价值的终极形态。节庆街定位为全国首例以民族节庆为主题，倡导更文化、更民族、更特色、更节庆的体验理念，打造以文化为核心，旅游为载体的集特色精致的民族特色餐饮、娱乐休闲、旅游商品零售、特色客栈、"非遗"展示等业态为一体的民族文化互动式综合性商业街区。

贵州旅游集散中心：总用地面积约9626平方米，容积率约为2.6，地上总建筑面积约25000平方米，其中集散中心建筑面积约10000平方米，大巴车及小汽车专用停车位约245个。集散中心将承担贵州省游客集散任务，面向贵州省的同时也面向外部，与外部联动，与外省链接，与全国联网。既要解决好进入贵州游客的集散，同时也要承担出省集散。集散中心分"集"和"散"两大功能，在解决硬件建设的同时，解决好软件建设；既重视线上建设，更重视线下营运。总之，核心是"以人为本"，紧紧抓住文化这个魂，以"多彩贵州城"为中心依托，以旅游交通为线索，以网络化建设为平台，整合旅游的"食、住、行、游、购、娱"六要素，推动深度休闲度假体验游，从而推动贵州文化旅游转型升级。

鱼梁河梯田景观：项目占地面积约6万平方米，鱼梁河贯穿整个"多彩贵州城"，河道呈S状，宛如一幅太极图。以太极景观为设计意向，运用易经的智能和原理巧妙地将自然风景和人文景色融为一体，结合风水使其形成完整、和谐并独具特色的城市景观。项目将作为贵州省生态旅游示范项目，由特里尔应用科技大学环境学院教授、物质流管理研究所首席执行官海克博士亲自操刀，对"多彩贵州城"生态示范区进行规划设计，未来将在生态设施设备、生态创新理念、生态创新措施等方面进行展示，以普及生态文明建设理念。

多彩贵州极地海洋世界：占地面积约20亩，总投资5亿元。项目规划建筑面积约15000平方米，由生态雨林馆、潮间带馆、极地动物馆、珊瑚礁鱼馆、凶猛鲨鱼馆、海底隧道馆、电教科普馆、梦幻水母馆、海豚剧场9个场馆组成。

万国博览城：项目总占地面积约500亩，建筑面积约75万平方米，总投资约40亿元，将于2017年底前全部建成。规划建设"六大平台、八大功能"，六大平台，即政策平台、金融平台、信息平台、服务平台、文化体验平台、资源整合平台；八大功能，即世界酒业联盟大厦、国际全业态商品推广中心、物流配送中心、会议中心、演艺中心、展示中心、外国使领馆园区、酒店配套等，与"多彩贵州城"业态互补、功能互动。万国博览城未来将打造功能完善、种类较多、模式创新的国际全业态商品推广中心，同时深度融合发展文化、旅游、服务产业，争做大数据、"互联网+"、平台创新实验区。

温泉水公园：多彩温泉项目占地192余亩，计划投资1.55亿元，是一家以养生和休闲度假为主要功能的综合业态丰富的高端养生温泉项目。温泉井深约2000米，出水温度约50摄氏度。

（四）影响力

"多彩贵州城"的建设根植于贵州多元文化沃土，围绕"文化产业化，产业文化化"和"创意产业，产业创意"做文章。以文化为灵魂，以旅游为平台，以创意为纽带，文化传播与旅游推介紧密结合，将建设成为对外文化交流渠道畅通、软硬件配套设施齐全、个性鲜明、独具特色、定位清晰、内涵丰富的文化旅游主题都市综合体。①"多彩贵州城"项目的综合价值体现在：一是打造全球避暑大会的永久会场；二是民族盛会，全国少数民族文化旅游节；三是永不落幕的博览会，民族文化 Mall；四是一场试听饕餮盛宴，多彩贵州风演出；五是一部电影，《发现贵州》；六是打造一部动漫，贵州民族嘉年华，向少儿进行推广等"六个一"的文化工程。整个项目建成后，将为贵州带来数十亿元的年税收，3000 万人次/年的客流量，1 家上市公司，3 个文化品牌（将多彩贵州主题公园、多彩贵州风、民族动漫主题公园培育成可以输出的文化品牌），3 万个就业岗位和 1 张城市名片。

附表："多彩贵州城"拟建的其他旅游项目

表 1　多彩贵州游览区

单位：平方米，万元

项目名称	占地	建筑面积	投资
和谐广场	20000	—	8500
展示中心	20000	15000	15000
文化地标	20000	—	8500
多彩剧场	20000	15000	20000
多彩主题公园	20000	—	100000
餐饮文化小镇	20000	—	100000
温泉酒店	20000	15000	4000
民族部落主题酒店	20000	15000	30000
会议酒店	20000	15000	40000
坡地小镇	20000	—	180000
多彩贵州博物馆	20000	15000	30000
旅游商品配套	20000	—	10000

注：多彩贵州游览区规划面积2480亩，建筑面积152万平方米，投资64.2亿元。以丰富的都市休闲、消费为主题，设置展示中心、多彩剧场、主题公园、主题酒店、博物馆、旅游商品配套等项目，营造高品质的休闲娱乐旅游目的地。

资料来源："多彩贵州城"，http：//www.colorfulcity.cn/index.php? m = content&c = index&a = lists&catid = 44。

---

① "多彩贵州城"项目简介，http：//www.fangce.net/Article/yingxiao/xiangmu/201202/67828.html。

表 2　避暑天堂游览区

单位：平方米，万元

项目名称	占地	建筑面积	投资
夏宫	50000	—	20000
美酒河谷	100000	—	15000
茶庄	5000	15000	10000

注：避暑天堂游览区规划面积2810亩，建筑面积116万平方米，投资48.4亿元。以丰富的田园、避暑、休闲为主题，充分利用当地独特的气候资源和良好的绿化条件，打造成为都市人的避暑天堂。

资料来源："多彩贵州城"，http：//www.colorfulcity.cn/index.php? m = content&c = index&a = lists&catid = 44。

B.13
政府购买公共文化服务的困境及对策

程 颖*

摘　要： 当前，政府购买公共文化服务已成为共识，但实践中存在大量程序性缺失与技术性障碍：许多文化生产力强的个人及民间组织，因不符合有关规定而被排除在承接主体之外；文化服务的特殊性决定了部分公共文化服务只适合由特定的承接主体承接，无法适用现行的政府采购规定；文化服务内容宽广、庞杂，究竟有哪些服务项目可以购买，地方政府的规定并不明确。建议拓展政府购买公共文化服务的承接主体范围，明确自然人亦可作为承接主体；在《政府采购法》相关规定的基础上，进一步明确公共文化服务单一来源采购方式的适用范围；重新界定公共文化服务的范畴，从需求者角度出发，进一步细化政府购买公共文化服务的内容。

关键词： 政府购买　公共文化服务　承接主体　程序

一　政府购买公共文化服务的新形势

（一）文化需求构成民生的重要组成部分

过去，人们往往将民生理解为人的生老病死、衣食住行等最基本的生

---

* 程颖，贵州大学讲师，法学硕士。

存需求。随着我国经济社会的快速发展，人们的物质生活水平得到提高，在公共文化服务消费需求日益增长的今天，人民群众对文化的强烈渴求，使民生之本由原来的生产、生活资料上升为生活形态、文化消费、市民精神等既有物质需求也有精神特征的样态，文化权利已经成为公民生存权与发展权的重要组成部分。可以说，人民群众对物质生活和精神生活的双重需要，构成了当今民生的主要内容。然而，与此相交织的是，公共文化产品（服务）短缺、供给方式单一、有效供给不足等深层次矛盾与挑战亦不断凸显。

（二）政府购买是我国建设服务型政府的必然要求

目前，为学术界公认的新公共管理理论认为：（1）在政府与公众之间的关系上，政府不再是发号施令的权威官僚机构，而是以人为本的服务提供者，公民是享受公共服务的"顾客"。政府以顾客需求为导向，坚持服务取向，以提供全面而优质的公共产品、公平公正的公共服务为第一要务。（2）政府职能由"划桨"转为"掌舵"。政府在公共行政中的角色应是制定政策而不是执行政策。至于掌舵的途径，可以通过重塑市场、向私人部门施加各种可行和有利的影响让其"划桨"。（3）政府管理应广泛引入市场竞争机制，通过市场测试，让更多私营部门参与公共服务的提供，提高服务供给的质量和效率，节省成本。由此可见，按照"服务型政府"和"有限政府"的原则，为提高公共文化供给的效率，除了政府举办的公共机构以外，各种社会组织和个人，包括营利性组织和非营利组织，通过一定的机制，都能够转化为公共文化资源的供给主体。政府向社会力量购买公共文化服务，就是通过发挥市场机制的作用，把政府直接向社会公众提供的一部分公共文化服务事项，按照一定的方式和程序，交由具备条件的社会力量承担，并由政府根据服务数量和质量向其支付费用。这种新的管理模式，是现代国家行政管理理念和模式的创新，是我国建设服务型政府的必然要求。

（三）政府购买公共文化服务的政策导向

新一届国务院对进一步转变政府职能、改善公共服务做出重大部署，明确要求在公共服务领域更多利用社会力量，加大购买服务的力度。中共十八届三中全会通过的《中共中央关于全面深化改革若干重大问题的决定》指出，"推广政府购买服务，凡属事务性管理服务，原则上都要引入竞争机制，通过合同、委托等方式向社会购买"，并且将政府购买服务看作推进政府职能转变和加快事业单位分类改革的重要推力之一。十八届五中全会更是强调，创新公共服务提供方式，能由政府购买服务提供的，政府不再直接承办；能由政府和社会资本合作提供的，广泛吸引社会资本参与。国家政策很明确，即能交给市场的全部交给市场。

有关政府购买公共文化服务，国家和地方政府（以贵州省贵阳市为例）也已出台了一系列法律法规和规范性文件：《政府采购法》（2003年1月1日起施行）《国务院办公厅关于政府向社会力量购买服务的指导意见》（国办发〔2013〕96号）《国务院办公厅转发文化部等部门关于做好政府向社会力量购买公共文化服务工作意见的通知》（国办发〔2015〕37号）《财政部关于推进和完善服务项目政府采购有关问题的通知》（财库〔2014〕37号）财政部《政府购买服务管理办法（暂行）》（财综〔2014〕96号）；贵州省根据国家有关规定也出台了相应的规章制度和规范性文件：《省人民政府办公厅关于政府向社会力量购买服务的实施意见》（黔府办发〔2014〕39号）和《贵阳市关于政府向社会力量购买服务的实施意见（试行）》（筑办发函〔2014〕132号）、《贵阳市人民政府办公厅关于印发政府购买公共文化服务管理办法（暂行）》（筑府办发〔2015〕25号）等。

其实，从以上文件发布的时间顺序便可看出，公共文化服务消费需求日益增长，国家和地方政府正在努力创新公共文化服务的供给方式。这是一个长期的过程，规章制度的建立应当与实践相结合。但现状是，在政府购买公共文化服务的实践中仍然存在大量的程序性缺失与技术性障碍。

二 相关规章制度不适应现实需求

(一)《政府采购法》规定的采购合同实质不平等

《政府采购法》第四十三条明确规定"政府采购合同适用合同法。采购人和供应商之间的权利和义务,应当按照平等、自愿的原则以合同方式约定"。但对采购合同双方权利义务的配置并不合理,第十七条规定"集中采购机构进行政府采购活动,应当符合采购价格低于市场平均价格、采购效率更高、采购质量优良和服务良好的要求"。该规定的初衷是为了节约资金、防止腐败,但实践中,既不符合市场经济的要求,也起不到任何实质性作用,政府采购结果质次价高的现象普遍存在。

政府购买,其实质是社会出力、政府买单。政府购买的"单"是"力"所体现的社会价值,在本文的语境中,指的就是"文化服务"所体现的价值。文化服务的价格是其价值的货币表现形式,其高低应由市场经济决定,而不应当取决于法律的硬性规定。从法理角度看,政府部门与文化生产者之间签订购买合同,虽双方意向达成一致,并不意味着双方追求的目的相同。政府部门签订政府购买合同是为了执行公务,即向社会公益性提供公共文化服务;而合同相对方(文化生产者)则是为了营利,或者说至少不负有公益性(免费或低价)提供产品或服务的义务。政府部门可以提倡公益责任,社会力量公益性提供公共文化服务的途径多种多样(如志愿者服务),但不能以签订合同的形式将公益责任强加到合同相对方(文化生产者)身上,法律不能一味地强调政府购买的公益性而忽视合同相对方(文化生产者)的合法权利。

"政府购买"公益性的体现应当是人民群众最终能免费或低价地享受公共文化服务,而不必纠缠于政府购买所有环节的公益程度;充分发挥市场的作用,运用第三方评估或消费者反馈等机制进行防范监督才是解决问题的关键所在。否则,既不能节约资金、防止腐败,同时又降低了购买效率,人民群众也得不到真正的实惠。

（二）法定购买程序适用困难

政府购买公共文化服务不同于普通货物（工程）采购，有其自身的特殊性，并不适用于现行的法定购买程序，实践中的变通执行致使相关法律规定形同虚设。

1. 文化服务主体特殊

在市场经济环境下，提供公共文化服务的主体呈现多样化、复杂化、个性化（文化服务产品通常依靠的是生产主体、主创人员的个人劳动，可能存在非企业或非正规登记的社团等其他组织）等特点。按照"服务型政府"和"有限政府"的原则，为了提高公共文化供给的效率，在实践中除政府外，文化企业、掌握文化资源的事业单位、文化社会团体（含未登记但经常开展文化活动的民间文化团体）、个人以及各种临时组合的文化组织或团队等，这些均可成为政府购买公共文化服务的承接主体。但根据《政府采购法》第二十二条对供应商条件的规定，在实践中将有可能找不到完全符合资格的承接主体，合法的承接主体实际上又不具备供给能力，最终导致实际承接主体因不符合法律规定而被迫挂靠"合法"承接主体的变通做法。

2. 文化服务客体特殊

首先，作为公共文化服务客体的文化服务产品，本身是一种创造性生产（如文艺表演、设计创作等），通常是单件（一次性）生产，可以说其生产具有唯一性；其次，文化服务的生产与消费往往是同时进行，不能像货物交易那样进行售后服务（维修或者退、换货）；最后，文化服务属于智力型生产，通常取决于生产者（创作者）本身的知识结构和创新能力，带有极强的主观性，难以找到可以量化的客观评价标准，既不能仅以价格的高低来衡量文化服务产品质量的好坏，且部分同类文化服务产品也不具备可比性。《政府采购法》就采购方式的相关规定（如竞争性谈判遵循低价中标原则）对于公共文化服务的采购而言，并不适用。实践中，大多数文化服务产品均采取单一来源的采购方式，且绝大多数实际上并不符合《政府采购法》所规定的单一来源采购情形。

（三）购买内容不明确

我国大多数地方政府规定的购买内容并不明确，导致政府购买实践操作困难，本文以贵州省贵阳市为例。

《贵州省人民政府办公厅关于政府向社会力量购买服务的实施意见》（黔府办发〔2014〕39号）提出了指导性目录，《贵阳市关于政府向社会力量购买服务的实施意见（试行）》（筑办发函〔2014〕132号）沿用了省里规定。该目录公共文化类下包括10项：公共文化规划和政策研究、宣传服务，公共文化资讯收集与统计分析，非物质文化遗产保护及传承、传播，公共文化基础设施的管理与维护服务，政府举办的公益性文艺演出、电影放映等，政府组织的公益性艺术品创作，政府组织的文化交流合作与推广，文化产业规划与政策研究项目，政府组织的群众性文化活动的组织与实施，其他政府委托的文化服务。但该目录仍然很笼统，有基层文化部门的工作人员反映，涉及公共文化服务的许多事项不知道能否列入或列在哪一项下。

三 健全规章制度推进政府购买

当前，政府向社会力量购买服务工作尚处于探索阶段，进展程度不一，做法也不尽相同，在全国层面制定具体制度的时机还不成熟，本文就贵阳市设计政府购买公共文化服务制度提出以下建议。

（一）拓展政府购买承接主体的范围

当前的现实状况，公共文化服务机构外的文化服务主体总体上数量少、实力弱，而如前所述，一些文化个人及其团队、没有取得企业或社会组织法定身份的民间组织文化生产力强、思绪活跃，本文认为应当明确其可以以自然人身份承接政府购买，扩大公共文化服务承接主体范围，让真正的文化服务提供者得到法律上的身份认同。

《政府采购法》第二十一条规定"供应商是指向采购人提供货物、工程或者服务的法人、其他组织或者自然人",第二十四条规定"两个以上的自然人、法人或者其他组织可以组成一个联合体,以一个供应商的身份共同参加政府采购"。

《国务院办公厅关于政府向社会力量购买服务的指导意见》则规定:"承接政府购买服务的主体包括依法在民政部门登记成立或经国务院批准免予登记的社会组织,以及依法在工商管理或行业主管部门登记成立的企业、机构等社会力量。"财政部《政府购买服务管理办法(暂行)》的规定是:"承接政府购买服务的主体(以下简称'承接主体'),包括在登记管理部门登记或经国务院批准免予登记的社会组织、按事业单位分类,改革应划入公益二类或转为企业的事业单位,依法在工商管理或行业主管部门登记成立的企业、机构等社会力量。"《省人民政府办公厅关于政府向社会力量购买服务的实施意见》沿袭了国办指导意见的表述:"承接政府购买服务的主体包括依法在民政部门登记成立或经国务院批准免予登记的社会组织,以及依法在工商管理或行业主管部门登记成立的企业、机构等社会力量。"以上文件既未承认也未明确否认自然人的承接主体资格。

《国务院办公厅关于做好政府向社会力量购买公共文化服务工作意见的通知》:"承接政府向社会力量购买公共文化服务的主体主要为具备提供公共文化服务能力,且依法在登记管理部门登记或经国务院批准免予登记的社会组织和符合条件的事业单位,以及依法在工商管理或行业主管部门登记成立的企业、机构等社会力量。"加了"主要"一词,在列举的承接主体类型之外开了一个口子。

依据政府购买领域具有最高效力的《政府采购法》,自然人及自然人组成的联合体具有承接主体的资格。实践中,确实存在大量自然人(包括自然人组成的联合体)是最适合的供应商的情形,而按照国务院、财政部、贵州省的文件,经常导致实际承接主体(自然人)挂靠法人主体的变通甚至不合法做法,或者是不得不由并不适合的法人主体承接服务。

因此,本文建议明确自然人亦可作为承接主体,为实践中具备文化服务供给能力的各类主体承接服务购买提供可操作性根据。

明确自然人作为承接主体的法律身份，并不意味着降低服务质量、责任无法落实和造成市场混乱。自然人要为合同承担无限责任，责任明确，无法推诿扯皮；而其承担服务和履约能力问题，可以在具体的购买项目中设定相关条件加以规避。

（二）明确购买程序

文化服务主体和客体都具有特殊性，在内容、性质、形态、质量要求以及服务方式等方面具有不同于一般货物（工程）交易的特殊性，部分公共文化服务只适合由特定承接主体承接。本文建议扩大允许采用单一来源方式采购的范围，在《政府采购法》相关规定的基础上进一步明确单一来源采购方式的适用范围，建议符合下列情形之一的公共文化服务项目，可以采用单一来源方式采购：一是在内容、性质、形态、质量要求、服务方式以及知识产权保护等方面具有特殊性，只能由特定承接主体提供的；二是发生了不可预见的紧急情况导致不能从其他承接主体购买的；三是必须保证原有购买项目一致性或者服务配套的要求，需要继续从原承接主体添购，且添购资金总额不超过原合同购买金额10%的。采用单一来源方式采购的，购买主体或其委托的采购代理机构应当组织购买主体代表、相关专业人员和监督人员与承接主体谈判确定合理的成交价格。

（三）细化购买内容

文化服务内容宽广、庞杂，究竟有哪些服务项目可以购买需要细致规定。我国传统上是宣传文化工作部门承担文化事业工作，设置图书馆、文化馆（群艺馆）、博物馆、文化站、文化室等机构向社会提供文化服务，超出这些文化机构之外的文化资源，则基本没有纳入公共文化服务的范畴。因此，在公共文化服务提供者呈现多元化的时代，有必要重新界定公共文化服务的范畴，建议从人民群众的需求角度出发，结合基层的现实情况，界定公共文化资源的边界，对公共文化资源或服务进行分类，就目前政府购买公共文化服务的指导性目录做进一步细化。

参考文献

闫平：《试论公共文化服务体系建设》，《理论学刊》2007年第12期。

黄丽娟：《政府购买公共文化服务探析——以江苏省南通市为例》，《行政论坛》2014年第4期。

程颖：《政府购买公共文化服务的法律困境》，载《贵阳市公共文化服务建设论文集》，贵州大学出版社，2015。

金颖若：《公共文化服务资源分类体系刍议》，载《贵阳市公共文化服务建设论文集》，贵州大学出版社，2015。

B.14
国家级非物质文化遗产侗绣的保护与文化创意设想[*]

刘彩清^{**}

摘　要： 在联合国教科文组织通过的《保护非物质文化遗产公约》中，首次明确提出对非物质文化遗产的定义及其保护类型和方式，由此"非物质文化遗产"一词开始进入普通人的视野，并越来越受到各级政府的关注。本文主要以贵州省的非物质文化遗产侗绣为例，结合目前兴起的文化创意，探究如何结合文化创意的思路，更好地保护非物质文化遗产，传承民族文化。

关键词： 侗绣　创意　传承　保护

在当今全球化、现代化及经济一体化的挤压下，我国的传统文化、非物质文化遗产正面临着一场前所未有的灾难：每一分钟就可能有一首民歌、一座建筑、一种技艺消失。仅以全国的戏剧剧种为例，在20世纪50年代，全国共有剧种317个，20世纪80年代初有367个，近年来剧种数目急剧减少，到目前为止，只剩下200多个，我国非物质文化遗产消亡的速度之快可见一斑，这给我们敲响了警钟，再不合理保护，我们身边的非物质文化遗产，可

---

* 本文获贵州大学人才引进项目［项目批准号：贵大人基合字（2013）013］、贵州大学文科重大科研项目（项目批准号：GDZT201503）的资助。
** 刘彩清，贵州大学旅游与文化产业学院副教授，博士，研究方向为民族文化与人类学。

能在不久的将来,我们将变成一个完全没有历史的民族。

贵州作为一个多民族聚居区,有着丰富的非物质文化遗产,但是随着社会的发展,很多传统非物质文化遗产也面临着消亡的境遇,所以近年来,贵州省委、省政府和各级相关部门利用各种手段和方式,大力保护省内有特色的非物质文化遗产,积极发动民间申报国家级、省级非物质文化遗产,争取通过多种途径保护本省的优秀传统文化。随着今天文化创意和创意产业的快速兴起,由于高新技术的发展所带来的整个传播方式的改变,尤其是以声像和数码复制技术为代表的新科技不可避免地会影响和改变我们对传统文化的认识和理解。因此,要真正让非物质文化遗产焕发活力,就必须正视文化创意和非物质文化遗产保护之间的关系,探究到底应该如何让文化创意辅助非物质文化遗产保护,因为非物质文化遗产保护的最终目的是为了能够让它"活"起来,更好地体现它的文化属性,所以这其中必然要有文化创意的加入,才能真正突出文化遗产的精神价值。本文主要以贵州侗绣来探讨文化创意与非物质文化遗产保护之间的关系。

侗族刺绣是侗族文化的智慧结晶,是农耕文化的产物,是中国少数民族文化中的美丽篇章之一。贵州的侗绣作为贵州侗族服饰重要的组成部分,体现了重要的审美价值。在文化部2011年公布的第三批国家级非物质文化遗产名录中,贵州侗绣名列其中,可见其重要性。作为历史悠久的侗族刺绣,是侗族文化的重要表现形式,对其进行追根溯源的探究,对侗族刺绣的古老寓意和现代传承进行细致挖掘和分析,应当和当前的非物质文化遗产保护工作有着密切的联系,而针对侗绣的田野考察对当前"濒危优生"的非遗保护又将提供第一线的参考。保护侗绣就是在抢救和保护几千年的侗族传统民间工艺,就是试图从传统的挖掘中找到民族文化的根。

一 侗绣传承与保护现状及存在的问题

在对贵州地区侗绣的田野考察中发现,贵州境内的侗族主要聚集在黔东南苗族侗族自治州,所以侗绣也集中于此。

国家级非物质文化遗产侗绣的保护与文化创意设想

（一）什么是侗绣？

侗绣属于刺绣的一种，是侗族人民在侗布上一针一线刺出来的，风格独特，自然、朴素、大方，以三龙侗绣为代表，独具民族特色，是侗族人民智慧的结晶，侗族历史文化发展的见证。其图案内容以花鸟及几何图案为主，还有人物、建筑图案等，现代的侗绣经过创新，出现了很多非常时尚的元素。侗绣主要用在侗族传统服饰中，如在衣服的衣襟、衣袖、围裙以及鞋面、背带上。在过去，侗绣还被当作敬神祭祖的祭祀品，用来祭"萨"，祭土地、祭桥、祭井、祭树、祭灶、祭祖宗等。另外，侗绣还是侗族图腾崇拜、自然崇拜和多神崇拜的载体，所有的崇拜物都能在侗绣图案中找到，体现了民族的生活、心理及性格。除此以外，侗绣在色彩的使用上非常讲究，如侗锦以及各种各样的花带子，多用黑色的单色棉线织成；帕子这类的刺绣品，一般也是以白布做底，用黑线或蓝线挑花刺绣而成，而背带、围腰、挎包、童帽等侗绣作品，则多以黑色绒布或侗丰做底，用各种色彩鲜艳的丝线绣成，色彩多用红绿等颜色，且以粉红色和绿色为主，对比极其鲜明，体现出整个侗民族的心理素质和审美倾向，寄寓着他们美好的希望。

（二）侗绣的传承与保护现状

在贵州，侗绣主要集中在黔东南地区，其中尤以锦屏县最为出名，在此，笔者主要以国家级非物质文化遗产传承人陈显月和锦屏县平秋镇的巧手绣娘龙政銮、龙令香为例，探讨当下侗绣的传承与保护之路。

1964年出生于锦屏县平秋镇平秋村的陈显月，从小就跟着外婆和母亲学习侗家手工刺绣，而且还学习侗家粗布制作技艺，从种植棉花到纺织棉纱，到织成侗家粗布并用蓝靛浸染，尤其对少女腰带、小腿包绑带、少女披肩、宝宝银帽及褚裱（侗家妇女盛装）、圆鼻钩花鞋等侗家特色刺绣工艺品的制作非常在行。

1995年，陈显月在平秋镇街边开了一家杂货店，主营侗家刺绣工艺品及侗布染织品等，她的小店也成为当地妇女们学习交流侗家刺绣技艺的场所。让她认识到侗绣价值的是自己一条卖了600多元的手工背带，从此，她在侗绣上就更用心了，现在其产品价格已超过4000元。在2011年"锦屏侗绣"入选国家"非遗"名录后，她绣制的九寨背带曾卖过5000元的价格。

2012年，陈显月被评为锦屏侗族刺绣唯一的国家级传承人，她看出了侗绣中蕴藏的巨大商机。2013年，陈显月筹集资金近20万元，租借场地做厂房，购置机器设备，注册创办了名为"锦屏县北侗民族刺绣厂"的微型企业，原先在平秋村街上的小店也扩大成刺绣厂经销展示门店，将当地刺绣能手组织起来，生产开发"美霓裳"系列刺绣工艺品。人到中年的她，还学习用电脑上网，接受客商订单。目前，陈显月已取得政府专业技术部门颁发的中级工艺师技术证书，经她培训的活态传承基地学员已达100余人次，并带出了一批新徒弟。

陈显月已经意识到，要真正让民族优秀的手工技艺传承下来，必须尝试"两条腿"走路：一是保护传统工艺，走高端收藏的产品路线；二是积极生产投合市场需要的大众产品，只有走"手工+机器化"的生产之路，才有可能真正传承和保护优秀的民族手工技艺。

2001年，贵州省第三批省级非物质文化遗产传承人龙令香和妯娌龙政銮在其家乡锦屏县平秋镇平秋街上开了一家以侗族刺绣及其工艺品的加工和销售为主要经营内容的"锦屏县平秋美梭椤侗绣坊"微型企业，并于2013年5月正式注册成立。

到目前为止，美梭椤侗绣坊由最开始的妯娌两人增加到现在的十五人，这些工人主要来自周边村寨热爱侗绣的妇女。作坊的产品由原来单一的小儿背带、月亮盘刺绣产品增加到现在的绣花鞋、侗族妇女服饰褚䋺（盛装）、阳䋺（便装）、宝宝银帽、侗家姑娘刺绣腰带等二十多种产品，产品涉及刺绣、银饰、服装、布艺等几个种类。作坊现保存150多种精品，所产产品有的销往邻近的天柱县、剑河县，有的远销湖南的靖县、通道县，广西的龙胜、三江等县，甚至偶尔还会接到国际友人的订单。

（三）看似繁荣的侗绣市场

从表面看，侗绣的传承和发展有着可喜的成果，但是，受当代流行服饰的影响，今天的侗绣发展受到很大冲击，甚至有倒退之势，其中的最大威胁是价格低廉、成批生产的机器刺绣，由于手工刺绣既耗时又耗力，周期较长、价格昂贵，所以一些商家就开始用机器制品来代替传统手工艺品，导致传统侗绣手工艺品的市场受到很大威胁。在实地走访中笔者也了解到，近两年的手工侗绣市场大不如前，大多数顾客更愿意购买价格低廉的机器刺绣，手工定制的只是很少一部分，只作为盛装的修饰、定情物或用来收藏，市场需求大大减少。再加上近年来外出打工浪潮的兴起，掌握传统侗绣技艺的人数随着年龄的递减而递减，尤其是 30 岁以下的女性，几乎没有人掌握侗绣技艺。这说明自改革开放以来这段时期，侗族刺绣的发展受到一定的影响，尤其是自 21 世纪以来，现代经济对侗绣技艺的冲击可想而知。随着掌握传统侗绣手工技艺的艺人逐渐老去，又没有年轻人能够继续传承，这门手艺必将走向消亡，前景不是十分乐观。一旦传统侗绣手工技艺失去了生存的环境，失去了消费的对象，离它的消失也就不远了，我们不禁要问，到底应该如何保护和传承我们的民间文化？

目前，贵州的侗绣发展主要是采用"公司 + 农户"的方式，依然处于小规模状态，反映了贵州侗绣制造初级、分散的市场环境。作为在非物质文化遗产保护工作中成长起来的艺人们都有一定的文化自觉，知道手艺的重要性和价值所在，也在努力坚持对传统工艺的维护，但却因为市场原因生存艰难。当然，在市场的冲击下，机器化势必挤压手工产品的生存空间，从保护的角度来看，这样的机器化规模生产会破坏手工的传统，因为有的生产厂商并不是专门从事相关技艺的艺人，所以他们为了卖出自己的机器化产品，就会对传统工艺做更多的改造，来迎合市场的需求，再加上批量制作的特点，势必出现粗制滥造、质量下滑等现象，最终生产出来的产品虽然美观，但是千篇一律，最终会丧失传统手工技艺的文化内涵和技术含量。

二 对侗绣传承与保护存在问题的反思

在任何一项非物质文化遗产保护工作中，基层工作者对非物质文化遗产保护的态度和认识非常重要。一些地方的文化馆平时并不重视对一些濒危文化的考察和保护，尽管政府已经投资了田野考察的必备设施和人员，但真正到乡村中进行实地调查摸底的较少，许多民间艺人恰恰是学者在深入民间后被发现才为当地政府认可的。一些基层文化干部甚至没有基本的文化保护训练，缺少对文化遗产的自觉意识，而且大多数基层工作者重申报，不重视保护，实际上是对文化的漠视和损伤，再加上政府官员文化遗产保护意识淡薄，很多官员在视察参观时经常存在白拿或廉价购买民间艺术作品的行为，这样的行为怎么能让艺人们感受到来自政府对文化遗产的保护态度？所以，单靠几个有保护意识的民间艺人的力量，是很难真正保护具有几千年历史的侗族刺绣这门手工技艺的。

侗绣这门传统手工技艺的传承濒危的原因除了由于机器化生产逐渐取代手工生产导致传统手工技艺的扭曲与改造以外，还有一个重要原因是当前城市化进程的加快，乡村城市化让蕴含着丰富民间文化的村落正面临着消失，而村落消失的同时就是传统文化消亡的时刻。一旦传统的村落格局和生活空间发生改变，传统文化势必也难逃消亡的命运。"文化的衰败已经导致了社会的分崩离析，失去了强有力的民间传统，个人之间的道德联系也就削弱了。"

从文化解释学的角度看，如果对侗绣技艺的兴衰做一个概括性的阐释，那就是人类童年时代对大自然的畏惧消除方式，为了消除对大自然和动物的畏惧，人类通过自己的智慧，将古老的图腾崇拜和自然崇拜通过日常的衣饰变成乡民的集体潜意识，让这些畏惧的东西变成生活中的保护神，踩在脚下，变成绣花鞋；戴在头上成了宝宝银帽；戴在身上成了少女腰带和披肩，还有无可替代的华丽嫁妆。作为体现图腾崇拜和自然崇拜的侗绣，它是过去妇女在家进行的手工活动，几乎没有经济价值，手工的好坏成为衡量妇女品行的重要依据，所以在整个民间文化中很难成为主流，也就失去了很多被关注的机会，在非物质文化遗产的保护工作中也成为被忽略的对象。但同时，正因为被忽视，所以这样的传统手工技艺在乡村还能得到较好的保存。

其实侗绣除了有图腾崇拜和装饰的功能外，还有祛邪避灾的含义，太阳图案代表侗族人追求光明的愿望，蝴蝶和葫芦则承载着侗族的历史。据传说，侗族祖先曾遭水灾，很多人躲进葫芦里、骑上蝴蝶才得以幸免，因此就把这些图案绣在服饰上表达感恩之情。如果我们只看到侗绣的审美价值而不关注其中所承载的文化内涵，那这样的非物质文化遗产的保护就没有任何意义了。任何一项来自民间的文化遗产，不光要看其外在，更要看深藏在其中的文化价值和意义。

所以，目前贵州侗绣不光是面临着艺人老龄化和技艺边缘化的问题，更重要的是面临着刺绣文化背后隐藏的文化习俗的丧失。不难想象，多年以后，还有几个人会明白每一个侗绣设计和图案背后的寓意和民间精神？其实真正值得反思的是民间习俗和民间精神的丧失，这才是非物质文化遗产保护真正需要去关注的地方。

三 文化创意在传承与保护侗绣中的作用

"民间美术是技艺性的、传承性的，靠着精湛的手艺手工，靠着不可逆转、不可移植的原始精神，原始艺术和民间美术都具备着高不可及的范本的美学价值和艺术意义。"如果作为民间文化的保护者，作为正在投身非物质文化遗产保护的研究者和工作人员意识不到民间文化的价值和精神内涵，就很有可能成为粗暴的破坏者甚至漠视者。同时，在保护的过程中如果我们不关注非物质文化遗产的生存空间，不了解和感受非物质文化遗产赖以生存的民俗环境和民俗文化内涵，不懂得传统文化的生命源头，那我们的保护工作就可能只是流于形式，过于肤浅。所以，源头记录和源头探索才是当前非物质文化遗产保护的最重要的方法和思路。因为任何文化都不是一成不变的，而是会随着时代和社会的变化发生变化，侗绣技艺及其所承载的文化是这样，其他的民间文化和非物质文化遗产也是这样，而文化创意产业可以利用先进的多媒体技术手段将传统文化的精髓传承下来，既能有效地传承传统文化，又能在内容或形式上有所创新，符合当今市场的发展和需要。所以，对于侗绣的保护和传承，必须把传统和现代创意手段结合起来。笔者认为，可以从以下几方面入手对侗绣进行保护和传承。

（一）进行创意性保护

"文化创意产业"是于20世纪90年代提出的一个新概念，是指"源于个体创意、技能及才能，通过知识产权的生产与利用，而有潜力创造就业机会的产业"。其核心要素是"人的创造力"，着重强调"创意"的作用，这里的创意必须是原创的、个性化的和有价值的。前文提到的陈显月的一条背带能卖到5000元，就是因为其中充分体现了创作者的文化创意，所以才会获得市场的认可。所以，作为国家级非物质文化遗产的侗绣，要长久地生存下去，就必须在保留传统手工艺的同时充分考虑现代人的生活需求和审美需求，突出传统文化的现代特性，这样才可能抓住市场和消费者心理，满足多元化的市场需求。

（二）建立侗绣体验馆

体验馆是能够为人们提供亲身体验、亲身感悟的场所，现在多指提供亲身体验全过程的场馆，也就是在体验馆里游客有机会亲自体验侗绣的整个生产、制作过程。随着人们生活水平的提高，大家更迫切需要精神的追求和享受。受近几年其他行业体验馆的兴起，文化行业也有越来越多的文化体验馆出现，满足民众的文化消费和享受需求。作为备受关注的非物质文化遗产侗绣，完全可以建立自己的体验馆，一方面将平常在家里完成的工序和过程搬到体验馆，让参观者可以亲眼看到侗绣从创作到具体操作、再到最后成型的过程，另外也可以让参观者亲自动手参与侗绣的制作，这样可以很快拉近传统工艺与游客之间的距离，再加上对这些非物质文化遗产的讲解，更能够加深参观者对"非遗"文化从形式到内容、再到具体操作过程的理解，这样的方式可能更有助于参观者对非物质文化遗产的兴趣，能够让参观者在欣赏的过程中通过动手，加深对非遗的理解，进而自觉地加入到保护和传承的行列中。

（三）政府充分发挥带头作用

作为扮演非物质文化遗产保护第一责任人的政府，在《中华人民共和国非物质文化遗产法》的指导下，首先要认清自己的地位和重要性。要保护民间文化，必须要先获得政府的认可和重视，并且在引导艺人对传统生产方式进行创新的过程中，给予尽可能多的鼓励和支持，让濒危的非物质文化遗产既能得到很好的保护，还能尽可能地由个人凭爱好传承向集体自愿传承改变，这样传承下来的民间文化才能既有内涵又适应市场，同时要保护原创者的创新，让这些原创者感到自己的权益能够得到真正保护，而不会因为公开自己的技艺而丢掉饭碗。

所以，在任何一项非物质文化遗产的保护过程中，政府作为倡导者和实行者要发挥积极作用，让非物质文化遗产保护工作落到实处，让非物质文化遗产在现代生活中能够继续创新发展，适应当今市场的需要，继续延续其生命力。只有通过政府扶持，才能让艺人心甘情愿地将技艺传给更多人，走集体传承的道路。只有把集体的力量都调动起来，才可能真正实现民族技艺的传承。另外，政府对优秀艺人给予政策扶持和导向引领，这样才能真正激发艺人的传承和创作热情，吸引更多的人才加入到传统文化保护的行列。

参考文献

冯骥才：《鉴别草根：中国民间美术分类研究》，中州古籍出版社，2006。
高丙中：《民俗文化与民俗生活》，中国社会科学出版社，1994。
马知遥、孙悦：《文化创意和非遗保护》，天津大学出版社，2013。
田青：《非遗保护中的民俗文化》，《人民日报》2011年6月10日。

B.15
促进社会力量参与贵阳市公共文化服务[*]

盘晓愚[**]

摘　要： 社会力量是构建现代公共文化服务体系、提供公共文化服务的生力军。近年来，贵阳市积极探索推进社会力量参与公共文化服务，开展制度设计研究，力图形成社会力量参与的长效机制。本文在总结贵阳市公共文化服务体系的成就和不足、分析社会力量参与公共文化服务建设存在的问题的基础上，提出了贵阳市促进社会力量参与公共文化服务的措施建议，包括引导社会资本投入公共文化服务体系建设、培育文化类社会组织、鼓励文化志愿服务、社会化运营公共文化设施或机构、发展文化产业培育文化供给者等。

关键词： 公共文化服务　社会力量　成就和不足　措施

一　社会力量参与公共文化服务的政策导向

（一）社会力量参与公共文化服务的提出

党和政府历来重视宣传文化工作，我国社会主义初级阶段的根本任务就

---

[*] 本文是国家社科基金"西部地区公共文化服务和文化产业发展的路径研究"（项目批准号：12XMZ040）的阶段性研究成果。
[**] 盘晓愚，贵州大学资源与环境工程学院教师。

是集中力量发展社会生产力，满足人民日益增长的物质、文化需要。随着经济实力的增长、市场经济体制的建立、服务型政府的建设和维护国家文化安全提升软实力问题的日益紧迫，2005年，中共中央《关于制定国民经济和社会发展第十一个五年规划的建议》要求"加大政府对文化事业的投入，逐步形成覆盖全社会的公共文化服务体系"，在中央文件中首次出现了公共文化服务的政策表述。次年，党的十六届六中全会明确提出"加快建立覆盖全社会的公共文化服务体系"。

2007年，中共中央办公厅、国务院办公厅印发《关于加强公共文化服务体系建设的若干意见》，提出"……鼓励全社会积极参与，努力建设以公共文化产品生产供给、设施网络、资金人才技术保障、组织支撑和运行评估为基本框架的覆盖全社会的公共文化服务体系"。并专章论述创新公共文化服务运行机制，提出实行政府采购，引导社会力量以多种形式参与公共文化服务，促进公共文化服务方式的多元化、社会化。

2011年，党的十七届六中全会通过了对文化建设具有深远影响的《关于深化文化体制改革推动社会主义文化大发展大繁荣若干重大问题的决定》，提出构建公共文化服务体系，让群众广泛享有免费或优惠的基本公共文化服务，引导和鼓励社会力量通过各种形式参与公共文化服务。

（二）公共文化服务社会参与政策体系的完善

党的十八大从实现全面建成小康社会宏伟目标的高度，对建成公共文化服务体系提出了要求。2013年11月，中共十八届三中全会通过的《中共中央关于全面深化改革若干重大问题的决定》指出："全面深化改革的总目标是完善和发展中国特色社会主义制度，推进国家治理体系和治理能力现代化。"同时明确了构建现代公共文化服务体系的新要求，要"加快完善文化管理体制和文化生产经营机制，建立健全现代公共文化服务体系、现代文化市场体系，推动社会主义文化大发展大繁荣"，将建立健全现代公共文化服务体系纳入了全面深化改革和全面建成小康的全局之中。

以十八大精神为指导，2015年1月，中共中央办公厅、国务院办公厅印发《关于加快构建现代公共文化服务体系的意见》，对加快构建现代公共文化服务体系做出了具体部署。

现代公共文化服务体系指兼具时代性、创新性和开放性特征，具有中国特色的公共文化服务保障体制、运行机制，是对新形势下公共文化工作的全新概括。构建现代公共文化服务体系，要坚持社会参与以增强公共文化服务发展动力和活力。社会力量参与公共文化服务，可以投入建设公共文化设施，提供公益性文化服务，提供文化设施设备，运行和管理公共文化设施；社会组织可以参与公共文化服务，公民个人也可以参与公共文化服务；既可以提供志愿服务，也可以承接政府购买公共文化服务。

2015年5月，国务院办公厅转发文化部等四部门《关于做好政府向社会力量购买公共文化服务工作的意见》。该意见的出台，对丰富文化服务供给、提高文化服务效率、培育社会文化组织、推动公共文化服务社会化发展具有重要意义，为社会力量参与公共文化服务提供了可操作性强的方式和路径。配合此前的中办、国办《关于加快构建现代公共文化服务体系的意见》，建立起了基本完整的引导、鼓励、支持社会力量参与公共文化服务以及培育社会力量成长的政策体系。社会力量参与公共文化服务，将从此走上快车道。

二 贵阳市社会力量参与公共文化服务存在的问题

贵阳市社会力量参与公共文化服务取得了一定的成效，探索了多种行之有效的方式，但总的来看，社会力量参与的动力不足，渠道不畅，政府与社会良性互动机制尚未形成，社会力量参与公共文化服务尚处于起步阶段。

（一）参与积极性不高

激励性不强。缺乏对社会力量参与公共文化服务的奖励、鼓励政策，社会组织和个人参与公共文化服务的荣誉感和成就感不够高，企业参与缺乏稳定性，社会团体实力不足且相当部分社团因未登记而未取得合法资格，导致参与的积极性不高。

体制不顺。掌握文化资源的党政机关、事业单位和学校拥有大量文体设施等文化服务资源，但由于体制的分割，缺乏参与公共服务的动力，基本没有向本单位以外的公众开放服务。

社会参与公共文化服务较零散，参与的主体不多，参与的积极性不高。

（二）参与领域不宽

总量并不多的社会力量参与，多集中在文艺演出活动上，阅读、网络、培训、非物质文化遗产传习等方面缺少社会力量参与。对基层文化服务机构的管理和运行维护，虽然已经有尝试，但总体上社会力量参与极少。社会力量以投资或捐助设施设备、兴办实体、资助项目、赞助活动等方式参与公共文化服务的为数甚少。志愿者招募、使用面还不够广。团体志愿者很少，个人志愿者多在学校招募，较少招募掌握一定文艺技能的人员或专业文化工作者；志愿者工作的领域不宽，多在公共文化机构作为辅助人员，或临时安排参与一些政府主办的较大文化活动，最需要的基层社区、村庄的日常文化服务却缺少志愿者参与。

（三）参与提供服务的水平不高

社会力量更多的是参与送文化下乡、文化进社区演出等文艺活动，专业服务和管理服务等涉及很少，许多社会文化力量把参与公共文化服务视为一般的"做好事"，未能展示专业水平。社会力量参与提供的服务不具备经常性而带有较大随意性，群众享用这些服务并不总是很方便。社会力量参与提供的服务往往有"响应号召"或主要根据自身兴趣和特长提供的情形，因而并不完全符合群众需求，服务效果不佳。

（四）参与的工作机制未建立

参与渠道不畅。政府及其文化行政部门没有编制和公布需求清单，参与的范围和形式不明确，需求的信息不透明，没有建立规范的、经常性的接纳社会力量参与公共文化服务的机制；城乡居民也没有反映需求和反馈对公共文化服务意见的畅通渠道，除看电视外，甚至没有太多的对公共文化服务的需求。由于没有形成稳定的、被广为宣传的参与渠道，许多企业、民间组织和志愿者不知道怎样参与公共文化服务，政府也没有通畅的渠道寻求可以提供服务的社会力量，通道不畅造成参与零散。

政府的推动机制未建立。文化行政部门并没有掌握完整的具有公共文化服务能力的社会力量的信息，对社会文化力量的支持一定程度上存在随意性甚至偶然性，缺乏建立在规范程序上的对文化服务供给者的广泛扶持，容易造成不公平。各界普遍认可社会力量参与公共文化服务的理念，但责任不明确，也没有建立"平台""中介""通道"来沟通供需。在目前"大政府、小社会"的现实背景下，特别是在市场和社会组织、公民社会发育都很不充分的西部地区，社会力量很难自觉地参与到公共文化服务中来。

参与的制度保障不足。迄今为止，在社会力量参与公共文化服务领域，贵阳市政府没有出台政府规章和规范性文件，贵阳市文化行政部门没有出台规范性文件，缺乏可操作性的参与、委托、购买、评估等程序性规定。由于制度缺失，不能为形成社会力量参与公共文化服务的健全机制提供指引和保障。

三 促进贵阳市社会力量参与公共文化服务的措施

针对上述不足，根据贵阳市实际情况，借鉴发达地区的有益经验，提出以下措施，促进社会力量参与贵阳市公共文化服务。

（一）引导社会资本投入公共文化服务体系建设

1. 社会资本投入模式分析

社会力量以冠名资助、公私合作、捐赠等形式建设公共文化设施；投资举办民办博物馆、陈列馆、图书馆（农家书屋）、剧场、艺术馆、文化活动中心、文化站、文化室（文化大院）等文化服务机构，向公众免费或优惠开放；投资赞助文化活动、文化服务项目和文艺作品创作等。以上多种社会资本投入公共文化服务体系建设的模式，在发达地区已比较常见。

社会资本投入公共文化领域，从动因分析，主要有以下几种：一是社会责任感，一些具有较强经济实力的企业和个人投资文化事业，其中不少是创业成功后回报乡里，也不排除其中有争"面子"的因素；二是经济利益驱动，主观上是一种公共关系和营销行为；三是兴趣爱好或个体需求，参与、赞助文化活动或将企业、个人拥有的资源与社会共享；四是应政府要求投入，有"被自愿"的痕迹。[1]

对这些投入模式，需要形成制度化的激励、管理机制进行引导和规范。同时，中办、国办《关于加快构建现代公共文化服务体系的意见》指出，要"进一步简政放权，减少行政审批项目，吸引社会资本投入公共文化领域。"

贵阳市属于欠发达地区，经济实力强的企业和个人较少，出于社会责任感用自己的资产投入公共文化的能力有限；发展阶段使然，文化需求相对不旺盛，参与文化活动的广告效应不明显，导致企业参与积极性总体不高；"儒商""文商"等都是先商后儒、先商后文，由个人兴趣而投入较大规模资本参与提供公益性文化服务的仅寥寥数例而已；由于市场发育程度远低于发达地区，相形之下，应政府要求投入公共文化服务体系建设的比较多，政府的要求比较容易落实。而毋庸讳言，在贵阳，想投入公益文化事业，手续烦琐，且由于经济效益不突出，地方政府在很长一段时间内并不总是把太多精力放到引导社会资本参与公共文化服务体系建设上来，中办、国办文件指出了问题的要害。

2. 贵阳市社会资本投入的可行方式

贵阳市一直在探索社会资本参与公共文化服务建设的可行方式，这些年来也创造了一些成功的案例，认真总结，能从中寻求到与贵阳市经济社会文

---

[1] 孟令国、何昌廉：《引导社会力量参与公益文化事业的对策分析》，载陈瑶著《公共文化服务：制度与模式》，浙江大学出版社，2012。

化发展阶段相适应的社会资本投入公共文化服务体系建设的可行模式。

(1) 经营城市建设大型设施

贵阳孔学堂，占地460亩，总建筑面积10余万平方米，由民营企业中天城投集团、宏立城公司、凯宏公司等捐资15亿元建设。分为"公众教化区"和"中华文化研修园"两部分，分别于2013年和2015年开放，面向公众开展的文化活动主要有传统文化讲座、传统文化师资培训、向中小学生普及传统文化知识、开展文化民俗和礼仪活动等。

从政府的角度看，财政开支永远是不够的，"办文化难"难就难在缺资金。利用政府掌控的资源，采取资源互换的方式，获得宝贵的资金投入，实际是经营城市，履行了政府向群众提供公共服务的责任。

这几家企业投入巨资建设文化设施再捐赠给政府，当然有体现社会责任树立企业形象的考虑，但更重要的，是借此建立良好的政企关系，从而获得土地等稀缺资源和市政设施配套等财政投入帮扶。

这种方式的结果，是政府盘活资源，借助企业的力量完成了自己做不到的事，而这些事是服务大众的，因而得到人民群众的赞同。企业收获了好名声，通常也获取了稀缺资源，因而一般也乐意配合政府，自愿"捐赠"。

这种方式仍然是始于东部地区，在东部发达地区运用得更广泛。其隐患是，政府领导者个人因素重，操作过程不规范。在贵阳，今后的几年中，面对空前繁重的城市发展建设任务，就公共文化服务体系建设特别是其中的大型设施建设而言，这是一个有效的办法，但需要走向制度化。

(2) 合作共建多赢运营公共文化机构

南明区后巢乡山水黔城社区文化服务站，由三方合作共建，2014年开放。"三方"是指山水黔城开发商、后巢乡政府以及文化站运营管理者徐先生。山水黔城是一处大型居住地产项目，具备良好的公共文化服务条件是其地产品质的体现，因此，开发商愿意免费提供物业使用权开办文化站；后巢乡政府没有自己的综合文化服务站，急需按标准建立一个文化站；徐先生是另一家文化企业的经营者，按协议由后巢乡政府聘任为站长。形成由开发商免费提供2000平方米物业使用权给后巢乡政府，后巢乡政府挂牌成立文站,聘请徐先生为站长,委托徐站长运营的模式。徐站长的权利和义务是,投入约80万元对文化站进行装修和购置设备;引进经营性文化培训机构入驻,收取管理费;经营性文化培训机构每周一到周五免费开放,徐站长承担开放成本;徐站长组织社区业余文艺团队和文化活动。

多赢的机制是:山水黔城开发商提高了楼盘品质和价格;后巢乡政府拥有了设备一流、正常开放的文化站;社区群众有了免费文化活动场所也能享受到阅读、音乐和美术培训、文艺活动等公益性服务。徐站长收取文化培训机构入驻的管理费能够基本支持文化站日常免费开放成本,他的营利模式,一方面靠在组织社区文化活动时,拉到众多社区内商家的小额赞助;另一方面是带领社区业余文艺团队参加各种商业演出活动,文艺团队成员参加活动自娱自乐,而组织者徐站长收取费用。运营一年多,这两个渠道的收入,有望逐渐回收徐站长的前期投入并产生盈利。

资本是要逐利的,这个过程中面向群众的服务是公益性的,众多利益相关方找到契合点。每一方的投入都比较小,在贵阳,这是一种值得推广的方式。

需要完善的是,文化站运营者要保持面对群众的公益服务。同时,文化站运营者带领社区业余文艺团队参加有偿活动,如何做到不侵犯团队成员的利益,需要进一步研究。

(3)民办公助提供公益服务

社会资本举办文化机构,获得政府支持后开展公益文化服务,是社会资本投入公共文化服务体系建设的很好的方式。

贵阳交响乐团(贵阳爱乐乐团)是贵阳星力百货集团投资3000万元组建的一支职业交响乐团,实行董事会管理、乐团成员全员签约聘任制,成立于2009年并于当年首演。星力集团每年拨款1200万作为乐团运行经费;贵阳市免费提供贵阳大剧院音乐厅作为乐团专属的音乐厅以便其排练和演出,每年拨款200万~500万元支持乐团发展。乐团按照市场规律进行商业演出,每年举办约80场音乐会,每场都会留出一些票价15元的学生票,还会举办数场免费的音乐教育专场演出。6年来,乐团的艺术水平不断提高,影响持续扩大，票价适中（多在100～500元），而且每场都基本售罄，还在贵阳培养了一批忠实的交响乐听众。是一个民办公助，商业运行兼顾公共服务，经济效益和社会效益都较好的职业乐团。

民间资本举办商业文化机构，获得政府资助后承担部分公益性文化服务职责，投资者降低了投资风险；政府花小钱办大事，解决了资金、编制、专业力量不足的诸多问题。需要进一步改进的是，哪些民办文化机构能获得政府支持，怎样获得政府支持，应有一个公正、透明的程序。

3. 建立激励和规范社会资本投入公共文化体系建设的制度

社会资本投入公共文化体系建设，目前最大的问题，是随意性较强。应该加快制定规章制度，照章办事。

城市建设中，应有文化设施建设的强制性规定。城市大规模扩张既为配套文化设施建设带来压力同时也带来了机遇，开发商进行土地开发，必须按照《贵阳市公共文化设施布局规划》规定的服务人口和服务半径，规划建设公共文化设施，由公共文化机构、其他社会组织管理运行或者由开发商自行管理运行，向居民提供公益性服务。对该设施使用土地，可以采取划拨方式。对于社会资本投入公共文化领域必须要履行的审批程序，由项目所在地文化行政部门协助完成。通过这些做法，规范社会资本建设文化设施的行为，防止因领导人个人注意力的转移导致对文化设施建设的忽视，也防止社会资本漫天要价，索取更多资源作为补偿。

推动建立健全公开透明的社会捐赠管理制度。对捐赠公益事业资金的税费问题，建议上级政府出台统一的规定予以规范。

应该尽快制定文化设施命名、授予投入公共文化服务体系的社会力量荣誉称号的激励制度。

（二）培育文化类非营利社会组织

文化类非营利社会组织是增加文化供给、满足群众需求、繁荣社会主义文化的重要力量，要努力建设一批制度健全、权责明确、管理规范、活动长久、内容健康，具有一定影响力的文化类社会组织。要坚持去行政化、去垄断化的改革方向，鼓励文化类非营利社会组织自治发展，发挥自我管理、自我教育的作用，激发蕴藏在人民群众中的巨大文化生产力，与公共文化事业单位良性竞争，增强公共文化运行活力。

1. 支持社会组织发展

场地支持。充分利用区县文化馆和社区、乡镇、居委会、村委会管理的文化站、图书室、活动中心、学校公共活动场所等资源，以免租或低租形式为文化类社会组织提供场地、办公设备等支持，降低其运行成本。

评级补助。建立健全评估考核指标体系，围绕社会服务质量、服务效果等方面情况，通过业务主管部门或受委托的第三方对文化类社会组织定期开展的评估考核进行等级评定，并分级给予补助。

奖励激励。对活动开展好、群众满意度高的文化类社会组织，每年进行表彰，同时给予资金扶持。

参与政府购买。建立政府委托、授权、购买服务的机制，加快政府职能转变，鼓励文化类社会组织参与政府购买公共文化服务，在符合项目专业性、技术性要求的前提下，政府部门应优先向本土社会组织购买服务，促使其提高水平。

加强服务。加强对文化类社会组织人员的培训辅导，包括注册指导、项目咨询等；搭建沟通平台，及时向社会组织提供各类文化服务信息，为相互合作、资源共享创造条件。加强对国家鼓励社会组织发展的政策和法规的宣传，为文化类社会组织的发展营造良好的社会环境。

2. 规范社会组织发展

监督引导。坚持培育发展和监督管理并重的方针，市民政局、文化局、文明办等登记管理机关和业务主管单位，要依法加强经常性的管理和监督工作，严肃查处违规违法行为，鼓励在法律范围内的文化创新行为。

鼓励登记备案。鼓励民间自发组成的文化类团体进行民政登记，对暂不符合民政登记条件的城乡社区社会组织，按照《贵阳市城乡社区社会组织备案工作规则（试行）》，在社区服务中心或乡镇人民政府备案；对已在社区服务中心或乡镇人民政府备案的城乡社区社会组织，引导、扶持达到登记条件，在民政部门登记为社会团体。

规范内部管理。完善文化类社会组织法人治理结构，明确会员大会、理事会、监事会和管理层的职责，推行监事监督制度，扩大社会监督渠道，提高运作透明度，健全监事专职监督、会员民主监督、社会公开监督相结合的自律监督制度建设。

建立健全退出机制。对文化类社会组织出现自行解散、合并分立、无法按照章程规定继续开展活动等情形，在进行财产清算后，办理注销手续。对活动不正常、运作能力弱和社会认可度低的，引导其合并或注销。对不符合设立条件、弄虚作假骗取登记的，组织机构不健全、管理混乱、超过一年未开展活动，符合注销条件但不办理注销手续的，一年未年检的、连续两年年检不合格的，实行有序退出。对违反国家法律的，依照法律追究责任，并予以撤销。

（三）鼓励文化志愿服务

弘扬志愿服务精神，坚持志愿服务与政府服务、市场服务相衔接，奉献社会与自我发展相统一，社会倡导和自愿参与相结合，构建参与广泛、内容丰富、形式多样、机制健全的文化志愿服务体系。引导和鼓励各类社会组织和个人参与政府及其文化机构组织的文化培训辅导、文艺演出、文化宣传交流、文化遗产保护传承、公共文化机构辅助管理服务等文化志愿服务，或自行有序举办公益性文化服务活动。

鼓励城区的机关、企事业单位、社会组织和个人以公益、捐赠、价格优惠等方式向农村提供文化服务和产品，促进公共文化服务以城带乡、城乡一体化发展。

通过政府专项扶持、政府购买服务、社会募集等多渠道筹集必要的资金，为开展文化服务志愿活动提供必要的经费支持。利用媒体广泛宣传文化志愿者的事迹，与共青团、教育部门共同对表现突出的文化志愿者给予表彰。

建立健全志愿者管理机制，逐步形成市级、区县、乡镇（社区）、公共文化服务单位四级文化志愿者队伍和招募管理网络，实现志愿者、服务对象和活动项目的有效衔接；动员组织专家学者、艺术家、运动员等社会知名人士参加志愿服务，提高志愿服务的社会影响力；定期开展文化志愿者的岗前培训和业务培训，提升文化志愿者的服务意识、服务能力和服务水平。

（四）社会化运营公共文化设施或机构

创新公共文化设施管理模式，探索开展公共文化设施社会化运营试点，通过委托或招标等方式吸引有实力的社会组织和企业参与公共文化设施的运营。基层文化中心、文化站、文化室等小型公共文化设施的运行，可采取购买管理服务的方式，由具有专业能力的社会力量管理运行，节约运行维护成本，提高服务水平。社会组织或个人可以以多种方式参与公共文化设施的具体服务事务、专业技术工作和运营、管理事务。

对于可部分开展经营项目的文化设施或项目，以商补文是常见模式，浙江等地有丰富的"国有民营"实践。[①] 问题在于，在同一处设施或同一个服务机构内，公益部分和经营部分怎样划分，挣钱的"商"如何补花钱的"文"，还需要进一步研究和在实践中探索可操作的办法。政府出钱委托社会力量运营公共文化服务设施或机构，相当于政府购买管理服务，受委托的运营单位不能营利，在目前条件下是可以推广的做法。

如乌当区创新社区，由社区服务中心将文化服务委托给第三方——民办非企业单位乌当创新蔚蓝社会工作服务社承担，按合同将运行经费拨付给创新蔚蓝社会工作服务社，创新蔚蓝社会工作服务社负责管理社区文化服务中心并开展文化活动。

通过购买管理服务来运营公共文化设施有三个突出优点：一是不占编制，突破了基层公共文化机构正常运转的一个瓶颈；二是专业，承接单位是专业机构，而且可能随着业务的扩大发展为管理数个文化机构，类似于连锁经营；三是形成了激励机制，运营单位绩效不好，是可以被替换的。

---

① 林敏娟：《公共文化服务中的民营企业角色》，中国社会出版社，2014。

这种做法要推广且取得好的效果，问题仍然是程序的规范化。承接委托管理的单位，用什么方式来选定，不能太随意，以保证用最低的代价选到最好的单位；同时，具有承接资格的单位，要有公平参与竞争的机会。

（五）发展文化产业培育文化供给者

文化建设包括公共文化服务和文化产业，"公共文化服务"是市场经济背景下对"公益性文化事业"的表述。公共文化服务和文化产业水乳交融：公共文化服务培育基本的文化需求，文化产品由于其价值观载体特性必然要承担公共文化服务的职责；二者可以共享人员、设施等社会资源，公共文化服务的实现需要借助产业化的手段同时又要为文化产业的发展提供公共服务，文化产业能够提高公共文化服务的能力。

文化产业增强公共文化服务的供给能力，经营性文化产品的供给者，也能成为公益性文化产品的供给者。经营性文化服务和公益性文化服务，从生产或者产品角度讲是相同的，不同的是它们在最终提供给消费者的时候，是商业性的还是公益性的，通过政府购买、志愿服务等手段的转换，文化产业供给者的服务可以公益性地提供给文化消费者。由于资本的逐利本性，文化产业供给者往往在文化服务产品生产上更高效和更高质量，因而能够提高公共文化服务的供给能力。

文化产业满足超出基本需求之外的多样化文化需求，丰富文化供给。因此，随着条件的改善，在公共文化服务的范围扩大时，文化产业做好了相关的供给准备。

贵阳市应从产业发展和社会建设两个方面高度重视新闻出版发行、广播电视电影、文化艺术、文化信息传输、文化创意和设计、文化休闲娱乐、工艺美术品生产、艺术培训等文化产业，通过文化产业壮大文化企业实力，培养公共文化服务的后备军。国内外经验证明，凡是具备了强大的文化产业，都能提供完备的公共文化服务；提供了完备的公共文化服务，就会在这个文化氛围中孕育强大的文化产业。

采取以上措施，引导、鼓励、支持社会力量参与公共文化服务，同时在服务中壮大自己，增强文化供给的能力，贵阳市能够加快改善公共文化服务，早日建立起现代公共文化服务体系。

参考文献

《2014年贵阳市政府工作报告》，贵阳市人民政府网。

上海高校都市文化 E - 研究院：《2011年全国31个省市自治区公共文化服务指数蓝皮书》，商务印书馆，2012。

林敏娟：《公共文化服务中的民营企业角色》，中国社会出版社，2014。

B.16
贵州省茶文化产业发展策略研究

罗以洪　谢孝明＊

摘　要： 贵州是中国种茶、制茶和饮茶最早的地区之一，是我国茶文化的"文化千岛"和茶文化胜地。通过对贵州茶文化及历史的梳理，分析黔茶文化产业发展的现状，发现黔茶文化产业发展主要存在品牌综合竞争力不高、茶产品文化附加值较低、茶文化产业投入不足、与优秀茶区茶文化宣传推广差距大等问题，提出从构建系统完整的黔茶文化体系、培育黔茶文化产业龙头企业做大做强、以茶文化产业软实力提高黔茶产品硬实力、推进茶旅融合发展等措施，推进贵州茶文化产业的特色发展之路。

关键词： 贵州省茶文化产业　黔茶　"都匀毛尖"　发展策略

　　茶已是世界三大无酒精饮料之一，有饮茶嗜好的人遍及全球。随着社会的发展进步，茶不仅已经成为一种饮料和食品，更是一种文化的象征，茶文化产业的发展，是推动茶实体经济发展的重要因素。《现代汉语词典》认为，茶文化是人类社会发展进程中有关茶的物质财富和精神财富的总和，包括以茶为载体的生产活动中的物质文化、流通和生产过程中的制度文化、民

＊ 罗以洪，贵州省社会科学院区域经济研究所副研究员，博士，研究方向为区域经济、贵州茶产业转型、技术创新管理、产业集群；谢孝明，贵州省社会科学院历史研究所副研究员，博士，研究方向为中国思想文化史、中国经济思想史、黔茶历史、书院与儒学传播、湖湘文化与湖南人才群体研究、湘黔文化交流史等。

族文化内容为主的行为文化和茶事活动中价值及艺术体现的心态文化。传统茶文化与人们社会生活关系密切，"琴棋书画酒诗茶"的艺术境界，"柴米油盐酱醋茶"的平民生活体验，茶已经逐渐成为文化的载体，文化传播的符号。在英国，人们将茶作为养颜美体的健康饮品，勃莱迪牧师就将茶作为"健康之液，灵魂之饮"。法国人将茶视为"最温柔、最浪漫、最富有诗意的饮品"。在亚洲，日本人不仅将茶视为"万病之药"，更使饮茶超越了普通的生活需求，将茶与文化艺术融合，发展出一项优雅的文化艺术——茶道。

中国是全世界种茶、加工茶和饮用茶最早的国家，其历史可追溯到远古时代，据研究，茶的使用源于中国，中国是世界茶文化的发源地。上古历史时期就有了关于茶的各种传说和神话流传。在《神农本草经》中记载道："茶之为饮，发乎神农。"晋·常璩《华阳国志·巴志》中记载道："周武王伐纣，实得巴蜀之师……茶蜜……皆纳贡之。"在公元8世纪后陆羽的《茶经》问世。宋徽宗在1107年（大观元年）编著《大观茶论》，以帝王的权威，向全国发布条例，倡导茶学，让茶文化弘扬光大。15世纪，中国茶叶逐渐开始销往欧洲市场，茶叶成为中国出口贸易中的重要产品，中国在带去茶叶产品的同时，也向欧洲输出了中国文化。明神宗万历三十八年（1610年），荷兰人从澳门贩茶并转运到欧洲，万历四十四年（1616年），中国茶叶运销到丹麦，万历四十六年（1618年），明皇朝派遣钦差大臣到俄国，并向俄国沙皇馈赠中国茶叶，很快中国茶叶就在俄国打开销路，且逐渐改变了俄国人的饮料消费习惯，如今俄罗斯已成为世界上最大的茶叶消费国。随着我国经济社会的快速发展和与全球经济文化的深度融合，中国茶文化这颗璀璨明珠将更加绚丽多彩。

贵州是中国种茶、制茶和饮茶最早的地区之一，茶生中国、根植西南。5000多万年前逐渐形成的贵州特殊地理地质环境和气候条件为贵州成为古老的优质产茶区和深厚的茶文化奠定了坚实基础。贵州茶历史文化悠久，茶叶品质优良，境内民族众多，各地少数民族文化各具特色、异彩纷呈，每个民族以茶为载体，呈现了丰富多彩、各具特色的茶文化，是我国茶文化的

"文化千岛"和茶文化胜地。大力弘扬和发展黔茶文化，加大黔茶文化的产业开发与利用，将黔茶文化与黔茶产业有效融合，是实现贵州省茶产业转型升级发展、让黔茶面向全国、走向世界的重要途径。

一 丰富多彩的黔茶文化

黔茶，是贵州茶的简称。贵州是中国种茶、制茶和饮茶最早的地区之一，地理环境得天独厚、民族众多，茶文化底蕴深厚，是中国茶文化发展的重要代表和典型。贵州茶文化，就是贵州省区域内的茶文化，具有典型的贵州特征。贵州茶文化资源丰富多彩，茶文化底蕴深厚，茶文化资源是贵州丰富文化资源中的重要部分。

（一）古茶树原生态文化独树一帜

依据古生物、古地质、古气候、古人类考古研究，以及对近2000年人类社会历史考古、茶学发展研究发现，地处我国西南部的云贵高原，不仅是人类最早活动的区域（如元谋人），也是古生物的发祥地，是全世界茶树的原产地中心地带和世界茶文化的发祥地，各种古生物化石层出不穷，贵州高原也被古生物专家称为"化石王国"。

1980年7月13日，贵州省野生茶树资源调查组成员、晴隆县农业局高级农艺师卢其明在贵州晴隆县碧痕镇西部营头大山笋家箐发现茶籽化石一块，经中国科学院南京古生物研究所、中科院地球化石学研究所、贵州省地质研究所等有关权威部门和专家鉴定，初步认为这块化石是新生代第三纪四球茶的茶籽化石，距今已有约100万年，这是迄今为止世界上发现的唯一的茶籽化石。1986年，在晴隆县境内还发现了各种珍稀古茶树品种，如大茶树、红瘤果茶树、红茶树、红药红山茶树、大苦茶树、白花茶树等。在普安县（与晴隆相邻）普白大箐原始森林，发现茶树活化石"白茶"品种，在夜朗坝、江西坡、普白林场等地发现了大量的野生古茶树群落，面积达500多亩，树龄有千年以上的茶树就有近千株，最大的古茶树直径有170~180

厘米，在国内外均极为罕见，贵州成为我国珍贵的古茶树宝库源。在务川县发现了野生大茶树达万余株，在湄潭县的云贵山发现了大量的野生大茶树，这些对贵州属茶树的原生地植物群落考证说明，贵州不仅是古茶树的发祥地，更是名副其实的"古茶之乡"。晴隆茶籽化石的发现，全世界茶叶史学家不得不承认，中国的云贵高原是茶树的原生地，茶树是以云贵高原为中心向适树区发展。茶籽化石的出现，更科学地奠定了贵州是茶树起源、茶树原产地。晴隆茶籽化石的发现，使全人类对茶树研究有了更科学的认识和判断，小小茶籽，宝贵财富，其价值永载茶源史册。

（二）多民族特征的茶文化丰富多彩

贵州是一个多民族的省份，有17个世居少数民族。千百年来，各个不同的少数民族孕育了贵州丰富多彩的民族文化。贵州具有悠久的发现茶、生产种植茶、利用茶的历史，长期对茶的生产及利用，逐渐形成了独具特色、丰富多彩的黔茶文化。黔东南的苗族鼎罐茶，黔西南晴隆、普安的苗族擂茶，铜仁市德江、思南、印江、沿河一带的土家族罐罐茶、土家油茶，还有各地的放信茶、讨茶、吃油茶、姜茶、打油茶等，民族文化特色极其浓郁。

唐朝建中元年（780年），唐代茶圣陆羽就在《茶经·八之出》中这样描述了"都濡高株茶"："黔中生思州、播州、费州、夷州……往往得之，其味极佳"，这里的黔中就是现在的贵州北部、四川东南部、湖南西部及湖北的西南部，也就是四川盆地南部、东南部、武陵山区、贵州高原、大巴山区南等区域，其中思州、播州、费州、夷州中除重庆市的酉阳、秀山县外全属于贵州，含今天的遵义市的11个县市，而都濡月兔茶就是现在务川县的务川大叶茶。北宋绍圣二年（1095年），北宋著名文学家、书法家黄庭坚遭贬到涪州（今重庆市涪陵区）做别驾，被安置到黔州（今重庆市彭水苗族土家族自治县，当时的黔州辖今道真及务川等县），在此任职期间黄庭坚四处游玩，在品饮"都濡月兔"名茶后，写下了贵州最早的茶诗《阮郎归》，"酒阑传碗舞红袖，都濡春味长"，都濡就隶属于今天的务川县濯水镇。

对茶的称呼在贵州的少数民族文化中都有丰富的内涵。贵州方言、少数民族语言与茶的称呼有着千丝万缕的联系，通过深入研究认为，茶、诧、槚、蔎、茗、荈、皋芦、苦荼等古汉字的来源都与贵州少数民族方言有关①。在黔南州布依族方言中，普遍称茶为"荈""改"，有的称茶为"槚"。长顺、惠水一带布依族称茶为"者"，与两县接壤的安顺、紫云、镇宁一带布依族称茶也叫"者"，但黔西南州贞丰及周边县的布依族则称茶为"莎"，都匀市摆忙乡甲林寨的布依族称茶为"诘"。黔南苗族方言中，茶有"吉""及"等称谓，黔南州贵定县、龙里县、惠水县三县交界地云雾山（今贵定县云雾镇）海葩苗就称茶为"几"②，黔南瓮安、遵义湄潭一带的苗族则称茶为"刷"，都匀、三都一带苗族称茶为"无及"，黔西南州贞丰苗族则称茶为"将"，织金苗族或许受彝族语影响，称茶为"阿沱"，罗甸边阳镇和罗沙乡周边村寨的布依族、苗族则称茶为"蔎"。黔南三都县东区水族方言称茶为"節"，西南区水族称茶为"雜（杂）"，北区水族称茶为"銀雞切"③，独山县水岩乡水族称茶为"节"。黔南、黔东南侗族中称茶为"谢"，都匀瑶族分支绕家则把茶称为"檽记"，盘县彝族称茶为"爬拖"。将这些贵州少数民族茶方言对比发现相同的"荈""蔎""槚"等称谓和贵州少数民族特有的"吉""几""及""诘""节""雞"等称谓之间是极具相似与关联，充分说明了黔茶悠久的历史文化内涵④。

（三）民俗民间茶文化独具特色

由于地处少数民族地区及偏远山区，长期以来，贵州的交通、信息闭塞，都是被国家主流文化边缘化的区域，生活在贵州的各族民众，在其繁衍生息的历史进程中，创作、继承、发展了自己形式多样、独具特色的民俗民间茶文化。另外，由于地貌特殊、地形复杂、民族众多、风俗各异，长期以

---

① 罗庆芳：《贵州茶》，贵州人民出版社，2009，第98页。
② 张其生、何莲：《贵州高原民族茶文化解读》，载《茶苑》2004年第3期，第28~30页。
③ 胡嶲羽：《贵州省三合县志略》，成文出版社，1940，第67~68、387~530页。
④ 张文磊、陈跃华等承担的贵州省教育厅高校人文社会科学研究基地项目（项目编号：11JD007）《黔南世居少数民族茶文化开发研究报告》，第7页。

来形成的文化是一座座文化孤岛,即使是相邻区域间也存在文化氛围、民族习惯完全不同的情况,"五里不同俗,十里不同天"是贵州民族特色的具体表现。茶在不同的文化环境中及领域中被广泛利用,包括在宗教、祭祀、社交、婚礼、礼仪等方面的应用,构成了贵州土著居民特有的民俗民间茶文化。黔北的"放信茶"、务川的"讨茶"等习俗逐渐被挖掘和发现,这些优秀的茶文化资源传承体现了较高的茶文化旅游资源价值。从古至今,贵州不少文人墨客和饮茶爱好者,留下了大量的茶诗、茶词、茶赋、茶歌等茶文化艺术作品,在长期的茶叶生产和饮用中,各民族同胞也积累了丰富的经验,创造了许多富有民族特色的茶礼和茶俗文化。黔东南州的敬茶、浅茶满酒,黔南州的贡茶及栽培生产工艺,铜仁市的茶礼迎宾文化等,都是贵州各族人民茶文化集体智慧的传承,这些不同的茶文化体现了贵州人民长期形成的积极向上、意义深远的茶文化传承,丰富了中国茶文化的深刻内涵。

(四)茶历史文化及人文景观层出不穷

与茶相关的贵州历史事件、各类文物、历史人文、独特建筑风情等是黔茶文化宝贵的重要资源。贵州有贡茶数十支,拥有2000多年贡茶文化历史的金沙县贡茶,距今已有1200多年历史的远县都坪镇天印村天印贡茶,至今已有600年历史的源于"团龙贡茶"的梵净山贡茶,从隋朝开始且有六朝贡史,被称为"六朝贡茶"的黔南州云雾镇鸟王村关口寨的云雾贡茶(鸟王贡茶),此处尚存清乾隆五十五年(1790年)四月所立的云雾贡茶产地界碑。还有抗日战争时期民国中央实验茶场落户遵义湄潭的茶业产业化生产加工历史遗址,这是中国最早的茶工业化遗址和茶叶机械化加工生产线。同样还有湄潭苏步青、刘淦芝、江问渔等成立的"湄江吟社",湄潭文庙,中国最大的壶型象形建筑——天下第一壶等。

(五)贵州茶产业发展历史源远流长

贵州是我国茶产业发展的原产地之一,茶产业发展历史悠久。贵州从汉代开始就有茶事记载,《贵州古代史》记载,公元前135年(汉武帝建元六年)发现的夜郎市场(今贵州省安顺市境内)上茶叶商品市场繁荣,比王褒《僮约》中记述的"烹茶尽具"和"武阳买茶"(武阳,今四川省彭州市境内)记录的我国最早茶叶市场要早76年,贵州作为古夜郎国的中心地区,也是茶树原生地的核心区,夜郎是西汉最早的茶市,当时武阳属夜郎,说明夜郎是中国乃至世界最早的初级茶市。《史记·货殖列传》记载,汉武帝时,巴郡将茶叶运到甘肃省武都去卖,当时巴郡就包括了目前贵州境内的道真县、务川县、德江县、习水县等地。古黔先后出现的濮、苗两大民族,早在唐以前就创造了贵州的史前文化和农耕文化,《贵州古代史》记述了濮、苗民族将蒸煮技术运用于茶叶加工中,并逐渐形成了以茶代酒的习俗,在自擂茶、油茶制作中,将饮茶与吃茶结合,变饮酒习惯为喝油茶吃擂茶,既养生又治病的茶饮食文化很快在贵州少数民族地区形成特有风格。贵州茶文化的形成是我国茶文化发展的开端,贵州茶文化产业的发展也是对人类茶文化产业形成和发展的促进。

二 黔茶文化产业发展现状分析

茶叶不仅作为一种消费产品,更是一种与经济活动相结合的文化产业,是促进贵州省经济社会快速发展的有力补充。贵州省委、省政府高度重视茶产业发展,通过大力发展茶文化产业,各级各部门和各有关单位做了大量工作,取得了明显成效。2014年,贵州省茶园662万亩,产量18.1万吨,产值165亿元,黔茶文化得到较大推广,贵州省茶产业继续保持着稳中有升的发展态势。

(一)黔茶产业在全国综合地位显著提升

茶产业是省委、省政府重点打造的"五张名片"产业之一。通过贵州省的共同努力,依托贵州茶叶的自然优势和民族文化优势,以"三绿一红"品牌为主要代表的黔茶知名度和综合影响力不断提升,目标市场进一步拓展,黔茶走出去的步伐更快和更加坚实。贵州省茶基地的规模化、标准化、生态化、集约化水平得到进一步提升,初步奠定了贵州作为中国茶叶原料中心、加工中心的地位;茶加工企业实现了加工集约化、标准化、规模化、清洁化发展,产品性价比不断提高,黔茶产业的综合竞争力不断增强。

一是茶园种植面积全国第一。2014年,贵州省茶园种植面积660万亩,采摘面积350万亩,茶园种植面积占全国的16.05%,茶园种植面积位居全国第一。

二是茶叶产量全国增长最多。2014年,贵州省干毛茶总产量18.12万吨,同比增加4.7万吨,增长35%,增速全国最高,其中增加值占全国绝对增加值的24.1%,贵州省干毛茶总产量占全国的8.66%。

三是茶叶总产值增长全国最快。2014年,贵州省茶叶产值实现165亿元,同比增长55.9亿元,增长52.98%,综合产值271亿元,同比增长78.2%,增长的绝对值及增长速度全国最高。

四是区域公共品牌影响力大幅度提升。围绕以"三绿一红"为重点的品牌建设,突出抓好宣传推介,使贵州茶品牌的知名度、影响力在全国迅速提升。2014年以来,在国内平面媒体报道贵州茶产业动态有2420条、广告1071条,采取多种措施,使贵州省茶叶的品牌影响力得到较大提升。

(二)深挖文化内涵,提高了品牌软实力

贵州省将"都匀毛尖""湄潭翠芽""梵净山翠峰茶"等品牌作为现代农业及农业产业化发展的重要示范,充分利用贵州省茶叶生长的自然地理环境优势,依托"都匀毛尖""湄潭翠芽""梵净山翠峰茶""贵定云雾贡茶""瀑布毛峰"等品牌历史和民族文化传承,整合贵州省茶品牌文化,不断提升黔茶品牌在全国的核心竞争力和品牌知名度。

一是挖掘贵州茶文化内涵,扩大黔茶宣传力度。充分依托贵州省茶叶品牌所在区域的民族文化优势,深挖文化内涵,提高黔茶品牌的软实力。通过在中央电视台及网络播放《贵州茶香》MV,2015年上半年在央视三套播出176次,总收视率为38.55%,累计接触近4.7亿人次,2015年底累计接触人次突破9亿。省内茶区域公共品牌代言人、宣传片等推介资料中，充分融入了布依族、苗族、侗族、土家族、仡佬族等民族文化，提升了茶产品的民族文化内涵。

二是提升企业黔茶文化内涵，发挥企业能动力。采取"政府引导、企业主体"的原则，通过协会管理，围绕目标市场，加大企业品牌与黔茶文化的融合，提升黔茶的文化内涵，扩大品牌的知名度及产品的市场占有率，通过各种产品推介活动，扩大企业的产品文化影响力。2014年，共组织500家次茶叶企业参加了北京、上海等地的茶博会，在贵阳、北京、深圳等城市共举办5次万人规模的品茗活动，10万人次的免费品鉴贵州绿茶活动，通过企业的活动推广，提高了区域公共品牌及茶叶企业品牌知名度，提升了黔茶的文化影响力，实现了黔茶文化优势与企业品牌优势的组合，2014年贵州茶叶企业获各类奖项100次以上。

三是通过专题纪念活动扩大品牌知名度。以黔茶文化为载体，通过举办各种与茶文化相关的专题纪念活动，扩大品牌知名度。组织开展了贵州茶产业十大系列评选活动，对2015年春节期间返乡农民工宣传推荐贵州茶文化，2015年贵州省春茶斗茶赛，2014年度贵州名茶最佳销售奖、名茶销售最佳企业、贵州茶产业第一县等系列评选活动。开展茶文化"六进"活动计528次，引导形成了全社会饮茶、爱茶、关心茶的良好氛围。利用"都匀毛尖"茶荣获"巴拿马—太平洋万国博览会"金奖100周年为契机，举办了盛大的纪念活动，提升了以"都匀毛尖"为主的黔茶文化和品牌的市场影响力，进一步提升贵州绿茶在业界和消费者中的知名度和影响力。

（三）黔茶文化作品开发上取得一定成效

将悠久的黔茶历史和现代黔茶产业发展相结合，黔茶文化作品开发上取得了显著成效，几千年来留下了成千上万的茶诗、茶词、茶赋、茶歌、茶联、茶故事等文艺作品和文学作品，抗战期间从浙江大学西迁到湄潭的教授学者在《湄江吟社》创作的150多首茶诗，也是贵州茶文化的一笔珍贵财富。

一是黔茶文化艺术成果丰硕。由罗庆芳主编的《中国茶典》被评价为"为中国茶与文化的好史书"。2005年9月，《茶周刊》和《茶韵》相继创刊，阐述贵州茶文化的各类文章和专著不断涌现。公开出版的书籍包括：周开迅主编的《茶的途程》，贵州茶文化研究会牵头编写的《贵州茶》，贵州省农广校牵头编写的《贵州茶文化》，李金顺编著的《黔山茶话》《贵州茶百科全书》，反映茶人生活及茶界活动的电视片、小说、散文、诗歌、楹联作品众多、范围广，搜集整理了大量的茶故事。在电视片拍摄上，20集纪录片《茶旅天下·贵州篇》成功拍摄并播出。第一部以茶文化发展为主题，反映"都匀毛尖"茶历史为题材的电视剧《鱼钩巷》2016年开拍。赵剑平主编的《茶说遵义》文艺作品集出版发行，中国戏剧出版社出版发行《茶国行吟》茶诗词选集。这些作品的诞生，促进了广大茶人和文艺创作者的积极性，掀起了群众性的创作热潮，在近10年中贵州茶文化得到前所未有的空前大发展大繁荣。

二是以黔茶文化为主导的茶事活动空前发展。2007年以来，以"贵州绿茶·秀甲天下"为主题，组织企业参加北京、上海等茶博会。举办了中国贵州国际绿茶博览会。创立了"国酒茅台·国品黔茶"、聚福轩黔茶库连锁加盟平台。2009年9月评选出贵州十大名茶，2010年评选出贵州五大名茶、三大名茶。举办了贵州省第一届茶文化节，举办了"贵州省第二届茶艺茶道大赛"。举办了贵州省第二届茶文化节，2009年中国贵州国际绿茶博览会，2010年贵州国际绿茶博览会，2011年中国贵州国际绿茶博览会，贵州省春茶开采节，贵州省万人品茗活动，中国贵州环保·茶文化杯诗联书画摄影作品竞赛活动，第二届贵州茶业经济年会，首届贵州茶业经济年会，2015中国（贵州·遵义）国际茶文化节暨茶产业博览会，2015年"都匀毛尖"世博名茶百年品牌推介活动等。

（四）依托黔茶文化优势提升发展黔茶产业

中国文化之所以受到世界的追崇，与茶作为中国文化传播的媒介密切相关。现代茶文化蓬勃发展和茶文化活动的广泛开展，不仅丰富了广大人民群众的物质文化生活,且有力地促进了社会的和谐进步和茶产业的快速发展。

(1) 以茶文化促进社会的和谐与进步。茶是我国的"国饮"。"茶为国饮"增进国民的身体健康,有利于反腐倡廉和精神文明建设,促进了国际国内交流及和谐社会发展,促进了贫困地区农民的致富和社会的进步,是欠发达地区实施大扶贫战略的重要选择。

(2) 茶文化促进了茶产业的发展。中国经济建设的飞跃发展促进了文化事业的快速发展。在大力弘扬茶文化的背景下,近几年来我国兴起了茶文化热,"多喝茶、喝好茶"理念得到多数人的认可,促进了茶叶产品的多元化消费,促进了中国茶叶生产、贸易、茶旅游业的发展。茶叶市场的繁荣、茶农的富裕,带动了地方经济的全面发展。借着茶文化热对茶叶产区名优茶的开发,为茶产业的进一步发展奠定了坚实基础。茶区利用各自的优势条件,加强茶旅游文化建设,建成了一批富有民族特色和茶文化内容的旅游景点,受到中外游客的欢迎。

(3) 茶文化产业成为贵州发展的新优势。茶产业是贵州省"守底线、走新路、奔小康",充分发挥后发优势促进经济快速发展的重要举措,坚持茶产业和茶文化协调同步发展成为促进贵州发展的新优势。贵州是全国唯一的绿茶产区少数民族大省,民族文化底蕴深厚,旅游资源丰富,做好茶与文化旅游的融合,发挥茶文化的优势,提升黔茶的核心竞争力。通过大力加强平台建设、内容建设,广泛开展斗茶、茶艺表演、茶具展示等丰富多彩的茶文化活动,不断增强品牌活力,推进茶旅一体化新业态发展,增强游客的体验性、参与性,让更多的消费者感知茶、认识茶、喜欢茶。

三 黔茶文化产业发展存在的问题及困难

尽管贵州是一个茶文化底蕴较深厚的产茶地区,贵州高原也被古生物专家称为"化石王国",是古茶树和茶文化的发祥地,是名副其实的"古茶之乡"。千百年来各民族同胞在长期的生产劳动中,也积累了富有民族特色的茶礼和茶俗,形成了独特的茶树原生地文化、独特的民族茶文化、独特的民俗民间茶文化和独特的历史文化和人文景观,但是相比较于全国其他省份,贵州的茶文化产业发展仍然面临较大的困难与挑战。

(一)品牌综合竞争力不高

虽然近几年黔茶知名度和综合影响力不断提升,但与全国知名茶品牌比较起来,贵州省的茶品牌综合竞争力还是较低,市场占有率、综合竞争力仍然不足。

一是品牌价值不高。在2010~2015年,浙江大学CARD中国农业品牌研究中心、中国茶叶区域公用品牌价值评估课题组专家评估中,与全国其他品牌比较起来,贵州省茶品牌价值均不高,到目前为止还没有品牌价值进入前10位的茶品牌。2015年,"都匀毛尖"品牌影响力上升到全国第13位,品牌价值为20.71亿元,虽然品牌价值与2014年以前有较大提升,在贵州众多茶叶品牌价值中也名列第1,但与西湖龙井、信阳毛尖、洞庭碧螺春等还是有较大差距。贵州其他茶品牌如"湄潭翠芽"、"梵净山翠峰茶"、凤冈锌硒茶、石阡苔茶、余庆小叶苦丁茶、"贵定云雾贡茶"、梵净山茶等只有"湄潭翠芽"品牌价值达14.36亿元,品牌价值排名28,凤冈锌硒茶品牌价值达9.63亿元,品牌价值排名56。品牌价值的综合竞争力比较低,市场地位不容乐观。

二是消费者对黔茶品牌的关注度不高。通过百度搜索指数对贵州省十大茶品牌分析发现,只有"都匀毛尖"的周平均搜索指数为337为贵州省最高,全国排名第11位,排名第1的江苏碧螺春周平均搜索指数为1927,是"都匀毛尖"茶的5.7倍。在对"中国十大名茶"消费者抽样调查中,贵州省"都匀毛尖"品牌受消费者关注的百分比也只有55.24%,而排名前5位的分别是福建安溪铁观音为91.67%、江苏碧螺春为88.81%、云南普洱茶为84.76%、浙江西湖龙井为81.79%、安徽黄山毛峰为78.93%,在中国名优茶中贵州省茶品牌受消费者关注的程度比较低。

(二)茶产品文化附加值较低

当前贵州省茶产品结构单一的局面尚未从根本上得以改变,茶叶销售仍然是以散形茶为主，精细化、标准化、集约化生产管理水平不高，经营较为粗放。企业只重视茶产品本身的生产与销售，多数茶产品仅仅停留在原料坯茶水平，精制茶比例低，茶叶综合利用水平较低，茶产品的文化内涵、品牌价值较低，茶产品的附加值不高，茶延伸产品如茶食品、茶饮料、茶保健品、茶日用品、茶文化产品、茶旅游产品等相关产业开发尚处于起步阶段。

（三）茶文化产业投入不足

黔茶文化产业发展资金投入不足，茶文化产业发展主要是以政府投入为主，贵州省茶公共品牌知名度和影响力提升速度较慢。黔茶文化产业宣传方面还缺乏一个系统、长远的发展方案。在对黔茶企业调研中发现，企业被动式参加政府组织的宣传推介活动较多，主动将企业文化、黔茶产品文化融入宣传推介活动中的较少，企业参加推介活动不积极，参加茶叶评选不积极。部分企业认为黔茶文化产业发展是政府的事情，与自己关联度不大，在黔茶文化推广方面缺乏政府、种植基地、生产企业形成协同配合、抱团发展的良好局面。目前多数企业还是愿意投入一定资金用于自己的茶产品的文化提升，但企业对茶文化产业发展的方向，则路径模糊。

（四）与优秀茶区茶文化宣传推广差距大

在茶文化宣传推广方面，贵州省与全国其他优秀茶产区及名优茶产区差距较大。目前茶文化发展福建省走在全国前列，不仅茶文化的挖掘整理系统体系完整，且配套设施齐全，宣传推广更是富有创意，实现了全产业茶文化，全民茶文化。在福建安溪和武夷山，不管是干部，还是茶农，不管是办公场所、商务茶吧、茶叶店，还是居民家中，泡茶、喝茶、谈茶蔚然成风。在福建安溪和武夷山，不管是当地人还是外地人，谈起茶叶，无不如数家珍，茶文化不仅是政府引领，而且是深入了人心。浙江"西湖龙井"所在地杭州作为一座盛产茶叶的历史文化名城，将茶文化融入了城市性格之中。西湖龙井作为杭州的特产茶叶，享有"绿茶皇后"的称号，被作为杭州市重点打造的特色品牌。杭州市也连年举办各类与茶文化相关的民众活动、研讨论坛，如西湖区"炒茶王"大赛、宋茶文化研讨会等，杭州的西湖龙井文化真正地融入了市民的生活，体现了"杭为茶都"的美誉。

四 发展策略建议

充分挖掘黔茶文化内涵，利用产地环境、地方良种茶树、独特传统工艺、差异且独有的产品特征、品饮技术、历史典故等，提升黔茶文化软实力及硬实力，促进黔茶文化产业的快速发展。

（一）构建系统完整的黔茶文化体系

一是挖掘整理黔茶文化。围绕茶产业发展的各个环节，从茶树品种、加工工艺、产品特色、冲泡品饮、保健功效、历史故事等方面进行系统梳理，挖掘并整理一套涵盖领袖文化、贡茶文化、佛茶文化、民族文化、健康文化、山水文化等在内的黔茶特色文化，策划一套通俗易懂、便于记忆蕴含丰富的黔茶文化产业发展及推广方案。

二是加大文化硬件基础设施建设。通过规划建设一批文化硬件基础设施，如在都匀市建设毛尖小镇、仿建1915年巴拿马博览会中国馆、茶文化一条街等，在遵义市建设贵州茶文化生态博物馆、贵州茶工业旧址、天下第一壶、中国茶海及核桃坝、余庆二龙茶旅示范点等文化硬件基础配套建设完善，提升了黔茶文化展现的现场氛围。

三是规划筹办茶文化规模性活动。通过筹划举办各种大型的国际性茶事活动，提升黔茶文化综合影响力。

四是努力营造茶文化氛围。通过持续举办茶艺大赛、斗茶大赛、炒茶大赛等活动，在省、市州内媒体播放或刊登茶叶种植、加工、冲泡、品饮、保存，以及茶艺表演等茶文化知识，培育一批茶艺演艺人员和茶文化推广人员。

（二）培育黔茶文化产业龙头企业做大做强

加大对黔茶文化产业龙头企业的扶持力度，发挥龙头企业在黔茶文化产业做大做强中的示范引领作用,扩大黔茶知名度。

一是培育1~2个专营品牌龙头企业做大做强。以"都匀毛尖""湄潭翠芽"等黔茶品牌文化内涵挖掘为抓手,培育黔茶文化产业龙头企业作为专营品牌的龙头企业,支持龙头企业作为贵州省茶文化产业发展的标杆企业做大做强,全面提高黔茶品牌的国际、国内市场竞争力,提升黔茶文化产业在国内的影响力。

二是培育大型黔茶龙头企业做大做强。以黔茶文化产业发展为契机,在贵州省集中扶持3~5家全国知名的大型茶产业综合性龙头企业,支持符合条件的茶叶龙头企业上市融资,使其尽快做大做强,发行债券以及通过兼并、重组、收购和控股等方式组建企业集团,增强黔茶产业的带动能力。支持大型黔茶龙头企业在发展黔茶产品的同时,加大对黔茶文化产品开发力度,加大对黔茶文化的宣传力度,促进黔茶文化产业的快速发展。

三是鼓励中小型黔茶龙头企业发展。引导和支持有发展潜力和市场前景的中小企业发展黔茶文化产业,形成大中小相结合的黔茶文化企业的产业群体。对重点黔茶文化产业的龙头企业,在融资信贷、用地、税收、人才及技术等方面给予扶持。

(三)以茶文化产业软实力提高黔茶产品硬实力

通过挖掘整理贵州茶叶历史、民俗,开发茶艺、书画、手工艺品等措施推动茶文化建设,加速提升黔茶品牌知名度和影响力。加大对互联网自媒体、平面媒体、楼宇媒体、电视媒体等多渠道的文化推广活动,加大对挖掘整理茶文化活动并形成成果的人员及机构给予适当奖励。开展推行规模茶企在省内设立销售公司。茶产品、茶品牌、茶文化宣传推介和展示交易活动,鼓励茶企与"国酒茅台·国品黔茶""黔茶汇"等营销平台合作。加大招商引资力度,扶持企业搭建全国化、多元化的茶文化营销渠道网络,推进茶文化电子商务发展,以茶文化软实力,迅速提升黔茶产品的硬实力。

（四）推进茶旅融合发展

依托贵州省丰富多彩的茶文化和丰富的旅游资源，加强黔茶文化产业与旅游产业的融合，实现城乡建设、旅游开发、茶业进步和茶文化推广的同步协调。加快配套完善旅游基础设施、黔茶文化基础设施和公共服务设施，规划建设一批能够反映黔茶文化底蕴的茶文化生态博物馆、茶植物博览园、茶基地旅游综合体等文化旅游设施。结合贵州省各茶区少数民族地区文化特色，积极开展形式多样的黔茶文化活动和经贸活动，推动城旅、茶旅、文旅融合式、一体化发展。

参考文献

夏良玉：《论我国茶文化产业发展战略的选择》，《福建广播电视大学学报》2012年第2期。

刘启：《弘扬传统茶文化 发展贵州茶产业》，《理论与当代》2015年第8期。

罗时琴、廖凤林：《贵州茶文化旅游资源的开发现状与发展建议》，《现代农业科技》2011年第17期。

徐嘉民、雷睿勇：《丰富多彩的贵州茶文化》，《茶博览》2014年第5期。

张其生、余璐：《揭开贵州神秘多彩的民族茶文化面纱 开发贵州独具特色的茶产业和茶文化》，《贵州茶叶》2004年第2期。

郑文佳、胡华健、何萍：《关于贵州特色茶文化及产业的思考》，《贵州茶叶》2005年第1期。

沈仕卫、徐嘉民：《为贵州茶文化拂去历史的尘灰》，《贵州日报》2009年6月12日。

贵州省人民政府办公厅：《贵州省茶产业提升三年行动计划（2014～2016年）》（黔府办发〔2014〕19号），2014。

案例篇

Example Report

B.17
乌江文化旅游产业发展研究

蒋莉莉*

摘　要： 贵州乌江流域文化旅游资源丰富，近年来文化旅游产业获得迅猛发展。本文在对乌江文化旅游资源分析基础上，提出"十三五"期间贵州乌江流域文化旅游产业发展方向。

关键词： 文化旅游　产业发展　乌江

乌江沿江地区是贵州省内经济较为发达的地区，其中红花岗区、遵义县、乌当区等12个县区被列入2012年贵州省经济强县（共27个）。近年来，贵州省经济"稳中求进，提速转型"的总基调为贵州省服务业发展提

---

* 蒋莉莉，贵州省社会科学院区域经济研究所副研究员，研究方向为产业经济、财政税收。

供了广阔的空间,"工业强省"战略更是进一步扩大了现代服务的需求,乌江沿江地区文化旅游产业也在此背景下迅速发展。

一 乌江沿江文化旅游资源丰富、产业发展迅猛

乌江沿江各县区均有丰富的文化旅游资源,包括红色文化旅游资源、生态文化旅游资源、民族文化旅游资源等。在省委、省政府将文化旅游业打造成贵州省"五张名片"之一的重大战略决策部署下,贵州文化旅游整体打造的品牌效应逐渐显现,乌江沿江地区文化旅游产业保持快速增长。

近年来,乌江沿江各县加大旅游宣传创意和策划力度,全力抢占市场,发挥各县区独特优势,坚持巩固现有的、做好周边的、瞄准高端的、开发潜在的方针,在竞争激烈的大市场中抢得先机,分享更多机会,吸引更多的国内外游客入黔旅游。近年来,贵州省举办了贵阳生态文明国际会议、贵州国际酒博览会暨贵阳投资贸易洽谈会、第九届少数民族运动会等一系列在国际国内有较大影响力的大型活动。沿江地区也正在利用这些有利条件,充分发挥各地的旅游资源优势,打造精品旅游线路,开发旅游资源,大力发展旅游业。

区域内有著名的遵义会议会址、猴场会议会址、黎平会议会址、息烽集中营等红色经典旅游景区,有息烽、石阡、乌当等温泉休闲度假胜地,有织金洞、百里杜鹃等神奇的天然景观,有湄潭茶旅一体化生态旅游,磷都工业游等特色旅游形态,且境内民族、民间文化丰富多彩,还可参与多姿多彩的民族风情体验游。乌当、修文等地也在依托区位与文化优势努力进军会展业,希望将丰富的旅游文化资源与会展业结合起来,形成 1~2 个会展品牌。乌江沿江地区正在依托丰富的旅游资源、独特的民族民间文化和红色旅游文化资源,把文化业与旅游业相结合,大力发展旅游业与会展业。但同时我们也要看到,乌江沿岸地区旅游配套设施、服务水平等都有待进一步提高。

表1　乌江沿岸地区主要旅游资源发展情况

县区	主要旅游资源
乌当区	贵阳御温泉（AAA）、泉天下国际俱乐部、保利国际温泉（AAAA）；省级风景名胜区有香纸沟、相思河；以及阿栗杨梅园、渡寨、王岗、陇脚、偏坡乡等民俗生态旅游精品示范点
修文县	有阳明洞公园、六广河大峡谷景区、贵阳高尔夫度假中心、蚌壳堰水库珍珠岛度假中心、三潮水景区、回水石林、高视石林、桃源河景区等
息烽县	息烽温泉、息烽集中营旧址、西望山、息烽国际汽车山地露营基地
开阳县	南江大峡谷、紫江地缝、香火岩为省级风景名胜区
清镇市	有国家级风景名胜区红枫湖、省级风景名胜区百花湖和市级风景名胜区东风湖等
红花岗区	主要以遵义会议会址为主的长征文化纪念体系，有中世纪军事城堡海龙囤、"西南地下艺术宫殿"杨粲墓、佛教名胜金鼎山、湘山寺、桃溪寺以及大板水原始森林等历史古迹和自然景观
汇川区	娄山关风景名胜区、中世纪军事城堡海龙囤、董公寺镇的田园风光等景点
遵义县	云门囤景区、枫香温泉、乌江渡风景区、沙滩文化旅游景区、苟坝会议会址、瓦厂寺等
湄潭县	有天门峡景区、湄江峡景区、野猴谷景区、仙谷山景区、三道河景区、三层崖圣泉景区、琴洲景区和蓝伞洞景区、神龙架景区等自然景区，浙大西迁历史博物馆、天主堂红军标语、贵州高原西南茶城、浙大文化广场、新世纪广场、茶乡文化广场，以及国家级重点文物保护单位浙西迁办学旧址（县城，永兴共九处）、省级历史文化名镇——永兴古镇，红九军团司令部旧址等
凤冈县	有距世界上最早的陆生植物化石——黔羽枝、西南地区保存最完好的玛瑙山"古军事洞堡"、明代摩崖石刻"夜郎古甸"、"中华山"万古徽兽"，有集道教、佛学、易学文化为一体的"太极洞"和世界最大汉书"凤"字摩崖，有茶香飘逸的中国西部茶海森林公园、碧波荡漾的九道拐十里长河，神秘的万佛峡谷以及民间傩戏、花戏等
余庆县	大乌江风景名胜区、老林河风景区、飞龙湖风景区、回龙场战斗遗址、万丈坑红军烈士墓、他山摩崖等
西秀区	国家级风景名胜区龙宫以及九龙山森林公园、王若飞烈士故居、文庙、武庙、石塔、虹山湖公园、宁谷石汉墓群、谷氏旧宅等景点
平坝县	天龙镇天龙屯堡文化、天台山景区、斯拉河峡谷风景区、棺材洞、法源寺、高峰山、青鱼塘、夏云龙腾生态休闲苑、邢江河、珍珠泉等景点
普定县	穿洞古人类文化遗址、讲义民俗风情村、号营山庄、夜郎湖风景区、猴场平讼摩崖石刻、白岩脚洞遗址、玉真山寺、文昌阁；另有普屯坝云中草原、重荫山杜鹃湖、莲花古洞、化处空山、西堡古屯、"大明定南所"石刻等景点
织金县	有织金洞国家风景区，以及恐龙大峡谷景区、织金大峡谷景区、东风湖景区、支嘎阿鲁湖景区、织金瀑布景区和各种文物古迹110余处，其中省级文物保护单位4处（东山、鱼山、文昌阁、财神庙），是贵州西线旅游区的重要组成部分
黔西县	百里杜鹃国家森林公园、东风湖旅游区、支嘎阿鲁湖旅游区、六广湖旅游区、索丰湖旅游区、沙坝河旅游区、柯家海子天然岩溶湖泊群旅游区、沙井观音洞旧石器古文化遗址旅游区、大海子旅游景点、凤凰穿洞新石器古文化遗址旅游景点、撞钟山古柏旅游景点、龙山古象祠旅游景点、英雄桥红军战斗遗址景点、大箐坡林海旅游景点等

续表

县区	主要旅游资源
金沙县	三丈水省级森林公园、乌江流域黄沙河风景旅游区、安底温泉、冷水河自然保护区以及后山东汉古墓群石刻、石场敖家坟古墓群石刻、茶园万寿宫、新石器时代遗址、水井坎古煤窑址、古营盘遗址、大石桥古城垣遗址等
思南县	乌江百里画廊、万寿宫、白云寺石林、千佛洞、白鹭洲、万圣屯森林公园、腾龙峡、中天塔等景区
石阡县	国家级文物保护单位万寿宫、禹王宫、省级文物保护单位文庙、武庙、北塔寺等古建筑群,省级文物保护单位"红二、六军团司令部"旧址。困牛山百名红军跳崖壮举和甘溪战役遗址,以及尧上仡佬族文化村、楼上古寨、国家级温泉群风景名胜区等
印江县	国家级自然保护区梵净山、省级文物保护单位印江木黄胜利会师纪念馆、纪念碑
德江县	飞天游乐园、南山公园、隋唐扶阳县城遗址、枫香溪会议纪念碑
沿河县	乌江山峡国家级风景名胜区、麻阳河国家级自然保护区,以及淇滩古镇、黔东特区第一次全国苏维埃代表大会会址、黔东特区革命委员会旧址、苏联空军金角罗夫烈士墓、红军渡广场红军雕塑、摩崖石刻、新石器晚期至商周遗址群、洪渡古墓群和汉砖瓦窑群、思州古城遗址等景点
福泉市	省级风景区洒金谷、省级文物保护单位福泉古城垣、蛤蚌河风景区、西南桥梁之冠——葛镜桥、福泉山等
瓮安县	江界河国家级景区、朱家山国家森林公园、猴场会议会址,以及老鹰洞、仙桥山等景点

资料来源:作者根据各县(市、区、特区)网站资料介绍整理。

二 乌江沿江文化旅游产业发展面临的机遇

(一)战略发展机遇

中央先后实施新一轮西部大开发战略、新一轮城镇化战略,国发2号文件的出台,贵州省实施工业强省、城镇化带动战略、"5个100"工程,加上国家与贵州省都把大力发展服务业作为当前重要的战略选择,有利于沿江地区在更大范围、更宽领域、更多途径集聚现代服务业发展要素,对文化旅游产业的发展产生巨大的需求。

(二)经济的快速发展与低碳经济道路选择带来的发展机遇

转变经济发展方式,增强自主创新能力,走新型工业化道路,促使产业结构进入快速变动期。一方面，整体经济的快速发展，对现代服务业的需求增大。另一方面，现代服务业具有资源消耗少、环境污染少的优点，是地区综合竞争力和现代化水平的重要标志。无论国家、省级层面还是县域层面都将把发展现代服务业作为今后经济发展道路的重中之重。因此，国家、省、市州、县今后资金投入将很大一部分向现代服务业倾斜，给文化旅游产业加速发展创造机遇。

（三）城镇化、工业化步伐加快带来的发展机遇

随着贵州省实施工业强省、城镇化带动战略，沿江地区城镇化、工业化进程加快和城市规模扩展，将使沿江地区城乡基础设施条件、生产生活方式和组织方式发生深刻变化，将给文化旅游产业发展打造良好的基础环境。

（四）居民收入增加带来的发展机遇

随着城乡居民收入水平的逐渐提高，消费结构加快升级，以旅游、文化、康体养生等为主要内容的宽裕型、发展型消费加速普及，将为沿江地区发展文化旅游产业开拓广阔空间。

坚持以现代物流业、旅游业为重点的发展思路，依托重要交通枢纽和交通网络节点，以中心城市和工业聚集区为重点，整合资源，优化要素配置，构建与工业化相适应的现代物流体系，加快把现代物流业发展成为服务业的新兴支柱产业。充分发挥旅游资源的巨大优势，深入挖掘文化资源，加快把旅游和文化产业培育成为重要支柱产业。

三 "十三五"期间乌江沿江文化旅游产业发展方向

（一）着力打造"千里乌江画廊"旅游创新工程

乌江沿江地区以建设旅游精品景区、形成核心吸引物为基础，加快以基础设施要素配套为保障，不断提高旅游业发展的全面性、协调性和可持续

性，在发展中谋转变、在转变中谋发展，将乌江沿江地区打造成为具有重要吸引力的茶旅、商旅、工旅、生态文化旅游和特色文化旅游"五个一体化"的旅游目的地，把文化旅游产业培育成为推动乌江沿江地区乃至贵州实现又好又快、更好更快发展的战略性支柱产业。

1. 明确思路、科学定位

乌江沿江地区旅游业应实施"品牌带动、整合发展；项目运作、企业支撑；基础配套，服务升级；统筹兼顾，创新突破"的战略发展思路。发挥旅游业"保增长、调结构、惠民生、促和谐、优环境、塑形象"等综合功能，使旅游业成为乌江沿江地区又好又快、更好更快发展的优势支柱产业，成为乌江地区乃至扩大开放、促进改革的先导产业，成为乌江沿江地区转变发展方式的动力产业，成为带动就业、富民增收的主导产业和保护生态环境的绿色产业，凝聚软实力的文化产业和统筹优化新型工业化和城镇化的融合产业。

2. 深度开发"五个一体化"旅游骨干创新工程

按照加快旅游资源开发，转变发展方式，实现旅游转型升级的要求，依托洪家渡、东风、索风营、乌江渡、构皮滩、思林、沙沱水库（毕节、遵义、铜仁地区）等一系列沿乌江干流形成的高原湖泊和乌江山峡，整合沿江人文资源和自然景观，对现有的具备一定规模和休闲度假条件的旅游区，列入重点项目，在规划、立项等方面全力支持，结合茶旅、商旅、工旅、文化旅游和生态旅游"五个一体化"，抓紧规划开发建设一批骨干旅游工程，对暂不具备进行深度开发条件的优势资源和旅游区，抓紧规划储备一批，形成骨干旅游深度开发梯队。

"风景在路上——千里乌江体验行"生态文化旅游骨干工程。采取"一带多区"的布局，依托织金洞风景名胜区、沿河乌江山峡风景名胜区、九洞天风景名胜区、（东风湖）乌江源百里画廊风景区、支嘎阿鲁高原湖泊休闲度假区等乌江沿江重要景区逐渐形成一条旅游发展轴，发展水上游览、峡谷和洞穴观光、高原湖泊度假，逐步发展创意度假地产和游艇产业，打造乌江旅游"灵魂"工程。

茶旅一体化骨干创新工程。深度开发"住茶园、品茶饮、购茶产、赏茶景、体茶俗"的茶文化旅游产业一体化骨干创新工程。重点将湄潭县、凤冈县、余庆县、石阡县、德江县、思南县的茶产业和旅游产业相结合，打造1~2个茶产业与加工业、文化业、旅游服务业相融合的5A级休闲旅游示范带。

商旅一体化骨干创新工程。紧紧围绕"食、住、行、游、购、娱"六要素打造商贸文化旅游产业一体化骨干创新工程。重点建设红花岗区"旅游—商务"服务区、西秀区"旅游—商务"服务区、平坝县"旅游—商务"服务区、乌当区"旅游—商务"服务区、黔西县"旅游—商务"服务区、福泉市"旅游—商务"服务区、思南县"旅游—商务"服务区等7个集休闲、商贸、娱乐、购物、酒店商业于一体的高端化、一站式"旅游—商务"服务示范区。

工旅一体化骨干创新工程。着力依托装备制造、矿业工业、制药工业等乌江沿江工业基础打造工业文化旅游产业一体化骨干创新工程。重点建设西秀—平坝—汇川航空航天制造主题博物馆和体验游项目，组建、成立1~2家航空航天旅游商品制造企业。重点建设清镇—乌当—西秀药业制造科技观光园区和青少年科技普及教育基地。重点建设开阳—普定—福泉—织金—金沙矿业旅游新项目，对废弃矿区遗址进行保留，对在产矿区进行功能规划，开发以反映矿工生活情景的"矿工生活馆"、可现成操作采矿机械的"采矿机械馆""动作馆"和反映贵州矿业发展历史的"历史蜡像馆"等主题公园和博物馆，通过教育娱乐、探险科普、产品展示等方式开启工业遗产之旅新体验。

文旅一体化创新升级工程。依托乌江沿江地区"三线文化""红色文化""茶酒文化""民族文化""夜郎文化"等打造特色文化旅游产业一体化创新升级工程。重点建设以"三线文化"和"屯堡文化"为主题的安顺迁徙文化艺术创意区，利用废旧厂房及工业设施，发展类似于北京"798"的主题化三线工业遗产文化创意基地；将平坝县、西秀区的天龙、云峰八寨、旧州、九溪等屯堡古镇和古村落升级打造成大屯堡明代遗风影视基地。

重点建设遵义—瓮安—印江—德江—沿河"红色文化"体验区，完善、提高红军文化旅游产品，将贵州红色旅游产业打造成国家级的、具有代表性的游览、体验胜地。建设遵义—黔北"茶酒文化"休闲旅游基地，振兴遵义老酒产业、发掘遵义老酒文化，汇聚遵义杂技团基地、茶酒品评中心。重点建设普定"夜郎古国"文化品牌，将夜郎湖及其两岸周边景观打造成集民族风情和现代风情于一体的旅游休闲度假带。重点建设思南县乌江盐油古道体验精品区和土司城黔东北影视基地。重点建设印江县武陵山土家民族文化旅游商品城，建设古法造纸工艺作坊、土布纺织印染工艺作坊、油纸伞工艺作坊、草鞋纺织工艺作坊、奇石雕刻及银饰刺绣工艺作坊、仿古书法长廊等民族工艺旅游体验坊。

3. 旅游基础设施与公共服务体系建设工程

加快旅游目的地、支线机场、航运码头（港口）与铁路、高速公路的快速联络线建设；积极推进农村公路建设，大力实施农村通达通畅工程。改善旅游交通条件，加强景点间的交通连接。高速公路连接3A级以上旅游景区所在城市，覆盖沿江主要旅游景区，形成安全、舒适、便捷的旅游公路，促进旅游资源开发。

加快景区设施建设。建设和完善景区道路、通信、供水供电等基础设施和垃圾、污水收集处理设施。加强安全防护设施，提高应急救援能力。加强游客接待中心建设，完善配套交通、信息服务、餐饮等游客服务设施和功能，提升整体服务能力和水平，提升景区的信息化技术应用，完善景区标识系统建设。高标准建设宾馆、商店、购物中心、休闲步行街、旅游商品街、小吃街等，推进旅游公共平台建设，提供优质的食、住、行、游、购、娱方面的全方位服务。

加强水上旅游设施建设。加快乌江内河航运、水库、湖泊等水上旅游交通设施建设，制造舒适、安全、节能、环保型的旅游船舶。

加快旅游厕所布局与建设。在县县通公路主骨架和乌江沿江地区重点旅游通道沿线实现旅游行程1小时左右内有旅游厕所，并全面提高旅游厕所建设和管理水平。

加强游客集散体系建设。加快发展一批专业旅游城市、旅游村镇，逐步构架以贵阳市为主中心，以遵义市、铜仁市、安顺市等为次中心，以24个县城为三级集散中心，以路网节点城市和重点旅游区为辅助驿站，通过旅游巴士将三级集散网络联通。

加快公共服务体系建设。构建乌江沿江地区旅游公共信息服务网络，尽快建成旅游政务网、旅游资讯网、旅游同业网、旅游办公自动化和旅游综合数据库。

加快建设自助游、自驾游服务体系。围绕乌江沿江骨干交通网络和旅游精品线路，依托城镇和景区，建设旅游标识系统、自驾车服务区、自驾车营地、加油站、汽车修理等配套设施，完善咨询、向导、购物、维修、住宿、餐饮等服务功能。

4. 新产品与新业态培育工程

以建设旅游大省为目标，瞄准市场热点，依托优势旅游资源和原生态民族文化，打造贵州旅游新产品，形成新业态、新品牌，建设新高地。主要包括生态旅游、文化旅游、避暑旅游、乡村旅游、体育拓展、自驾车及自行车旅游、地质旅游等前景好、可持续发展的新兴旅游产品体系。

打造原生态旅游新高地。立足乌江沿江地区原生态的环境和原生态的文化，依托丰富的自然保护区、森林公园以及"文化千岛"等原生态旅游资源，根据国内外旅游市场的需求变化，着力培育大众生态旅游产品、科考生态旅游产品、登山、攀岩、漂流、野生动物追踪探寻等探险生态旅游产品以及人文生态旅游产品，打造原生态旅游新高地。

打造具有山地特色的中国避暑旅游胜地。发挥乌江沿江地区"夏无酷暑"的气候优势，推出包括观光休闲、漂流探险、避暑纳凉、文艺歌舞、体育赛事、美食品尝等在内的多项避暑旅游活动；积极引导避暑旅游向避暑经济、清凉经济方向提升，发展酒店、旅游房地产及会展业，打造具山地特色的中国避暑旅游胜地。

力争打造乡村旅游新高地建设。在乌江沿江地区乡村旅游开发建设的成功经验基础上，加快构建以文化探秘、休闲度假、康体健身、生态旅游、体验旅游和农业观光、休闲农业等为一体的特色乡村旅游产品，力争打造乡村旅游新高地。

打造山地户外、体育健身旅游新高地。凭借独特的山地体育和民族体育旅游资源，积极开展山地特色的漂流、登山、攀岩攀桥、探险、徒步、蹦极跳、低空跳伞等体育旅游，户外拓展和传统民族体育旅游活动，创造出具有贵州特色的体育旅游新品牌，打造山地户外、体育健身旅游新高地。

打造养生与老龄度假新高地。大力开发以山地体育养生、滨湖休闲养生、温泉疗养、森林氧吧康疗等为主的养生与老龄度假产品；发挥乌江沿江地区养生养老的综合优势，依托特定的康复理疗中心、疗养院、养老院等养生、养老设施，开发养老养生旅游，建设养生与老龄度假新高地。

（二）挖掘与保护沿江特色文化资源，促进文化产业集群发展

加大挖掘和保护沿江地区红色文化、民族文化等文化资源，大力发展文化产业，构建贵州省文化产业新高地。加大文化资源开发力度，加快发展民族文化产业和培育新兴文化产业，着力推进文化产业规模化、集约化发展。加快构建八大特色文化产业群，重点建设十大文化产业园和十大文化产业基地，规划打造"多彩贵州"为主的文化品牌集群，努力把文化产业培育成国民经济的重要支柱产业。一方面，抓住国家大力培育发展文化产业的机遇，充分发挥贵州省的民族、红色等特色文化资源优势，重点推动形成苗文化、侗文化、布依文化、彝文化、屯堡文化、红色文化、夜郎文化、三线文化等"八大特色文化产业群"。另一方面，加快文化产业园区和示范基地建设，促进文化生产要素和文化企业集聚发展，科学规划建设贵州文化出版产业园、贵州数字内容产业园、贵阳阳明文化产业园、中国（遵义）长征文化博览园、中国（遵义）酒文化产业园、黔中国际屯堡文化生态园、中国（凯里）民族文化产业园、毕节大方古彝文化产业园、黔南平塘国际射电天文科普文化园、黔西南民族文化产业园等"十大文化产业园"。

1. 大力培育发展文化相关产业

重点扶持发展文化旅游业、民族民间演出业、民族民间工艺美术业、会

展广告与民族节庆业,壮大提升广播电影电视业、新闻出版业、休闲娱乐业,加快培育扶持网络、新媒体与动漫、网游业以及文化艺术创意设计业等行业。

2. 加强沿江地区文化产业基础设施项目建设,加大文化遗迹保护

着力推进红花岗区印象黔北旅游文化项目、黔北民间民俗博物馆、红花岗区"三街六巷"遗迹恢复、遵义古桥遗迹恢复、遵义市老鸦山红军长征战斗遗址、红花岗区原回山乡革命委员会旧址陈列馆、原新华路遵义县革命委员会旧址陈列馆、红花岗区杨粲墓景区建设、郑莫祠沙滩文化纪念馆、回山乡革命委员会旧址陈列馆、遵义县革命委员会旧址陈列馆等项目的建设;汇川区三线建设文化展示平台建设项目、海龙囤景区文物保护工程、娄山关红军战斗遗址发掘及文物修缮与保护工程的建设;湄潭县欧阳曙宅、浙江大学农学院畜牧场实验楼旧址、浙大永兴分校教授住处、李氏古宅、西来庵、天主堂等国家级文物保护工程的修缮工作;西秀区文化产业带、贵州安顺蜡染民族文化艺术保护基地、屯堡傩艺雕刻基地、民间地戏博物馆、旧州古镇博物馆、石文化博物馆、茶文化博物馆、龙宫镇"中国民间文化艺术之乡"博物馆及文化广场的建设工作;普定县穿洞文化园的建设和展示工程;平坝县科技馆建设;印江县古建筑群修缮工程、印江县武陵山土家民族文化研究基地项目的建设;瓮安县猴场会议陈列馆、小春虫博物馆、瓮水长歌大剧院、新闻中心大楼、全民健生活动中心等五馆的建设工作;沿河县乌江山峡影视拍摄基地的建设工作;思南县号军古文化建设开发项目等。

3. 深化文化体制改革和创新,扩大文化产业的对外开放水平

进一步深化文化体制改革和创新,推进文化企业的整合、重组。着力扩大文化产业的对外开放,提高对外交流合作水平,积极引进省外优、强文化企业和战略投资者,加快培育发展中小型文化企业和民营文化企业。积极营造文化产业发展的良好环境,加强文化产品市场和文化要素市场建设,发展文化行业组织、中介机构和现代流通组织,积极培育和规范文化市场。大力实施"文化科技提升计划"和建立特色文化创新体系。

参考文献

李志民:《"乌江画廊"旅游深度开发研究》,《重庆工商大学学报》(自然科学版) 2012 年第 1 期。

李良品:《乌江流域非物质文化遗产抢救与保护研究》,《重庆三峡学院学报》2011 年第 2 期。

B.18
三峡库区旅游影视基地项目资产经营模式研究*

——以奉节县鱼复社区三国城影视基地为例

笪玲**

摘　要： 在三峡库区经济发展的研究中,产业空心化问题受到普遍关注。库区众多的文物资源能够有效吸引影视产业的介入。充分利用资源,实现产业融合,对于促进库区经济的发展具有重要意义。旅游影视基地的建设是资源要素、影视产业和社会经济共同选择的结果。选择有效的资产经营模式,对旅游影视基地的发展有重要的决定性作用。通过对奉节鱼复社区拟建的三国城影视基地建设条件和背景的研究,结合目前全国及奉节的旅游市场、影视基地市场和商业地产市场的分析预测,分别探讨了影视基地物业经营模式、项目资产旅游业经营模式和项目商业地产经营模式等三种主要的旅游影视基地项目、资产经营模式的经营思路要旨和市场经营过程中的利弊关系。最后,通过奉节三国城影视基地项目、资产经营模式的选择研究,得出旅游影视基地项目资产经营模式的选择没有固定途径,但是应该遵循可行性、差异性和认可性原则,大胆进行模式创新,一定能够找到适合的项目资产经营模式的结论。

关键词： 旅游影视基地　项目资产　经营模式

---

* 本文为教育部人文社会科学研究青年基金项目(项目编号11YJC790030)、贵州大学校级专项项目(项目编号ZX2014031)、贵州大学文科重大科研项目(项目编号GDZT2010010)。

** 笪玲,贵州大学旅游与文化产业学院副教授,主要研究区域为旅游规划。

三峡库区形成后，出现了较为严重的产业空心化问题。而该地众多的文物资源在一定程度上能有效地吸引影视产业的进入，通过"拍摄电视剧＋旅游开发＋房物租赁、出售"组合模式的构建，有效地促进了产业融合，能够充分利用资源，创造旅游景观。我们以奉节三国影视基地为例，对三种主要项目资产经营模式做出探究，以期能对国内旅游影视基地的发展提供借鉴。

一　旅游影视基地项目建设背景

奉节县地处长江三峡旅游资源富集的"金三角"地区，县域内旅游资源以长江为轴线，向南北两翼展开，形成了独特、丰富的旅游资源。在县城周围，以白帝城、瞿塘峡为中心，富集了三峡之首瞿塘峡——夔门、古剑齿象化石遗址、白帝湖、大溪文化遗址、白帝城、夔门关、古栈道、子阳城、唐城、宋城以及风箱峡巴人悬棺、永安宫、甘夫人墓、水旱八阵、西阁等一大批文物和遗址。奉节县目前确立了"旅游富县"的发展战略，明确了将旅游业作为奉节县未来可持续发展的四大支柱产业之一，也使旅游业在库区的生态环境保护、移民安置、促进就业、经济发展和社会进步等各个方面充分发挥带动作用。随着新城建设和旧城改造工程的开展，大量三峡文物移至鱼复社区（塔坪），这对文物的保护和利用提出了新的要求。影视基地项目的建设能有效解决文物的保护和利用问题，实现良好的经济和社会效益。目前，重庆不少影视公司有一定的三国题材影视作品拍摄的业务发展需要。在此基础上，利用奉节文物资源，建设影视基地，拓展影视业务，成为两者共赢发展的重要思路。

二　旅游影视基地项目市场分析

（一）旅游市场分析

1. 旅游市场优势分析

重庆旅游经济总量快速增长，为奉节旅游发展提供了良好环境。近年来，重庆市入境旅游稳健增长，国内旅游全面发展，假日旅游空前繁荣，出境旅游方兴未艾，旅游接待和收入等经济指标翻了一番。随着重庆主城区居民收入的提高和新的假期制度的实行，将在一定程度上促进奉节旅游的发展。

2. 奉节旅游市场劣势分析

首先，游客数量有限，消费水平较低。奉节县人均旅游消费约136元。2014年，仅实现旅游收入380.41万元。其中接待外宾142人次，一日游客16175人次。客源构成中，国际客人主要来自日、美、德等国家，国内客人主要来自河南、湖北、湖南、青海、山东、江苏、贵州等省份。各大星级酒店入住率平均仅为50%左右。白帝城影视基地作为新建旅游项目，在某种程度上由于处于起步阶段，可能实际运作过程中游客数量和收入水平还会低于全县平均水平。

其次，周边旅游竞争压力大。奉节、巫溪、巫山三个县形成了一个旅游资源富集的三角形地带。虽然在某种程度上能够产生积聚效应，但是由于资源文化的相似性，新建景点的吸引力也必然会受到制约。

再次，三峡旅游市场相对低迷。随着三峡库区的形成，三峡旅游景观发生了巨大的变化，许多优质景观不复存在。旅游市场与原来相比，客源市场明显缩小，游客滞留时间缩短，旅游收益也明显下滑。就目前来看，三峡旅游市场的恢复还是一个漫长的过程。

最后，影视基地项目的旅游吸引力相对较小。目前奉节县的游客以观光旅游为主，随着三峡库区的形成，区域产业空心形成，库区经济发展状况不容乐观，这在一定程度上制约了旅游消费市场。这种局面对于要求游客参与性较大的影视基地旅游项目而言，市场会受到局限。

（二）影视基地市场分析

1. 优势分析

影视城拉动旅游发展有一定的发展空间。影视城在某种程度上只是商家的一个投资平台，收益的获得还要靠其拉动的下游产业。依托影视发展旅游产业的前景非常乐观，门票、拍摄场地的租金、旅馆、商品小店和刀具出租等，都可成为重要的盈利途径。

重庆部分影视公司有一定的业务需要。据调查，重庆某电视台有大量的影视制作拍摄项目，而这些项目不少需要大量的外景搭建。该区域拥有不少现成的文物古迹，经过一定的整合、提升能够成为较好的外景基地。所以，对于影视公司来说具有一劳永逸的价值优势。

奉节县影视基地有一定建设优势。该地三国文化厚重，历史遗存众多，特别是众多与三峡有关的文物被移至鱼复社区，本身就是良好的影视外景。并且紧挨白帝城等国内外知名旅游景点，能够形成一定的整合效应。

2. 劣势分析

重庆影视基地建设同质化严重。目前重庆拟建7个影视基地项目，总投资接近百亿元，很可能出现资源浪费、同质性恶性竞争问题。并且这些基地的主要客源市场都锁定为重庆主城区，这对于新建项目造成了极大的客源分流。

影视城是新兴起的旅游项目，经营运作难度大。电影城实际上是正在兴起的旅游项目，在重庆自然人文景观较为欠缺的情况下，可适当发展。一个影视城，仅靠剧组拍戏赚钱基本难以生存。但是，如果单纯借助影视城来发展房地产，就有炒作之嫌。目前全国新建影视城数量众多，但是经营成功者凤毛麟角。所以至关重要的是，该影视城应该突出自身的功能定位，彰显项目特色。

（三）商业地产市场分析

奉节县位于三峡库区腹心，是全市的幅员大县、移民大县、贫困大县。移民搬迁涉及整座县城、12个乡镇，动迁人口12.38万人；县域内地理条件恶劣，自然灾害频繁，是国家扶贫开发工作重点县。

目前奉节中心地段商品房价约2000元/平方米，门面售价约3600元/平方米，出租约25元/（平方米·年），随着三峡工程的开展，该县产业空心化问题严重，通过产业替代，主要是发展旅游、影视等第三产业，介入商业地产思路，将能有效解决劳动就业压力、促进产业转置，带动全县经济发展。

三 旅游影视基地项目资产经营模式比较研究

（一）影视基地物业经营模式

1. 经营方案

该方案的经营思路是按市场规律盘活经营影视基地资产，走影视基地持续发展的道路。物业管理经营的核心思想为：将营销的概念深刻地融合于物业管理的工作中，通过对管辖物业经营与管理的合力运行，通过物业流通环节和管理环节，促进物业的市场流通，挖掘蕴含于物业中的效益和真正价值，实现物业管理、物业保值、增值的重要功能。以文物经营为主的三国城旅游市场，效益较好的有三国文化步行街——荆州古玩城、湖北陆水湖三国城；而山西三国城——罗贯中故里的清徐县，曾花掉近亿元巨资，如今门庭冷落。

中央电视台无锡影视基地的经营则提供了良好的借鉴。此方案的经营依据主要是《物业管理条例》，业主通过合作双方组织物业管理企业，或选聘物业管理企业，由业主和物业管理企业按照物业服务合同约定，对房屋及配套的设施、设备和相关场地进行经营、维修、养护、管理，维护相关区域内的环境卫生和秩序的活动。物业管理经营可概括为两个方面。

一是将"三国城影视基地"物业管理和物业经营融为一体，在做好物业管理工作的同时，为开发商、业主、客户策划并实施物业经营方案，发挥每一平方米物业的增效潜力；按物业管理经营模式，盘活三国影视城建设的固定资产。

二是将物业管理从一般维护、运行阶段提升到对管辖物业全过程的营销、服务和管理层面，亦即将服务眼光由物业管理委托期内这个局部放大到物业长寿命商品的整体去统一考虑、安排，从而为业主、客户提供更全面和更彻底的服务。

2. 市场开发分析

影视产业正值发展期。据调查，作为文化体制改革试点地区，重庆市文化产业在过去五年以年均28%的速度快速增长，动漫、网络、影视等新兴文化产业正在兴起，民营文化企业不断壮大。根据《重庆市创意产业"十二五"规划》，全市创意产业增加值约占全市GDP的6%（达到300亿元左右）；形成6万人左右的就业规模，培育若干家具有自主知识产权的创意产业龙头企业。2020年，创意产业将占全市GDP的10%左右，形成一大批著名的创意产业基地，集聚30～50名顶尖级创意设计大师，建成在国内外具有辐射、带动和影响力的创意产业中心，步入"文化长入经济，经济体现文化"的融入互动高级发展阶段。另外，以乡村为主的一批民营影视企业和社会影视爱好者群体发展，形成潜在的影视物业需求市场。

特色影视物业。重庆市7家申报建设影视基地，重庆还没有影视基地，每个申报单位都具有发展机遇。7家申报建设影视基地中，奉节县以三国城为特色，具有一定市场竞争力。

3. 市场风险

物业经营管理是一个高知识、高风险的行业。物业经营对象本身存在隐患风险，如雷击等自然灾害、火灾等人为灾害。物业管理企业在物业管理活动过程中，由于企业内部和外部的各种不确定性因素而造成财产、人身伤害等无法弥补损失的可能性时时存在。物业管理经营的根本特性是"不确定性"，而这些不确定性又源自人们对风险认识的有限性和对风险控制防范的难度等因素，认真研究物业管理企业在物业管理服务中出现的各种风险，积极防范风险，最大限度地降低企业损失，是物业管理企业面临的工作重点和难点。

影视基地发展中的市场风险。中国的影视基地仍然是很不成熟的市场，任何一个企业都可以找到适合自己的发展道路，行会的自律作用不强。专家指出，横店影视基地把行业价钱压到最低的经营问题，反映了目前中国影视基地这个新兴产业市场秩序的不健全，急需建立市场经济秩序。影视基地仍处于试水期，影视基地重复建设现象严重。

所以，必须按市场规律盘活经营影视基地各种资产，才是影视基地持续发展的必由之路。

（二）项目资产旅游业经营模式

1. 经营方案

方案的经营思路主要是在三国城影视基地经营管理机构设置旅游开发部，将基地融入白帝城旅游区和奉节县旅游发展规划，将三国城影视基地作为其中一个景点进行统一营销，实现旅游价值方面的经济效益。三国城影视基地是一个以历史文化为主题的旅游景点，按文化旅游景区管理经营模式，突出和提高三国文化主题形象，挖掘奉节历史文化，特别是三国文化，具有较好的旅游价值。从旅游食、住、行、游、购、娱、养身七个方面经营、发展旅游业，是盘活三国城影视基地的途径之一。影视产业带动旅游发展，旅游发展促进影视基地建设，可以互相提高基地景点的知名度，实现双赢。

方案的经营依据是在建设部的《风景名胜管理条例》《中华人民共和国承包经营法》规范下，旅游景区经营主要有委托经营、租赁经营、承包经营、参股或者控股方式。前三种方法在实质上没有什么区别；股份制是投多少钱就有多少话语权，有多少收益承担多少风险；股份公司，是有一个前提的，是指政府出资入股，来参股或控股。因为按照现有的公司法，不可能成立全资公司，而必须是有限责任公司，要求有5个以上股东。因此，股份制公司是指和政府进行合资的公司。

2. 市场分析

奉节三国城影视基地处于重庆旅游黄金板块。三国城影视基地处于奉节、巫山、巫溪县、重庆市旅游区，是中国两大黄金旅游线之一的长江黄金旅游线的核心区——长江三峡旅游区。据重庆旅游发展相关规划，重点打造"长江三峡"、"大足石刻"、"乌江画廊"及"山水都市"四大旅游精品。

四大旅游精品的打造将向集团化方向发展。同时，重庆市政府将每年拨款3000万~4000万元对四大精品旅游进行促销。

市场发展机遇。当前重庆旅游业正处于发展的黄金期、转型的关键期、产业的膨胀期、品牌的飞跃期。四大旅游精品已成为重庆最宝贵、最重要的财富。政府将通过对门票、交通、景区管理进行调控，企业参与运作的方式在大项目上进行调整，实行谁投资、谁负责、谁受益的模式，通过整体打造提高核心竞争力。重庆旅游产业将以持续不断的大投入，寻求跨越式发展的大突破。

该区三国文化厚重。奉节县三国城是长江上游展示三国文化的最大的旅游目的地。集聚了刘备托孤、刘备墓、诸葛亮水旱八阵图、奉节卧龙岗（诸葛亮屯兵遗址）等著名三国文化遗址。

所以，三国城影视基地作为旅游景点，通过对景区文物的移植、修缮，对旅游项目的开发，介入科学的旅游管理模式和旅游运作理念，可将该景区打造为三峡文化圣地，在同周边景区捆绑效应的作用下，能有效提升该景区的旅游认知度，获得较好的旅游市场。

3. 市场风险

首先，旅游投资风险。专门投资旅游景区（点）建设具有长效特点，利润不高，资本回收期长。其次，旅游经营风险，指任何危及景区经营目标的事情和事件，致使景区处于一种不稳定状态，威胁景区目标的实现。对于该旅游景区来说，可能发生的危机主要有两大类：一类是由自然灾害或人为因素引起的突发性事件；另一类是由于人为因素引起的潜在危机，如规划失误、产品结构不合理、开发过度或保护措施不力导致的景区形象品牌破坏、生态破坏、景观破坏等。最后，三国城影视基地作为旅游景区营销，营销实力较弱，可能效果不甚显著。

（三）项目商业地产经营模式

1. 经营方案

方案经营思路主要是三国城影视基地建设时，为拍摄需要建设了历史老街、商业街形成了固定资产。商业地产经营方案就是要盘活这些商业性质的固定资产。主要有两种运作模式：现代商业物业分经营式与产权式商业物业的运作模式。产权式商业物业追求短期利润最大化，经营式商业物业追求长期利润最大化，两者的共同点是遵循"经营为先"原则，实现经营成功。产权式商业物业的产生和返租回报模式的出现其实是开发商为了解决大面积营业用房的消化和资金的回笼，在这样的前提下套现是首要的。

经营式商业物业则注重项目入市后的经营状况和物业升值，需要依靠一定规模的产业基础和较为成熟的人流物流环境，对所经营的业态业种以及经营环境、经营档次进行升级，形成以其为中心的新商圈，达到商业物业自身的不断增值，最终实现长期的利润最大化。

2. 市场分析

首先，商业地产近年来继续保持平稳增长态势。销售价格和租金保持小幅增长；一线城市供求状况依旧好于二线城市。其次，房地产宏观调控对商业地产的影响相对较小。原因主要有两个：一是以商业性需求为主要驱动力的商业地产不具备民生属性，二是以获取租金为主要盈利手段的商业地产不宜形成泡沫。最后，商业地产的选择。寻找具备比较优势的商业地产，寻找具备优秀商业物业经营管理能力的商业地产，寻找具备高速成长性的商业地产。

3. 市场风险

在商业地产的投资里，高风险与高回报并存，如何规避商业地产投资风险成为能否取得投资成功的关键，商业地产投资主要有以下风险：第一，奉节商圈的发展潜力评估的准确度。因为奉节商业正在发展，仅仅是县级商业中心，故发展特色商业业态辐射能力评估欠缺扎实基础。第二，品牌风险。三国城影视基地品牌下的专业商业一条街的综合力，由政府、战略合作者支持。第三，商业定位风险。定位要看其主题、业态、业种的定位。管理公司没有组建，主力商家无法确定，判断具有风险。第四，投资回报评估准确度、客观性。内部收益率、回报期、增值期望值的计算具有一定偏差。第五，商业地产主要面临物业税政策风险。

四　结论

通过上面的比较研究，我们可以发现，影视基地在具体的产权经营建设模式的选择上没有固定的和必然的途径，每一种产权经营模式都受到一定的利弊平衡因素的制约。但是，在影视基地项目经营过程中可行性、差异化和认同性是选择不同产权经营模式的基本原则。可行性，即选择的产权经营模式要能符合资源特点，有效平衡参与要素关系，实现资源价值；差异化，是影视基地生存之本，在竞争异常激烈的影视市场中，只有找准自身优势特色和市场卖点，实施产业创新，走差异性战略，才能有效实现产业运作的良性发展；认同性，这里的认同性，主要指选择的产权经营模式应该获得市场的认同、参与要素的认同、社会价值的认同和法律法规的认同。所以，在旅游影视基地项目资产经营模式的选择实践中，我们只有遵循以上原则，大胆进行改革创新，才能探寻到适合的项目产权经营模式，促进旅游影视基地的发展。

参考文献

郭文：《影视型主题公园旅游开发"共生"模式研究及其产业聚落诉求——以央视无锡影视基地为例》，《旅游学刊》2008年第4期。

李蕾蕾、张晗等：《旅游表演的文化产业生产模式：深圳华侨城主题公园个案研究》，《旅游科学》2005年第6期。

周品：《电影外景地的旅游吸引力》，《陕西师范大学学报》1999年第27期。

薛奕妹：《经典影视作品与旅游行为》，《河南商业高等专科学校学报》2006年第19期。

蔡宁、吴结兵：《产业集群与区域经济发展——基于"资源—结构"观的分析》，科学出版社，2007。

黄兴桥：《打造影视产业基地》，人民论坛，2003。

胡瑞庭：《探索影视基地跨越式发展新路》，《视听纵横》2008年第2期。

谢章勇:《我国影视旅游开发的误区及对策》,《电影评介》2008年第4期。

项仲平、邵清风:《中国影视基地现状和产业化发展对策》,《浙江传媒学院学报》2008年第1期。

周曙光:《关于云南影视文化基地建设的思考与构想》,《学术探索》2005年第4期。

张述林、姜辽、杨瑞:《目的地旅游市场搜索论及营销战略选择——以甘南藏族自治州合作市为例》,《重庆师范大学学报》(哲学社会科学版)2008年第5期。

B.19
农业景观旅游品牌带动民族文化产业发展实证研究*
——以"金海雪山"品牌效应为例

邢启顺**

摘 要： 西南山区农业景观旅游比较知名的有元阳梯田、罗平油菜花海、贵定"金海雪山"三地，以农业景观旅游品牌带动民族文化产业发展，以"金海雪山"为甚。究其原因，在于"金海雪山"独特的旅游审美意向。"金海雪山"景观和品牌是音寨文化旅游产业发展的根本，"布依族文化"是音寨文化旅游产业的灵魂，这是音寨乡村旅游发展的基本经验。

关键词： "金海雪山" 农业景观旅游 民族文化产业

自然景观和名胜古迹一直是旅游活动的经典目标，是旅游业发展的骨架和灵魂。大众旅游时代的到来，经典旅游景观远远不能满足需求，拓展了更多的自然景观和名胜古迹，增加了各式各样的名山大川，增加了各有内涵的文化景点，西南民族地区旅游业的发展正是在这样的背景下发展的，尤其在20世纪末期这20来年时间里，旅游业的兴盛带动了民族文化产业的发展。

---

* 本文系2012年度国家社会科学基金项目"西南民族文化产业发展模式研究"（项目批准号：12XJY010）阶段性研究成果。
** 邢启顺，贵州省社会科学院民族研究所副研究员，主要研究方向为人类学与西南民族研究、民族经济、民族村镇旅游、民族文化产业等。

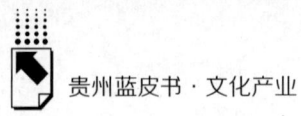

"金海雪山"是以农业观光为基础的乡村旅游文化品牌,创意提出和品牌效应产生最为成功原因的在于充分激活了旅游审美情趣。

一 国内油菜花海品牌概况

在20世纪80年代,我国乡村旅游发展史上,农业观光旅游主导型的发展模式曾经占有一席之地,比较典型的是梯田景观旅游和油菜花海旅游。中国四大南方梯田中,其一是云南元阳梯田,其二是广西龙脊梯田,其三是重庆太和梯田,其四是湖南新化紫鹊界梯田。中国的油菜花海中,蔚为壮观的比比皆是。2009年5月6日,人民网举办"中国最美油菜花海"评选活动结果公布中国最美十大油菜花海(见表1),贵定油菜花海排名第十位。

表1 中国十大最美油菜花海

排名	一	二	三	四	五	六	七	八	九	十
地方	陕西汉中	江苏兴化	湖北荆门	云南罗平	重庆潼南	青海门源	浙江瑞安	上海奉贤	江西婺源	贵州贵定

各地油菜花皆有经典名句来形容,陕西汉中是"金色花海",江苏兴化是"河有万湾多碧水,田无一垛不黄花",湖北荆门是"千里花海,金色沙洋",云南罗平是"金玉满堂之乡",重庆潼南是"七彩花海,流金大地",青海门源是"满地尽带黄金甲",浙江瑞安是"油菜花开尽染金",上海奉贤是"看一看田间那片耀眼的金黄,闻一闻春风里油菜花的芳香",江西婺源是"棵棵粉红的桃花、洁白的梨花点缀在漫山遍野金黄色的油菜花中,掩映着白墙灰瓦的徽派建筑,使每一个逃离纷繁城市的人都能找到归宿",贵州贵定的是"金海雪山",这些构成了有关油菜花海的文化旅游品牌。

二 创意"金海雪山"品牌的基础

贵定创意出"金海雪山"品牌的基础,自然景观是前提条件,社会经济是创意基础,二者缺一不可。

油菜花和李花的规模化景观,是"金海雪山"的自然资源基础。贵定县盘江镇辖音寨、落海、竹林堡等十四个布依族村寨。这里日照较好,日照条件能满足一年两熟及各种亚热带林果生长发育的要求,雨量充沛,气候温和,无霜期长,冬无严寒,夏无酷暑。从规模上看,盘江镇油菜种植面积5000多亩,酥李面积12000多亩,林木覆盖率为61%多,境内有瓮城河、龙里河等大小河流10余条,水域面积2279.3亩。从面积上看,已经具有足够的规模效应,文人墨客有诸多笔墨来描述赞誉这样的景观。

春风吹来,音寨河两岸金黄色油菜花盛开,大地一片金黄。李花如雪,菜花如金,白色、黄色交相辉映,更有粉红色的桃花点缀其间,翠绿色的树丛衬托其底,布依山寨隐约其中,绚烂的色彩,旖旎的景致,华丽的气质,交织成一幅人间仙境。

那漫山遍野的雪白李花,好似在山坡上覆盖了一层厚厚的白雪,就像是一座座雪山;那一望无垠的金黄色油菜花,十里镏金,就像金子铺就的海洋。①

这就是规模效应产生的壮美景观。

音寨是典型的农业村寨,具有600多年的历史,家家户户、祖祖辈辈就养成了种植油菜的生产习俗,都有在房前、屋后山坡上种植李树的习惯。世代积累,田野里油菜成片,山坡上李树成林,造就了这一传统自然和人文景观基础。音寨有"天下布依第一寨""中华布依第一寨"的盛誉,现在已经是全国农业旅游示范点和贵州省乡村旅游示范村寨。这样的示范效应,便是品牌效应发酵的基础,某种意义上也是官方和民间共同推动,通过媒体放大的结果。

三 "金海雪山"品牌效应的生成

具有资源基础,要快速产生品牌效应,现代媒体是最好的工具。早在

---

① 《金海雪山——贵定打造乡村文化旅游品牌实例》,载中共贵州省委宣传部《贵州文化改革发展案例选编》,贵州人民出版社,2013,第203页。

1999年，音寨就成为贵州省政府批准的13个省级民族自然保护村镇之一。2005年，贵定首届"金海雪山"文化旅游节的举办，是"金海雪山"品牌生成的标志。以节庆带动乡村文化旅游产业的发展，是政府主导构建文化旅游产业品牌的主要手段。媒体这样报道了"金海雪山"品牌诞生的状况：

2005年3月26日，贵定县成功举办首届"金海雪山"旅游文化节。此后，该县把"旅游活县"作为战略目标，大力发展以乡村旅游为龙头的旅游业，取得瞩目成绩。便利的交通区位优势、良好的生态环境、悠久的布依民族文化，使"金海雪山"在山清水秀的贵州脱颖而出，成为近年来游人趋之若鹜的旅游胜地。为了改善"金海雪山"景区的基础设施，贵定县委、县政府出重拳，全力营造发展农家乐与乡村旅游的软环境。该县投入资金5300万元对景区进行打造，修建景区内三道迎客大门、景区旅游公路、景区停车场、游客服务中心、旅游公厕、游客休闲长廊、民族文化活动广场、旅游步道等，把景区扩展到10公里以内。此外，为了改善乡村旅游缺少夜间活动这一困境，该县又积极对音寨民居亮丽工程进行包装，使整个布依村寨夜间美景别具特色。①

之后每年3月份，贵定在音寨村连续举办"金海雪山"文化旅游节，以此集聚人气，扩大知名度，到现已经举办十届。各届"金海雪山"旅游文化节大事记如下：2005年3月18日至4月8日，第一届"金海雪山"旅游文化节在贵定县盘江镇音寨举办，3月26日举行开幕式。2006年3月18日至4月8日，中国·贵州·贵定第二届"金海雪山"旅游文化节，主题是："游金海雪山、看东方探戈、听布依情歌、品云雾春茶、尝盘江狗肉"。活动有原生态民族大型歌舞展演、异域风情歌舞表演、"多彩贵州风"歌舞表演、布依山歌及民族风情系列表演。国家3A级景区、"中华布依第一寨"授牌揭碑仪式，"布依族族名溯源碑"揭碑仪式。2007年，贵定第三届"金海雪山"旅游文化节，在三月中旬到四月上旬举办，期间举办了大型迎宾仪式及开幕式民族歌舞表演、旅游形象大使评选、百对新人集体婚礼、千人

---

① 张丽娜、王竹青：《音寨的美丽蜕变》，《黔南日报》2013年4月23日，第1版。

品茶及茶艺表演、布依山歌擂台赛、旅游招商洽谈签约会、冷焰火及篝火晚会、民间特技表演、五狮迎雪山、五龙闹金海、"金海雪山"摄影大赛、云雾春茶开采祭祖仪式等活动。2008年3月23日至3月30日，中国·贵州·贵定第四届"金海雪山"旅游文化节暨贵定云雾春茶开采祭祖仪式分别在贵定县盘江镇音寨、云雾镇举行。主题为"建家园，兴发展"。2009年，中国·贵州·贵定第五届"金海雪山"旅游文化节，主题为"走进贵定，沐浴花海，享受生态，回归自然"。在为期二十天的"金海雪山"旅游文化节期间，游客不但能观赏美丽的田园风光，而且能品尝到布依族人为游客准备的美食，观看风筝表演、斗鸡比赛等多项精彩的民俗文化活动。2010年2月28日至3月20日中国·贵州·贵定第六届"金海雪山"旅游文化节的主题是"世博旅游年　金海雪山"美。本届活动主要内容有：民族歌舞表演；休闲农庄"土地认领"体验活动启动仪式；百对新人金海雪山婚纱摄影及集体婚礼活动；洛北河漂流宣传促销及预售漂流活动；书画、摄影作品展；2010中国（贵州）摩托车集结赛启动仪式；骑矮种马、乘电瓶车观金海、游雪山；斗鸡表演；"金海雪山"观音文化苑、黔山上院、布依风情一条街项目开工仪式等。2011年11月12日，黔南州第四届旅游产业发展大会在音寨举办。2012年3月24日，第七届"金海雪山"文化旅游节在贵定音寨"金海雪山"景区隆重开幕，以"金海雪山美，布衣风情浓"为主题。活动有"金海雪山美，布依风情浓"摄影大赛颁奖仪式、贵州摄影界2012年迎春联谊会，民族歌舞表演，2012年国际旅游小姐总决赛黔南贵定分赛区暨"金海雪山"旅游形象大使选拔，贵定县书画、诗词楹联作品展，贵定县旅游商品展销活动，山地自行车越野赛，贵州省摄影界2012年联谊会暨"魅力贵定摄影大赛启动仪式"，全国智能运输系统标准项目专家研讨会。2013年3月9日上午，第八届"金海雪山"旅游文化节开幕式在贵定县盘江"金海雪山"景区举行。2014年3月23日，中国·贵定第九届"金海雪山"旅游文化节在贵定音寨景区开幕，音寨将打造"四季可游"旅游综合体，吸引了上万名四方宾客。随着金海雪山的升级打造，音寨以四季花卉主题公园、布依旅游风情小镇等为特色的"花海水乡"旅游综合体项目正投入建设。品牌效应的生成离不开内部经营管理质量的优化和对外服务水平的提升,包括基础设施建设、营造农家乐软环境、举办系列活动等措施。每年7月举办"盘江冰脆酥李节",促进果农销售,并形成旅游搭台、经济唱戏的格局。

四 "金海雪山"品牌价值的收获

经过多年旅游文化节和冰脆李节活动,"金海雪山"品牌的影响力逐渐扩大,带来品牌价值的收获,主要包括:2005年10月,音寨村被列为贵州省10个重点发展的乡村旅游村寨之一;同月,被中央文明委评为"全国文明村镇";2006年1月,音寨村被国家旅游局评定为第二批"全国农业生态旅游示范村"。2007年该县旅游综合收入突破5亿元,被评为"中国最佳休闲旅游县"。第三届"金海雪山"旅游文化节,音寨村创下两个惊人之"最":一是到音寨旅游的游客人数创贵州省乡村旅游之最。据不完全统计,自2007年2月20日至4月8日节会期间,共有37万名游客来音寨"金海雪山"景区旅游观光,比2006年增长了15%,旅游综合收入达到3600多万元。二是音寨村农民收入创历史之最。节会期间商品销售收入60万元,"农家乐""乡村旅舍"营业收入200余万元。2007年音寨旅游业为该村村民年人均创收1000多元,占人均年纯收入的30%以上。"农家乐"餐饮休闲服务收入达180多万元,"盘江狗肉"年销售收入达1700多万元。① 游客量大大增加,2008年,全县接待游客170万人次,实现旅游收入9亿元,音寨接待游客80万人次,实现旅游综合收入4000万元。社区村民旅游参与积极性大大提高,据2007年调查结果显示,村寨596户,开展经营127户,音寨旅游参与程度比例占21.30%②。克服了单纯"赏花游"季节性短板,

---

① 余欢:《民族村寨旅游业发展的路径选择——以贵定县音寨为个案》,《贵州民族研究》2009年第1期。原资料由贵定县旅游局提供。
② 吴莎:《贵州乡村旅游发展现状分析及对策研究——以典型村寨发展为例》,《贵州大学学报》(社会科学版)2009年第2期。

形成"春赏花、夏戏水、秋摘果、冬进补"的四季旅游重点内容体系。拓展了乡村旅游服务内容,包括"金海雪山"景观游、冰脆李农业采摘体验游、康体休闲游、民族民俗文化体验游,形成集观光、休闲、娱乐、餐饮、"农家乐"于一体的多功能旅游景区。

五 "金海雪山"文化旅游产业深度融合发展

优质的品牌是依托口碑的力量自然生成的,其基础是优质的产品和优质的服务,这样的品牌是市场造就的,具有持久的影响力。一旦品牌生成,反向影响会造成不可估量的品牌价值。因而,短视者也为了品牌造品牌,没有品牌打品牌,忘却了品牌的实际价值,甚至有点欺诈的味道,最终砸了品牌。市场的输赢当然不仅仅限于品牌,还有诸多因素,此不赘述。"金海雪山"文化旅游品牌效应的形成有一定的基础,并产生了广泛的影响力,直接收获到品牌附加价值。

音寨主要有四个品牌,最早是"省级民族自然保护村镇"(1999 年),这是以保护民族文化为主要目标的。之后是以发展乡村旅游为主要目标的十个"重点乡村旅游村寨"(2005 年)之一,亮出"天下布依第一寨"后改为"中华布依第一寨"(2006 年),主打民族牌,到"全国农业生态旅游示范村"(2006 年)正式授牌,历时多年,最后在首届"金海雪山"旅游文化节以后,品牌正式打响。回顾多年磨一剑的历程,主要是两条线:一条是民族文化旅游路线;另一条是乡村旅游(农业景观)路线,最终在"金海雪山"这里达到最佳状态,收到几乎最完美的品牌效果。

在"金海雪山"这一品牌引领下,布依族文化游也得到发扬光大,成为农业景观旅游的补充,充实了"金海雪山"旅游文化内涵。音寨是布依族聚居的民族村寨,居住着 128 户 565 人,以罗姓为主。音寨人爱唱布依山歌,是别有味道的民歌,有情歌等多种类型,多采用对歌互动形式,机巧斗智,轻松活泼,用歌声来表达自己的感情和生活感悟。每年农历四月八,音寨人家家都采摘枫香叶、杨梅皮、黄栀子等植物,利用其纯天然色素将糯米染成红、黄、兰、绿、黑五色花米的花糯米饭，蒸熟即成，色鲜香喷。将花糯米饭晒干后，用菜油煎炸，又别有一番风味。每年音寨都举行布依歌会（六月六歌会）、腕力、斗鸡、斗牛、赛马、农民篮球赛、书法、猜谜、象棋、拔河等民族文体活动，周边各村寨和两州六县的布依族村寨农民及其他少数民族村寨农民纷纷组队前来参加，活动规模往往上万人次以上，历时3~7天，活动期间，村民家家有客，户户办酒接友，主人盛情，唱歌敬酒，猜拳行令，天天款待；客人畅饮，作歌答谢，情深意长。这些民族民俗是布依族文化最直接的表达，也是布依族农家乐的主要内容，也成为乡村民族文化产业的主要形式。其特点是简单、朴素、原汁原味，也符合所谓的原生态文化消费习惯。

音寨已经形成乡村民族文化产业与农业景观旅游深度融合发展的格局，随着"四季游""水乡游""休闲游""体验游""农家乐""文体娱乐"等乡村旅游功能的完善，文化旅游产业深度融合发展的局面已经形成。相对于西南山区乡村旅游发展模式而言，以农业景观旅游品牌带动民族文化产业发展的典型，只有云南红河州元阳梯田和贵州贵定音寨"金海雪山"，仅此两例。云南罗平油菜花海虽可以与之媲美，但缺少李花，没有了"雪山"之美景，略显遗憾。"金海雪山"景观这样的品牌价值只有通过比较才能被发现，品牌是音寨文化旅游产业发展的根本，"布依族文化"是音寨文化旅游产业的灵魂，这是音寨乡村旅游发展的基本经验。

农业景观旅游带动民族地区乡村文化产业发展，对新型城镇化建设具有示范价值，是民族地区新型城镇化道路的有益探索。对民族文化产业发展而言，依托农业景观旅游带动民族文化产业发展，音寨"金海雪山"和布依族文化产业的有机融合是最好的例证之一。这样的新型城镇化模式不一定具有可推广性，但具有一定特殊性，主要受到西南山地经济的影响和特殊的民族文化积淀形成。这样的模式在西南山区乃至中国西部地区有一定推广价值，但在中原地区不一定适应，但以农业景观带动文化产业的发展也具有一定启示，并且也存在这样的模式。

B.20
做文化旅游精品,筑贵州文化边城
——贵州大明边城文化产业园区开发实例

铜仁市文改文产领导小组办公室

摘　要： 大明边城文化产业园区是集"食、住、行、游、购、娱"及"休闲、养生、体育、影视"等为一体的综合历史文化景区。经过5年多的开发建设和运营管理,大明边城旅游文化产业群雏形正在逐渐形成。大明边城景区建设的主要启示是：党政推动、市场运作是文化产业发展的关键；大手笔规划、高水平建设、高品位展示是文化产业发展推进的后盾；找准定位、整合资源、招商引资是文化产业项目建设的基础。

关键词： 大明边城文化产业园区　历史文化　文化旅游

大明边城文化产业园区位于贵州省铜仁市东郊,于水晶阁沿锦江右岸展开,占地3000亩,总投资11.9亿元,分三期开发。整个景区在明朝贵州铜仁府的古渔村遗址基础上进行保护性开发,以"明"史为据、以"明"文化为内涵、以"明"军事为主脉、以地方特色为背景,致力于明朝以来贵州600年历史文化的挖掘,集"吃住行游购娱"及"休闲、养生、体育、影视"等为一体,是西南最大的综合历史文化景区。

一　大明边城建设背景及主要内容

大明边城所在地在古代为"化外之地""蛮夷之区""羁縻之州",直至元末明初，仍由大小100余个所谓"世袭罔替"的土司统治。明朝永乐十一年（1413年），大明朝廷平息了思南、思州两大土司为争铜仁、万山一带的朱砂矿井而引发的"砂坑之战"后，决定废除思南、思州二个宣慰司，实行改"土"归"流"新政，将其所辖39个长官司及其间一州一县分设为铜仁等八府，委派流官治理，并建立"贵州等处承宣布政使司"（十三布政），总管八府和既有之一司三州，贵州从此开始成为国之一省，直接受中央政府管理，化外之区掀开了与中原社会政治、经济、文化全面接轨的新篇章。贵州建省后，曾先后有十四任总兵府常驻铜仁，著名的南方苗疆边墙（南长城）也从铜仁开始。贵州铜仁地处黔、湘、渝三省边界，铜仁府城俨然是一座边境之城，或曰边缘之城、边远之城，而"边城"独特的地理位置和多民族共生共存的人文环境，使之成为中原文化、巴蜀文化、湘楚文化和五溪古文化的交汇融合之地，造就了既丰富多彩又独具特色、弥足珍贵的"边城文化"。大明边城景区以明"史"为据，以明"文化"为内涵，以明"军事"为主脉，以地方特色为背景，致力于明朝以来贵州六百年历史文化的挖掘，全力打造一座历史文化厚重、民族风情浓郁、景区内容丰富的综合主题文化景区。

大明边城——贵州开"史"的地方！整个景区分三期开发，其中一期开发工程核心景区划分为边城广场演艺区、边城市井文化区（含五角大楼剧场）、边城军事体验区、边城水师龙舟营、大明水寨锦江渔文化区、大明酒庄、水上乐园区和儿童社会体验馆等八大文化体验区块；二期开发工程为健康养生基地；三期开发工程将以"西南影视文化基地"为载体，打造影视、动漫文化产业集群。大明边城景区具有的独特区位优势，将加速形成"去张家界看自然景观、去凤凰看古城、去梵净山看佛文化，去大明边城了解贵州600年历史文化"的旅游新格局。

作为一座文化之城、故事之城、体验之城，大明边城将成为展示贵州六百年历史文化的重要窗口。

二 大明边城的开发情况

（一）清晰定位、高规格规划

大明边城景区通过"高标准的项目规划、清晰的文化定位、以市场为导向"等三大特色理念，在前期取得了富有成效的阶段性成果。

1. 清晰定位，确立目标。

大明边城景区在贵州铜仁府的古渔村遗址基础上进行保护性开发，深挖贵州六百年历史文化，通过公司文史组两年多的梳理汇总，形成了"追忆贵州开史的地方"以及"探寻边城神秘而多彩的历史文化"等文化定位。明确了以"明"文化为灵魂，以锦江河的自然景观为核心，以推动文化产业与旅游业融合发展为主方向，确立了打造国家 5A 级景区和打造国家级文化产业示范基地的双重目标。通过这些清晰的文化定位，大明边城自开发以来保持了正确的发展方向，确保了项目的成功落地运营。

2. 高规格规划，市场化运作

通过高标准规划，以及高规格的设计、施工、运作，确保了项目运营后就成为贵州铜仁市的首批国家 4A 级景区和贵州首批省级文化产业示范基地、国家龙舟训练基地，2010 年项目开发之初，即被列为贵州省重点项目和省文化产业重点项目，并成功获批国家 4A 级景区、贵州省首批文化产业示范基地和贵州省扶贫龙头企业。以市场为导向进行项目的设计、规划、开发和运营，确保了景区能极大满足市场需求。同时，在符合全国游客"食、住、行、游、购、娱"基本要求的基础上，增加了"体育、休闲、养生、影视"等富有游客基础的核心内容，确保了景区内容的丰富多彩，以及后续发展的可持续性保障。

（二）项目带动、打造文化精品

大明边城通过多措并举的手段推进项目实施运营，取得了较好的推广效果。

1. 大规模投入、准确的品牌定位

大明边城总投资11.9亿元,以挖掘贵州六百年历史文化为主题,全力打造成贵州历史文化的实景展示,将大明边城打造成一座文化之城、体验之城、故事之城,是游客探寻边城神秘而多彩的历史文化、追忆贵州开史的地方。例如景区内的大明酒庄古法酿酒出酒仪式、锦江渔村渔文化的展示,让游客了解贵州的酒文化和锦江河清水美景。大明边城通过"景区文化一百工程"(一百个景区相关的文化产品)的逐步实施,使大明边城紧紧围绕文化之魂来提高景区的文化品位和内涵。目前,《话说大明边城》书籍已正式出版;大明边城婚庆基地已正式成立;全景歌舞史诗《大明边城风》正在编排;微电影拍摄基地已正式挂牌开机。

2. 文化招商,推动文化产业聚集化发展

景区改变传统招商模式,通过文化招商、演艺招商,其中篝火晚会《武陵之夜》的演出超900场次,成功地完成了景区的招商任务。目前,景区正积极打造百家小微企业创业基地,积极引进各类文化产业的小微企业进驻大明边城,其中已入驻的企业包括武陵山非物质文化遗产加工传承企业、传媒公司、创意旅游商品开发公司和广告创意公司等,入住率达95%以上。同时,大明边城的开发带动周边老百姓直接就业1500人,共300户脱贫。与此同时,通过深挖贵州省非物质文化遗产,在景区内设立"龙舟基地"以及"名匠名创街",使一批武陵山非物质文化遗产落户大明边城,景区将成为一处传承、保护、展示贵州独具特色的非物质文化遗产产业化平台,以国家非物质文化遗产铜仁赛龙舟为核心,汇集铜仁、贵州乃至武陵山片区独具特色的非物质文化遗产项目,使之成为产业化和市场化的孵化基地。

3. 举办活动、加强宣传推介

大明边城景区凭借厚重的文化沉淀以及超前的规划理念,先后承办了国家、省、市、区各级政府及兄弟地区景区来铜仁市的一系列视察、考察活动,不仅充分展示大明边城的文化内涵和优美的环境,还获得了各级、各部门以及同行的赞誉。园区还举办大型活动赛事。如2015年6月,中国传统龙舟大赛在大明边城举行(贵州卫视全程直播);2015年2月,"铜仁过大年"活动在大明边城举办;2014年11月,贵州省"两赛一会"大赛在大明边城举办;2014年中国传统龙舟大赛;2013年中华龙舟大赛(CCTV5全程直播);2013年"多彩贵州"巡回歌唱比赛;2013~2014年全国5000多名自驾"驴友"来大明边城过大年;2012年7月,中央电视台毕福剑主持《暑假七天乐》的节目录制;2012年6月的中华龙舟大赛(CCTV5全程直播);2012年5月的国际旅游小姐走进大明边城活动;2011年7月,中国龙舟公开赛和历年铜仁市端午节传统龙舟赛等,为铜仁市以及大明边城赢得了较高的知名度和美誉度,使大明边城在短短的几年间在国内外的知晓率大幅度提高。

三 大明边城运营情况

整个产业园区积极构建"旅游景区+产业园区"的双园区发展重心,依托大明边城园区,同步发展武陵山(铜仁)民族文化产业园。园区按照"整体规划、分类实施"的战略部署,先期完成1万平方米既有建筑的升级改造工作,园区致力于搭建完善的服务平台,争取孵化和集聚数十家小微企业,逐步将园区建成民族文化产业、文化旅游产品孵化和产业化集聚基地。武陵山(铜仁)民族文化产业园将以民族文化产品及文化衍生品为主体,充分发挥铜仁文化旅游产品以及人文地理的区位优势,以整个市场为出发点,在民族演艺、非物质文化遗产体验项目、名匠名创项目、民族民间工艺品、铜仁地方特色饮食、书画创作、茶文化、酒文化等领域孵化出一批具有市场吸引力、号召力、竞争力的产品和企业,带动产业群的发展,形成产业园与景区发展的良性互动机制。根据项目定位,整个产业园区划分成八大区块,分别为五角剧场民族风情演艺区、民族文化传承展示商业街、名匠名创区、铜仁特色产品馆、武陵山书画创作基地、茶文化体验区、酒文化体验馆、国家非遗(龙舟)体验区。此外,为了进一步突出产业园区的集聚优势,园区特设立了会员之家,将成为铜仁市各类文化行业会员进行思想交流、沙龙互动、演讲培训等活动的重要平台。

随着武陵山（铜仁）民族文化产业园建设的逐渐推入，大明边城逐步形成了"一基地、一平台①、一协会②"的发展模式，即以省级文化产业示范基地（国家4A级旅游景区）为基础，以武陵山（铜仁）民族文化产业园为平台，以铜仁市文化产业促进会为桥梁，以"党政领导，市场运作，资源共享，互利互惠"为培养功能，吸引了包括傩文化馆、玉屏县箫笛、松桃苗绣等铜仁市35家成长性较好的中小微文化企业成为第一批签约入驻园区的企业，通过整合由市委宣传部、市文改、市工信委七个相关部门资源③，逐步推动园区建成民族文化产业、文化旅游商品和产业化集聚。以民营龙头文化企业为主体的带动、集聚小微文化企业发展的模式，打破党委政府主导办文化旅游园区的单一模式，开创了贵州文化产业园区发展的先河。

四 主要成效和启示

（一）主要成效

大明边城景区重点推进独具贵州特色的文化旅游产业建设，经过五年多的开发建设和运营管理，以贵州六百年历史文化为主脉贯穿，以贵州丰富多彩的多民族文化资源和非物质文化遗产为核心内容，汇集演艺表演、文化艺术创意创作、传统工艺传承保护及开发、旅游商品开发、影视拍摄等为一体的旅游文化产业群雏形正在逐渐形成。大明边城景区，为做大文化企业起示范作用；为快速提升品牌知名度并产生良好的经济效益上起示范作用；为当地文化产业项目投资、招商引资的成功起示范作用；为最终有能力带动周边

---

① 武陵山（铜仁）民族文化产业园于2014年12月中旬在省级文化产业示范基地——大明边城景区内启动武陵山（铜仁）民族文化产业园开园仪式。
② 铜仁市文化产业促进会于2014年12月成立，大明边城景区的运营主体——贵州大明边城旅游开发股份有限公司为会长单位，办公地点设在大明边城景区内。
③ 入驻文化企业不仅享受《武陵山（铜仁）民族文化产业园招商优惠政策》的三年租金减免，每天50元经营和5000元的装修补贴，对产品设计、包装、营销等方面给予支持，同样享受市"三个15万元"等方面的扶持政策。

老百姓共同致富起示范作用。随着大明边城品牌知名度的不断提升，以及大明边城文化产业园聚集力度的逐步加强，大明边城年游客量已突破100万人次，人气集聚从而助推文化项目发展的效应正逐步凸显。

（二）启示

1. 党政推动、市场运作是文化产业发展的关键

地方党委、政府要积极为文化产业发展做好科学统筹、规划定位。对文化产业市场和文化服务企业实行多位一体管理，在文化产业发展的进程中充分发挥引导功能，营造良好的政策环境。

2. 高手笔规划、高水平建设、高品位展示是推进文化产业发展的后盾

文化产业发展要建立文化高端人才引进机制和市场投融资平台，高起点、高标准对项目做出科学规划编制，用高质量的规划引领大项目实施，从而带动地域特色文化项目建设的融合发展。做好精品文化的包装、设计和创意营销，才能赢得较好的市场份额。

3. 找准定位、整合资源、招商引资是文化产业项目建设的基础

大明边城历史文化景区在找准自身定位的同时，努力打造民族文化品牌，做文化产业精品。充分发挥文化产业示范基地、研发基地和孵化基地功能，整合区域文化资源和社会力量，吸纳社会资本广泛投入文化产业，成为铜仁市文化产业龙头示范园区，促进地方经济社会发展。

通过继续坚持"贵州开史的地方"的文化定位，不断丰富景区内容和文化内涵，全力将大明边城打造成为一座故事之城、文化之城、体验之城。大明边城景区正努力将文化旅游产业做大做强，引领铜仁乃至贵州旅游产业的快速发展，向全世界展示贵州丰富多彩的特色文化。

大 事 记

Memorabilia

B.21
2014年贵州省文化产业发展大事记

王 曼*

1月21日，贵州省文化文物工作会议在贵阳召开。

2月1日，黎平作为全国侗族人口大县，已在全县100个重点旅游侗族村寨建立了100个侗族民间文化传承室。

2月13日，2014"天下贵州人"新春联谊活动在贵州省国际会议中心举行。

2月25日，为配合贵阳市创办国家公共文化服务示范区，营造全民读书的良好氛围，为市民提供更便捷的阅读服务，南明区将在今年打造完成10个"图书馆小站"，目前选址工作已初步完成。

2月28日，贵阳市云岩区在省府路老凯里酸汤鱼内对非物质文化遗产项目——丁氏苗族传统酸汤举行授牌仪式。

---

* 王曼，贵州省图书馆研究馆员。

3月5日，文化部、财政部联合印发《藏羌彝文化产业走廊总体规划》，这是我国第一个国家层面的区域文化产业发展专项规划。其中贵州省毕节市被列为核心区域，六盘水市、贵阳市分别被列为辐射区域及城市枢纽。目前，贵州省按照文化部的统一安排，已启动2014年度藏羌彝文化产业走廊重点项目征集工作。

3月8日，国际儒学联合会与贵阳孔学堂合作签约仪式在北京举行。孔学堂发展基金会将拿出100万元，资助俄罗斯著名汉学家齐赫文斯基出版《中国通史》俄文版，这也意味着贵阳孔学堂在推动传统文化"走出去"方面迈出了第一步。

3月15日，2014年贵阳孔学堂六艺学宫开学典礼暨《贵阳市国学教育读本》首发式在孔学堂礼仪广场举行。

3月17日，贵州省文联第七届三次全委会暨2014年工作会在贵阳召开。

同日，都匀市委、市政府出台《关于推动都匀文化发展繁荣的实施意见》，"力争到2016年，全市文化产业增加值占当年GDP的4%以上；文化支出占公共财政支出的1%以上；居民文教娱乐服务支出占家庭消费支出的8%以上"。

3月18日，由贵州省文联、省民俗研究中心、省民间文艺家协会于2013年7月至12月组织开展的首届"贵州省十大民间酿酒工艺大师暨十大民间酒文化遗产名酒"评选活动结果揭晓，陆南艳、任远明、腾谦、邬家高、汪洪彬、王正贤、刘柱、张小同、李红勇、卢浪等10人被评为"贵州省十大民间酿酒工艺大师"称号；无忧酒、百年荣禄、重酒、小翘王、乡婆酒、乡巴佬、布依神酒、内宫、满天香、天赐缘10个品牌获"十大民间酒文化遗产名酒"称号。

3月20日，松桃苗族自治县寨英镇、江口县太平镇云舍村列入国家住房城乡建设部和国家文物局公布的第六批中国历史文化名镇（村）名单。

3月21日，贵阳·深圳大数据和文化旅游产业发展推介会在深圳举行。贵阳市人民政府驻广州投资促进局在会上挂牌成立。

3月29日，南京《市民学堂》节目落地贵阳启动仪式暨贵阳孔学堂《名家讲堂》特别节目开讲活动在贵阳孔学堂明伦堂举行。

3月，安顺市、铜仁市相继启动国家二类城市语言文字评估工作。这两座城市评估工作的启动，拉开了贵州省2014年全面贯彻实施《贵州省实施〈国家中长期语言文字事业改革和发展纲要（2012~2020年）〉意见》的序幕。

4月，贵州省政府正式出台了《贵州省茶产业提升三年行动计划》。旨在通过三年时间的努力，即到2016年，贵州省建成茶园面积700万亩以上，茶叶年产量27万吨，茶产业综合产值超过500亿元。

4月10日，万山投入资金260余万元实施汞矿工业遗产博物馆改扩建和展陈布展工作，将其打造成中国汞工业文化科普基地。新馆建成后，博物馆占地面积2474平方米、建筑面积达5346平方米，新增建筑面积1048平方米。展陈内容从1899年起，按照年限分为6个部分、21个单元、73个组，从汞矿开采、冶炼、炼丹及英法水银公司成立直至关闭破产，以翔实的资料生动展现万山汞矿开采历史的兴衰。

4月11日，雷山县县委、县政府两办出台文件设立1000万元的文化旅游产业发展基金。

4月14日，国际旅游小姐亚洲总部落户贵阳新闻发布会暨2014国际旅游小姐亚洲总决赛启动仪式在贵阳举行。

4月16日，由贵州省音乐家协会、遵义市委宣传部、遵义市文联举办的遵义市首届"黔北明珠文化城杯"原创歌曲征集评选活动颁奖晚会在赤水黔北明珠文化城举行。黔北明珠文化城项目是贵州省第一家集公益性文化事业和经营性文化产业相结合的文化旅游发展创新区，是遵义市文化产业示范企业。占地面积201亩，总投资约13亿元。

4月17日，第二十四届全国图书交易博览会（简称"书博会"）新闻发布会在贵阳举行。

4月18日，由贵州省妇联、省文明办、省关工委、省教育厅、省文联主办的贵州省"明礼知耻　崇德向善在家庭——共享知识　共建和谐"家庭读书系列活动启动仪式在贵阳市第十四中学举行。

同日，第一个"天下贵州人"文化旅游品牌宣传推广基地在三都挂牌。

4月23日，世界读书日。2014年书香中国暨贵州省全民阅读活动座谈会在贵州省图书馆举行。会上，省委副书记李军，省人大常委会原副主任、省文联主席顾久等为获得首届全国"书香之家"的贵州入选家庭代表颁发牌匾。还宣读了《贵州省2014年全民阅读倡议书》。

4月25日，2014年"多彩贵州"国际原生态文化大汇活动启动仪式暨"多彩贵州——中国美术作品展"在北京开幕。此次作品展展示的260件美术作品，涵盖国画、油画、版画、雕塑等，生动地展现了贵州的多姿多彩，让大家品味贵州大地的乡情、乡音、乡愁、乡恋、乡韵、乡思，是中华人民共和国成立以来贵州地域题材美术作品第一次在中国最高美术殿堂——中国美术馆集中展示，此次展览时间为4月25日至5月4日，为期10天。

5月2日，首届"牂牁绣娘"大赛在六枝特区牂牁江风景园区内举行。

5月4日，孔学堂网开通上线仪式在贵阳孔学堂礼仪广场举行，这标志着孔学堂事业发展从有限平台走向无限空间的新阶段。网址为http://www.gykxt.com。

5月6日，贵阳市云岩区首批123名"五老"网吧监督员拿到"'五老'网吧监督员证"，正式持证上岗，他们将协助文化管理部门对全区144家网吧进行社会监督。

5月8日，国家民委评审公布了第二批人文社会科学重点研究基地，其中黔南民族师范学院"贵州少数民族文化传承发展研究中心"成为培育基地。

5月17日，《贵州省非物质文化遗产保护发展规划（2014~2020年）》颁布。这是国内首个以省委办公厅、省政府办公厅名义正式公布的非物质文化遗产保护规划。绘就了贵州未来7年非物质文化遗产保护发展的蓝图，涵盖了"十二五"后期及整个"十三五"时期，内容包括八大"工程"。

5月19日，贵州文化广场项目总图及单体方案通过贵阳市城乡规划建设委员会专家评审会评审。

5月20日，水书习俗传习所在荔波县档案局正式挂牌成立。荔波县"国家级非物质文化遗产保护名录——水书习俗传习所"是目前贵州省内唯一的水书习俗传习所。

5月24日，省委组织部、省委党校、贵州行政学院的"贵州省党政干部中华优秀传统文化教学基地"在贵阳孔学堂举行揭牌仪式。

5月25日，由贵州省出版集团、星源投资有限公司共同发起，中建四局五公司承建的贵州省首个"新华文化综合体"在思南邵家桥县城新区思南中学新址旁举行开建仪式。该项目总投资4亿元，占地80亩，建设工期2年，分2期建设；届时将建成1.4万平方米的精品书城及配套设施、5000平方米酒店及配套设施，同时还将建构书院、儿童青少年教育培训基地、文化艺术馆、创业科技产业园、文化广场、购物中心等设施。

5月28日，2014第十三届国际茶文化研讨会暨中国（贵州·遵义）国际茶产业博览会在遵义市湄潭县召开。

同日，贵州师范大学与贵阳孔学堂签订《关于共同弘扬中华优秀传统文化的合作框架协议》，联合培养中华优秀传统文化的高层次人才。

5月30日，2014中国·贵州"九黎十八寨"民族博览会开幕式在贵阳国际会展中心举行。

同日，在第十届中国（深圳）国际文化产业博览交易会上，贵州获"文博会"组委会颁发的"优秀组织奖"和"优秀展示奖"。

6月2日，孔学堂艺术团揭牌仪式在贵阳孔学堂举行。

6月18日，贵阳光华钱币博物馆在大觉精舍（华家阁楼）开馆。这是贵州省收藏家王亚光和王子华父子的钱币藏品展览馆，面积约2000平方米，共有4个展厅，陈列了先秦以来的钱币藏品。

6月19日，贵州省花灯剧院原生态表演艺术团应邀，于6月19日至25日在加拿大蒙特利尔参加加拿大原住民艺术节。

6月20日，由团省委投资5万元建成的贵州省第一家春晖乡土文化记忆馆在天柱县远口镇开馆。

6月23日，在卡塔尔多哈举行的第38届世界遗产大会上，贵州施秉喀斯特地貌通过表决，成功列入世界自然遗产名录。施秉成为继荔波、赤水后，贵州省第三个世界自然遗产申报成功地。

6月24日，德江县非物质文化遗产保护中心在县文体广电旅游局正式挂牌成立，该县从此有了正式的非物质文化遗产研究保护工作机构。

7月4日，贵阳孔学堂与中国银行贵州省分行战略合作协议签字仪式在贵阳孔学堂举行，双方将通过优势互补，在金融服务、金融信息与普及优秀传统文化等方面开展全方位合作。

同日，"2014贵阳环球嘉年华"活动把全球最前沿的嘉年华娱乐活动带到贵阳。风靡全球的"大黄鸭"、在国际魔术界享有崇高声誉的顶级魔术大师法兰兹·哈拉瑞、全球各国极具特色的文艺表演和风情美食登陆贵阳。

7月13日，2014年"多彩贵州"国际原生态文化大汇的主要活动之一——原生态文化国际论坛暨2014年首届海峡两岸人类学青年论坛在贵州饭店国际会议中心开幕。论坛上发布了《原生态文化贵阳宣言》。

8月1日，由国家新闻出版广电总局、贵州省人民政府共同主办，以"文耀贵州·书博天下"为主题的第24届全国图书交易博览会在贵阳举行。

同日，中国全民阅读移动书库上线启动仪式在贵阳举行。

同日，第24届全国图书交易博览会"十大读书人物"揭晓暨颁奖仪式在贵阳举行。贵州省遵义县鸭溪镇农民作家周康尧当选本届"十大读书人物"。

同日，第24届全国图书博览会图书捐赠仪式在贵阳举行。2014年，中国韬奋基金会组织全国各地220余家出版发行单位向贵州省捐赠各类图书50余万册，价值1260万元，将全部分配到贵州省农家书屋、公共图书馆、学校图书馆、部队图书馆。

同日，贵州数字出版项目统一签约仪式在第24届全国图书交易博览会上举行。在签约仪式上，贵州数字出版有限公司与南京扫扫看科技有限公司签订了战略合作协议，与法国著名漫画家ROBIN签订了故事漫画《海龙囤》的欧美版本合作绘制协议；贵州出版传媒有限公司旗下企业北京漫动亚青数字传媒科技有限公司与优酷网、土豆网签订了漫动画《二十四史》

授权协议。

签约仪式后，中国新闻出版研究院、中国移动动漫基地、贵州出版集团还举行了大型手机漫画《廉政史》首发仪式。据介绍，贵州数字出版项目《廉政史》是国内首部以廉政历史为题材的大型长篇漫画作品。

8月2日，孔学堂书局挂牌、《孔学堂》杂志创刊仪式在孔学堂举行。

同日，由中国书刊发行业协会社科发行委员会、中国新闻出版研究院国民阅读研究与促进中心、中华读书报社、安顺市文艺志愿者陪伴阅读中心、安顺市第九小学联合发起的"全民阅读馆"全国首个分馆在安顺挂牌。

8月3日，"爽爽的贵阳·原生态音乐之夏"的最后一场演出《大美原音》圆满落幕，贵州省文化厅主办的为期一个月的原生态展演活动完美谢幕。

8月6日，贵州省政府批复并原则同意《贵州省安龙历史文化名城保护规划（2010~2030年）》和《贵定县盘江镇音寨历史文化名村保护规划（2011~2020年）》。

同日，作为贵阳孔学堂"智库核心"的学术委员会正式成立。武汉大学国学院院长郭齐勇被聘为孔学堂学术委员会主席，大会原则通过了《孔学堂学术委员会章程》。

8月15日，第九届贵州旅游产业发展大会上，贵州省邀请当代著名作家、文学家、艺术家冯骥才担任"贵州文化使者"。特聘资深新闻人吴小莉，中国著名表演艺术家唐国强、六小龄童，当代著名文化学者于丹，中央电视台节目主持人陈伟鸿，联合国民间艺术组织（IOV）全球发展副主席陈平，韩中文化友好协会会长曲欢，比利时著名音乐家尚·马龙，中国台湾知名作家、旅行家、影评人陈念萱，中国台湾著名旅游节目主持人李秀媛，中国台湾长河艺术博物馆馆长、民俗专家黄英峰等11位中外文化名人担任"贵州旅游文化大使"。

8月16日，2014中国（国际）民族器乐艺术节在北京举行，贵州省民族乐团演奏的《高原·乌蒙回旋》荣获综合类青年组金奖，贵州省民族乐团荣获最佳组织奖。

8月18日,《中国阳明文化园核心区建设规划》评审会在贵阳召开。阳明文化园选址于修文县龙场镇,由贵州旅游投资集团有限公司投资建设。

8月22日,在贵州省委宣传部、贵州省党的群众路线教育实践活动办的指导下,由贵州省文化厅、赫章县委共同出品,孔学堂艺术团承办,贵州省话剧团有限责任公司主演的报告文学剧《文朝荣》在贵阳成功上演。

8月29日,国务院发出通知,公布第一批80处国家级抗战纪念设施、遗址名录;民政部发出公告,公布第一批300名著名抗日英烈和英雄群体名录。贵州省二十四道拐抗战公路(位于贵州省黔西南布依族苗族自治州晴隆县晴隆山)名列其中。

同日,贵阳市委、市政府下发《关于加快发展现代服务业的意见》(以下简称《意见》)。《意见》对获得国家级文化产业示范园区的给予200万元补助;获得国家级文化产业示范基地的给予100万元补助;被国家部委评定为文化品牌的给予80万元补助;被省级部门评定为文化品牌的给予50万元补助。对创作贵阳题材影视、演艺剧目作品在全国城市院线公映、上演,票房达总投资1.3倍以上,或在农村电影公益平台发行订购6万场以上的,补助50万元;在中央电视台播出的补助30万元。电视剧在中央电视台播出的每集补助5万元,每部最高补助可达200万元。演艺剧目作品每年演出在30场以上的,每场给予1万元的补助。《意见》还明确,支持动漫创意产业发展。被认定为国家级动漫企业、获得政府出版部门版号后正式上线运营的网游研发企业,一次性补助50万元;在贵阳市新登记注册的动漫企业,并在本市立项生产、本省版权登记的原创影视动画产品,在中央、省级电视台播出的二维产品分别按每分钟2000元、1000元给予一次性补助;三维产品分别按每分钟3000元、2000元给予一次性补助。

9月6日,孔学堂学术委员会正式对外发布《孔学堂2014共识》。

9月9日,第九届泛珠三角区域合作与发展论坛暨第三届中国(贵州)国际酒类博览会在贵阳举行。

9月17日,经贵州省政府批复,原则同意《贵阳市花溪区石板镇镇山村历史文化名村保护规划》。

9月22日,中国人类学民族学研究会苗学研究专业委员会在贵州大学成立。

9月28日,贵州省孔学堂发展基金会网站正式上线开通。

10月10日,国家"十二五"少数民族语言文字出版规划项目《苗族史诗通解》,由贵州人民出版社出版。"苗族史诗"又称"苗族古歌",是第一批国家级非物质文化遗产保护项目,有苗族文化的"元典","苗族历史文化的百科全书"之称。

10月15日,贵州省戏剧家协会第六次代表大会在贵阳召开,会议通过了戏剧家协会新的《章程》,汪信山当选新一届主席。

10月16日,文化部办公厅以《文化部办公厅关于对出台支持毕节试验区文化事业和文化产业发展倾斜政策意见的复函》(办财务函〔2014〕435号)文件做了回复。文化部与国家发改委将毕节市公共图书馆、文化馆和博物馆三个建设项目列为优先重点保障项目,并已安排毕节市博物馆建设项目中央补助资金900万元,下一步将积极协调国家发改委争取尽早安排涉及毕节市公共文化设施体系建设的中央投资;在"对村(社区)文化活动室(中心)给予支持"方面,文化部一方面将与国家发改委积极沟通,争取将文化设施作为村级公共服务平台的主要内容,保证其所占的比重;另一方面争取对毕节市予以倾斜,在时间上先行先试,在补助资金上提高中央补助资金比重。

11月2日,由贵州省花灯剧院、省民族乐团与黔阳明文化产业发展公司合作的"扶风合韵"项目,在贵阳市阳明祠阳明书院举行启动仪式。与阳明祠合作的"扶风合韵"项目,旨在合力打造展示和欣赏传统民族音乐的殿堂,以推广和传承优秀传统文化为前提,用音乐演奏、戏曲表演、歌舞表演的形式来展现。

11月17日,由贵州画院、贵阳市文广局和贵阳市文物局主办的"八大山人书画精品展(高仿)"在贵阳市大西门三元宫贵州省画院创作中心开展。这次展览由江西八大山人纪念馆遴选了50余幅作品展出,主要以花鸟画为主,并有少量的山水画与书法作品。此次展出的作品是来自国内外各大博物馆藏品的高仿版,这也是八大山人纪念馆首次将作品带到省外展出。

11月28日,贵州首届侗族大歌传承保护发展百村歌唱大赛决赛暨从江第十一届原生态侗族大歌节在从江县城鼓楼广场举行。本次活动是由省文化厅、省民族宗教事务委员会和黔东南州委、州人民政府联合主办,从江县委、县人民政府承办。本届侗族大歌传承保护发展百村歌唱大赛决赛共有来自湖南通道县、广西融水县以及贵州省从江县、榕江县、黎平县的101支歌队参加,参赛歌手超过2200人,这是目前为止规模最大的一次侗歌比赛。

12月,贵州遵义市新蒲播州杨氏土司墓地入选2014年中国六项重大考古发现。这是继赫章可乐遗址、海龙囤遗址之后,贵州考古第三次获此殊荣。

12月3日,公布的第四批国家级非物质文化遗产代表性项目名录公布,贵州省有15项名列其中。贵州省有7项名列新增名单,8项名列扩展名单。至此,贵州省共有85项(140处)国家级非物质文化遗产代表性项目。

12月12日,贵州省贵州子墨动漫文化发展有限公司动漫作品《一块好田》入选2014年弘扬社会主义核心价值观动漫扶持计划创意项目。

12月18日,在北京召开的全国文化先进单位、全国文化系统先进集体、先进工作者和劳动模范表彰大会上,贵州共有4个先进单位、4个先进集体和5名先进个人受到表彰,即全国文化先进单位(先进县):贵州省瓮安县、兴仁县、榕江县、普定县;全国文化系统先进集体:贵州省花灯剧院、普定县文体广电旅游局、遵义市图书馆、贵阳市群众艺术馆;全国文化系统先进工作者:袁坤(岑巩县思旸镇文化广播站主任)、张金英(贵定县文化馆馆长)、余漫江(六盘水市文化馆馆长)、陆定龙(安龙县洒雨镇科教文化信息中心主任)、张敏(威宁县文化馆馆长)。

同日,由中国国家画院、贵州省文化厅主办,中国国家画院创作研究部、中国国家画院美术馆、中国国家画院美术研究院、中国国家画院艺术信息中心和贵州画院承办的"新中国美术家系列——贵州省国画作品展"在位于北京西三环北路的中国国家画院美术馆举行开幕仪式。

12月29日，2014年贵阳国际生态文明会议、"多彩贵州"原生态大汇活动期间，原生态音乐诗《嘎老》演出反响热烈，得到国家领导人、文化部和社会各界的高度肯定。目前《嘎老》已获得国家艺术基金的支持，是贵州省唯一获得国家艺术基金支持的舞台艺术创作项目。

B.22
2015年贵州省文化产业发展大事记

王 曼*

1月8日，由中央民族乐团、黔东南州歌舞团共同推出的世界"非遗"侗族大歌音乐诗剧《行歌坐月》，在国家大剧院成功首演。这是黔东南州继2013年首演、2014年获中宣部"五个一工程奖"的苗族歌舞剧《仰欧桑》后，又一台华丽剧目荣登国家大剧院舞台。

1月9日，贵州遵义新蒲杨氏土司墓地入选2014年度全国十大考古新发现，成为贵州继盘县大洞遗址、赫章可乐遗址、威宁中水遗址、海龙囤遗址之后第五项获此殊荣的重要考古新发现。

1月10日，2015年贵州省文化、科技、卫生"三下乡"集中示范活动暨启动仪式在遵义县举行。

1月15日，贵州省政府公布第四批省级非物质文化遗产代表性项目名录121项（140处），其中新增项目75项（77处），扩展项目46项（63处）。

1月18日，以花卉文化为主题，整合了花卉苗木、花鸟鱼虫、茶叶茶具、古玩、艺术品以及特色餐饮、休闲娱乐等诸多业态和功能的花卉文化综合体项目——贵阳新天花卉大世界一期开业。

1月24日，贵州省博物馆新馆开馆试运行。该馆是贵州省委、省政府"十大民生"工程之一，总投资约5.3亿元，占地面积106.29亩，总建筑面积46450平方米，其中陈列展览用房16610平方米，文物库房及管理用房9500平方米，是中华人民共和国成立以来贵州省最大的文化建设项目。

---

* 王曼，贵州省图书馆研究馆员。

同日，由贵州广播电视台、贵州省民营文化产业协会、贵州省春晖行动发展基金会主办的第五届《贵人春晚》暨贵州春晖行动北京推进会在北京举办。

同日，贵州多彩风艺术团有限公司在贵阳大剧院正式成立。贵州多彩风艺术团有限公司隶属于多彩贵州文化艺术有限公司，是多彩贵州文化艺术有限公司集团化发展过程中成立的第一个子公司，主要负责艺术团经营管理、艺术创作、演出培训、演艺生产等一系列文化演出产业经营与管理工作。

2月4日，贵州省文化文物工作会议在贵阳召开。

2月12日，遵义红色旅游（集团）有限公司和贵州石中玉投资集团发展有限责任公司（大方县慕俄格古城）两家文化企业分别获得第六批国家文化产业示范基地的称号。至此，贵州省已有6家文化企业获得国家文化产业示范基地的称号。

2月13日，由《环球时报》社主办的"环球聚焦·中国梦想"高峰论坛暨2014环球时报总评榜颁奖典礼举行，贵州产业投资基金管理有限公司发起设立的贵州旅游创新产业发展基金管理有限公司，凭借在旅游文化产业政策、管理、金融等方面的创新，获"年度最具旅游文化产业创新企业"奖项。

2月26日，安顺文化产业纳入统计监测。

3月9日，2015年，贵州省100个旅游景区固定资产投资确保达到240亿元，力争新增10个国家4A级景区，加快27个重点示范旅游景区和重点公共服务设施建设，新增21个旅游景区。

3月25日，在贵州省委统战部、贵州海外联谊会支持和推动下，贵州台湾同胞联谊会、"中国台湾原住民议事联盟"在贵阳签署贵台两地民族乡镇交流与合作框架协议，促成黔东南州雷山县西江镇、黔西南州义龙新区顶效镇和兴义市桔山街道办事处分别与中国台湾嘉义县阿里山乡、屏东县雾台乡和台东县金峰乡建立友好结对关系，缔结为"友好乡镇"。

3月26日，务川自治县仡佬文化旅游景区获评国家4A级旅游景区，这是该县第一个国家4A级旅游景区。

3月31日，贵州省文化市场稽查总队与北京市文化市场行政执法总队对口帮扶工作启动，这标志着京黔两地文化市场执法对口帮扶工作进入新的阶段。

4月8日，"贵州文艺人才培训交流中心百里杜鹃培训基地"正式挂牌。

4月12日，由中央民族乐团、黔东南州共同推出的世界"非遗"侗族大歌音乐诗剧《行歌坐月》将从贵阳开启全国巡演之旅，巡演路线图已确定桂林、广州、深圳、杭州、上海、武汉、长沙、成都、重庆等城市。

4月23日，黔西县"水西古城文化旅游区水西传奇实景舞台"项目成功入选国家2015年度藏羌彝文化产业走廊重点项目。

截至4月末，在贵州省的"十大文化产业园""十大文化产业基地"中，贵阳数字内容产业园、毕节大方古彝文化产业园、黔西南民族文化产业园、"多彩贵州城"、贵州日报报业集团印务传媒研发基地、贵州广电家有购物集团电子商务文化产业基地、贵阳会展基地、六盘水会展基地、贵州（凯里）民族民间工艺品交易基地等9个园区已经投入使用或局部投入使用。另有9个园区在加紧建设中。

5月2日，我国今年征集的特色文化产业、丝绸之路文化产业和藏羌彝文化产业走廊重点项目名单已出炉，黔西县"水西古城文化旅游区水西传奇实景舞台"项目成功入选。水西古城文化旅游区属贵州省100个重点旅游景区建设项目之一，占地总面积2250亩，总投资32.5亿元，是贵州省唯一成功入选国家2015年度藏羌彝文化产业走廊24个重点项目中的其中之一。

5月15日，第十一届中国（深圳）国际文化产业博览交易会、贵州省文化产业招商引资推介暨签约仪式在深圳会展中心举行，涉及文化旅游业、文化休闲娱乐服务业、轻工制造业等产业的18个项目现场签约，总投资金额75.2亿元。这18个签约项目都在今年年内开工，建设周期在半年至5年内，全部建成后预计实现年产值27.2亿元，带动就业人数超过1万人。

同日，北京"798"贵阳云岩艺术展示中心文化产业项目落户贵阳市云岩区。

5月20日，贵州省代表团在第十一届中国（深圳）国际文化产业博览交易会上再次获得由深圳文博会组委会颁发的"优秀组织奖"和"优秀展示奖"。

5月21日，习水县新华文化综合体项目在习水启动建设。习水新华文化综合体项目是由贵州出版集团公司和上海星源投资共同发起，经酒博会组委会招商引资项目专家论证后，贵州省政府批准列入省级重点招商的项目。是遵义市第一个落户的新华文化综合体项目。

6月28日，生态文明贵阳国际论坛2015年年会"生态文明与开放式扶贫"论坛在贵州民族大学开讲。

7月4日，第39届世界遗产委员会会议审议并通过了中国提交的土司遗址申报世界文化遗产的申请，土司遗址成功列入世界遗产名录，贵州省世界文化遗产项目实现了零的突破。遵义海龙囤遗址位于今贵州省遵义市汇川区高坪镇，距遵义市主城区20公里，是宋、元、明时期西南播州杨氏土司文化的重要遗存，遗址区面积含遗产区和缓冲区共12.9平方公里。

7月6日，联合国教科文组织非物质文化遗产全球二类中心第三次联席会议在贵阳召开。

7月9日，第十届贵州省旅游产业发展大会在安顺举行。

7月14日，西秀区政府与广东珠影资产投资管理公司签订"安顺·珠影·星光城"项目合作框架协议，引入珠江电影集团投资新建高规格标准的现代化数字影院，打造安顺市新文化地标。

7月15日，贵州省作协与北京十月天传媒联手启动青年编剧"神笔计划"。以200万元"神笔计划"基金首次面向省内外45岁以下青年编剧征集电影类、电视剧类以及纪录片类原创剧本，扶持青年编剧讲好"贵州故事"。

7月16日，贵州被国家作为西部地区唯一省份纳入文化消费试点项目，并将遵义市汇川区同北京市、合肥市、武汉市武昌区作为全国试点区。

7月20日，贵州省"十大文化产业园""十大文化产业基地"共有21个项目，目前已落实土地12066.5亩、完成投资193.69亿元，比第一季度新增落实土地1156亩、新增完成投资13.12亿元。其中，建成投入使用的项目11个，分别为：贵阳数字内容产业园、黔西南民族文化产业园、贵阳会展基地、贵州（凯里）民族民间工艺品交易基地、六盘水会展基地、贵州广电家有购物集团电子商务文化产业基地、贵州日报报业集团印务传媒研发基地、"多彩贵州城"、毕节大方古彝文化产业园、遵义会展基地、黔中国际屯堡文化生态园。投入使用或局部投入使用项目增加2个，即遵义会展基地和黔中国际屯堡文化生态园。

7月24日，由贵州省委宣传部、省文化改革发展办、省经济和信息化委员会、省科技厅、省文化厅、省新闻出版广电局、省文联联合主办的2015年首届多彩贵州文化创意产业博览交易会在多彩贵州文化创意园举行。本届文博会有6个项目现场签约，签约金额共计11.815999亿元，涉及民族客栈建设、本土文化酒店、旅游、影视、工艺品、特色农产品、文创艺术展示、青少年交通安全情境体验和剧院经营管理等内容。

同日，"贵州省非物质文化遗产博览馆"正式开馆。贵州省非物质文化遗产博览馆展馆面积约4000平方米，分为展示厅和传承厅，是集非物质文化遗产研究、收藏、利用、展示、科普、教育、培训、交流、传播、文化娱乐和休闲体验于一体的"非遗"展馆。

同日，由贵州省人民政府主办，省经信委、省商务厅、省文化厅、贵安新区管委会等承办的中国（贵州）第一届国际民族民间工艺品文化产品博览会（简称"民博会"）总决赛在贵安新区北举行。本届博览会系列活动的重要内容有4项，即"民族民间工艺品设计大赛"、"能工巧匠选拔大赛"、"妇女特色手工（刺绣）技能大赛""书法绘画大赛"，贵州省共有314件设计作品、278名能工巧匠、108名刺绣选手参赛。需评选出48件获奖作品。

7月29日，全国文物局长座谈会在贵州省遵义市召开。

8月1日，贵州省彝文古籍文献研究基地挂牌仪式暨彝学服务国家战略及地方需求研讨会，在贵州民族大学举行。这是继贵州省去年被纳入《藏羌彝文化产业走廊总体规划》后的又一彝学研究成果。2014年，文化部、财政部联合印发了第一个国家层面的文化产业专项区域规划《藏羌彝文化产业走廊总体规划》，贵州省被纳入其中，毕节市列为核心区域，六盘水市、贵阳市分别被列为辐射区域及城市枢纽。

8月5日，来自贵州省各级文化行政部门和文化执法机构的13名业务骨干参加了贵州省文化厅组织的贵州省文化市场综合执法师资选拔考试。此次选拔考试是贵州省文化市场综合执法师资库建设工作的核心步骤，标志着贵州省文化市场综合执法师资库建设工作取得了实质性进展。

8月8日，六盘水市第二届旅游文化产业发展大会在水城县举行。

8月12日，毕节市喜获文化部公布的第三批（也是最后一批）创建国家公共文化服务体系示范区创建资格。至此，毕节市与第一、第二批的遵义市、贵阳市一起跻身创建国家公共文化服务体系示范区行列。

8月16日，镇远县人民政府与贵州交建集团正式签订《镇远古城旅游开发战略合作框架协议》，贵州交建集团将在5年内投资15亿元建设"镇远府""镇远镖局"等凸显古城元素的保护性开发项目，将镇远古城建设成集文化休闲产业、山水度假养生、历史人文体验为一体的文化旅游综合体，并用3~5年将之培育成上市公司。

8月17日，贵州台湾经贸交流·文化旅游推介会在贵阳召开。

8月20日，"舞·贵州——多彩贵州风"文艺演出暨第一届"品读中国"文学翻译奖评选启动仪式在莫斯科中国文化中心举行。"舞·贵州——多彩贵州风"文艺演出是贵州省与莫斯科中国文化中心部省对口合作项目框架内的重要活动。

8月31日，仁怀市创建"全国酱香型白酒酿造产业知名品牌示范区"通过现场验收。该品牌示范区创建是贵州省七个获得国家质检总局批准筹建的"知名品牌创建示范区"之一，也是贵州省第一个进行现场验收，并验收达标获得通过的"示范区"。

9月19日，由织金洞、织金大峡谷、东风湖这三个岩溶地貌单元组成的织金洞国家地质公园，作为中国政府推介的第八批世界地质公园候选单位，在日本召开的第四届亚太地质公园网络研讨会上经投票表决，成功入选世界地质公园网络。而这一成绩，也使老牌风景名胜区织金洞填补了贵州省境内没有世界地质公园的空白。

9月21日,由中华人民共和国文化部、贵州省人民政府主办,莫斯科中国文化中心、贵州省文化厅承办的"2015莫斯科·多彩贵州文化节暨贵州非物质文化遗产展演"启动仪式举行。

9月22日,贵州省文化厅和省微企办出台《关于大力发展文化及相关产业微型企业的通知》。评审合格的微型企业可享受"3个15万元"政策扶持;从事创意设计、软件开发、民族手工艺品加工等微型文化企业的实际货币投资限额由不低于10万元放宽为不低于3万元,带动就业人数从不少于5人放宽为不少于2人;根据微型企业实际带动就业人数,按照每带动1人就业补助9000元的标准对企业予以财政资金补助等。

9月23日,文化部、财政部拉动城乡居民文化消费项目(2015年)西部试点启动仪式在遵义市汇川区举行,国家文化消费西部地区唯一试点项目在黔正式启动。本项目实施时间从2015年10月至2016年3月31日。

9月24日,传承一方文化、拉动一方经济、保护一方环境、造就一批人才、致富一方群众——以"保护、传承、创新、开放"为主题,中国(贵州)第一届国际民族民间工艺品文化产品博览会在国家级新区——贵安新区举行。贵州省委、省政府今年将连续成功举办9年的旅游商品"两赛一会",升格为"中国(贵州)国际民族民间工艺品文化产品博览会"。

截至9月末,贵州省服务业企业达到25.31万户,同比增长24.8%,高于同期贵州省市场主体的总体增速,其中文化、体育和娱乐业增长56%,教育业增长45.8%,住宿和餐饮业增长42%,信息传输、软件和信息技术服务业增长41.8%。

10月1日,"2015多彩贵州少儿艺术节·国庆欢乐家庭周"大型公益活动在多彩贵州文化创意园举行。本届艺术节由多彩贵州文化产业发展中心主办,贵州省多彩贵州艺术教育有限公司、贵州省多彩贵州文化创意产业博览会有限公司承办。

10月5日,"留存的记忆——贵州古村落文化的视觉再现"美术作品展在莫斯科中国文化中心隆重开幕。此次展览是文化部、贵州省政府主办,莫斯科中国文化中心、贵州省文化厅承办的2015年度部省合作项目内容之一。

10月10日,由国家旅游局、国家体育总局、省政府联合主办的"首届国际山地旅游大会"在黔西南州举办。

10月14日,贵州省文化厅为贵州省33个集中连片特困地区县级公共图书馆统一配发流动图书车。

10月16日,首届孔学堂·国学图书博览会在贵阳孔学堂举行。

10月19日,铜仁市江口县云舍旅游景区、铜仁市石阡县佛顶山旅游景区、贵阳"多彩贵州城"旅游综合体通过评审,成为国家4A级旅游区。

10月22日,贵州省级非物质文化遗产——"湄潭翠芽"茶手工制作技艺传习基地在湄潭县正式开放。

10月24日,首届中国收藏文化产业发展论坛暨《藏天下》杂志北京编辑部揭牌仪式在北京兴伟石文化艺术中心举行。该杂志由贵州日报报业集团、北京兴伟集团联合主办,今年1月创刊,是西南地区第一本面向全国公开发行的综合类收藏月刊。

10月27日,贵州省文化产业项目观摩暨园区基地第三季度调度会在遵义召开。

11月2日,贵州省文物局在贵阳召开了贵州省国保省保单位集中成片传统村落整体保护利用工作推进会。

11月5日,由莫斯科中国文化中心、贵州省文化厅、贵州省文联主办,贵州省摄影家协会承办的"梦·贵州——贵州风光风情专题摄影展"在莫斯科中国文化中心隆重开幕。本次展览由"千瀑之省""青山绿水画中来""山地上的盛宴""醉美多彩贵州"四个板块组成,共展出贵州摄影家的80余幅作品。

11月8日,中国特产协会授予正安县"中国吉他制造之乡"称号。这是继被授予中国油桐之乡、中国野木瓜之乡、中国文化艺术(小说)之乡、中国白茶之乡和中国大鲵之乡后,该县又一张"名片"。23日,正安县举行"中国吉他制造之乡"授牌仪式。

同日,由文化部主办,贵州省文化厅承办,贵州省非物质文化遗产保护中心协办的第五批国家级非遗代表性传承人申报工作培训班在贵阳开班。来自全国30多个省100余名非遗保护工作者参加了培训学习。

11月11日,贵州省与莫斯科中国文化中心部省年度合作计划的收官项目——"霓裳银装·贵州少数民族服饰展"在莫斯科全俄实用装饰与民间艺术博物馆开幕。该展展出的100余件民族服饰及装饰品均为贵州省博物馆馆藏珍品,分为"贵州少数民族服饰与造型"、"贵州少数民族服饰文化内涵"和"贵州少数民族服饰装饰艺术"三个部分。该展出计划于2016年1月10日闭展。

11月16日,2015年首届"中国传统村落·黔东南峰会"在凯里市召开。

11月26~27日,贵州省"网络书香"数字阅读推广工程培训班在黔西南州首府兴义市举行。在本次培训班启动仪式上,国家图书馆向贵州各级公共图书馆赠送了4TB的数字资源,并向10家市区县图书馆赠送3万册图书和期刊。

12月2日,务川自治县政府与国创联合控股投资有限公司在北京签署合同,启动该县文化旅游综合创意精准脱贫行动。国创公司筹集的20亿元首期投资将于2016年2月到位,以仡佬道奇观公园为主体的开发项目将于2020年底前建成,总投资预计300亿元。

社会科学文献出版社　　　　　　　　　　　　　　　皮书系列

❖ 皮书起源 ❖

"皮书"起源于十七、十八世纪的英国，主要指官方或社会组织正式发表的重要文件或报告，多以"白皮书"命名。在中国，"皮书"这一概念被社会广泛接受，并被成功运作、发展成为一种全新的出版形态，则源于中国社会科学院社会科学文献出版社。

❖ 皮书定义 ❖

皮书是对中国与世界发展状况和热点问题进行年度监测，以专业的角度、专家的视野和实证研究方法，针对某一领域或区域现状与发展态势展开分析和预测，具备原创性、实证性、专业性、连续性、前沿性、时效性等特点的公开出版物，由一系列权威研究报告组成。

❖ 皮书作者 ❖

皮书系列的作者以中国社会科学院、著名高校、地方社会科学院的研究人员为主，多为国内一流研究机构的权威专家学者，他们的看法和观点代表了学界对中国与世界的现实和未来最高水平的解读与分析。

❖ 皮书荣誉 ❖

皮书系列已成为社会科学文献出版社的著名图书品牌和中国社会科学院的知名学术品牌。2016年，皮书系列正式列入"十三五"国家重点出版规划项目；2012~2016年，重点皮书列入中国社会科学院承担的国家哲学社会科学创新工程项目；2017年，55种院外皮书使用"中国社会科学院创新工程学术出版项目"标识。

中国皮书网

发布皮书研创资讯，传播皮书精彩内容
引领皮书出版潮流，打造皮书服务平台

栏目设置

关于皮书：何谓皮书、皮书分类、皮书大事记、皮书荣誉、
　　　　　皮书出版第一人、皮书编辑部
最新资讯：通知公告、新闻动态、媒体聚焦、网站专题、视频直播、下载专区
皮书研创：皮书规范、皮书选题、皮书出版、皮书研究、研创团队
皮书评奖评价：指标体系、皮书评价、皮书评奖
互动专区：皮书说、皮书智库、皮书微博、数据库微博

所获荣誉

2008年、2011年，中国皮书网均在全国新闻出版业网站荣誉评选中获得"最具商业价值网站"称号；

2012年，获得"出版业网站百强"称号。

网库合一

2014年，中国皮书网与皮书数据库端口合一，实现资源共享。更多详情请登录www.pishu.cn。

权威报告·热点资讯·特色资源

皮书数据库
ANNUAL REPORT(YEARBOOK) DATABASE

当代中国与世界发展高端智库平台

所获荣誉

- 2016年，入选"国家'十三五'电子出版物出版规划骨干工程"
- 2015年，荣获"搜索中国正能量 点赞2015""创新中国科技创新奖"
- 2013年，荣获"中国出版政府奖·网络出版物奖"提名奖
- 连续多年荣获中国数字出版博览会"数字出版·优秀品牌"奖

成为会员

通过网址www.pishu.com.cn或使用手机扫描二维码进入皮书数据库网站，进行手机号码验证或邮箱验证即可成为皮书数据库会员（建议通过手机号码快速验证注册）。

会员福利

- 使用手机号码首次注册会员可直接获得100元体验金，不需充值即可购买和查看数据库内容（仅限使用手机号码快速注册）。
- 已注册用户购书后可免费获赠100元皮书数据库充值卡。刮开充值卡涂层获取充值密码，登录并进入"会员中心"—"在线充值"—"充值卡充值"，充值成功后即可购买和查看数据库内容。

卡号：337413882891
密码：

数据库服务热线：400-008-6695
数据库服务QQ：2475522410
数据库服务邮箱：database@ssap.cn
图书销售热线：010-59367070/7028
图书服务QQ：1265056568
图书服务邮箱：duzhe@ssap.cn

子库介绍
Sub-Database Introduction

中国经济发展数据库

涵盖宏观经济、农业经济、工业经济、产业经济、财政金融、交通旅游、商业贸易、劳动经济、企业经济、房地产经济、城市经济、区域经济等领域，为用户实时了解经济运行态势、把握经济发展规律、洞察经济形势、做出经济决策提供参考和依据。

中国社会发展数据库

全面整合国内外有关中国社会发展的统计数据、深度分析报告、专家解读和热点资讯构建而成的专业学术数据库。涉及宗教、社会、人口、政治、外交、法律、文化、教育、体育、文学艺术、医药卫生、资源环境等多个领域。

中国行业发展数据库

以中国国民经济行业分类为依据，跟踪分析国民经济各行业市场运行状况和政策导向，提供行业发展最前沿的资讯，为用户投资、从业及各种经济决策提供理论基础和实践指导。内容涵盖农业，能源与矿产业，交通运输业，制造业，金融业，房地产业，租赁和商务服务业，科学研究，环境和公共设施管理，居民服务业，教育，卫生和社会保障，文化、体育和娱乐业等100余个行业。

中国区域发展数据库

对特定区域内的经济、社会、文化、法治、资源环境等领域的现状与发展情况进行分析和预测。涵盖中部、西部、东北、西北等地区，长三角、珠三角、黄三角、京津冀、环渤海、合肥经济圈、长株潭城市群、关中一天水经济区、海峡经济区等区域经济体和城市圈，北京、上海、浙江、河南、陕西等34个省份及中国台湾地区。

中国文化传媒数据库

包括文化事业、文化产业、宗教、群众文化、图书馆事业、博物馆事业、档案事业、语言文字、文学、历史地理、新闻传播、广播电视、出版事业、艺术、电影、娱乐等多个子库。

世界经济与国际关系数据库

以皮书系列中涉及世界经济与国际关系的研究成果为基础，全面整合国内外有关世界经济与国际关系的统计数据、深度分析报告、专家解读和热点资讯构建而成的专业学术数据库。包括世界经济、国际政治、世界文化与科技、全球性问题、国际组织与国际法、区域研究等多个子库。

法律声明

"皮书系列"（含蓝皮书、绿皮书、黄皮书）之品牌由社会科学文献出版社最早使用并持续至今，现已被中国图书市场所熟知。"皮书系列"的 LOGO（ ）与"经济蓝皮书""社会蓝皮书"均已在中华人民共和国国家工商行政管理总局商标局登记注册。"皮书系列"图书的注册商标专用权及封面设计、版式设计的著作权均为社会科学文献出版社所有。未经社会科学文献出版社书面授权许可，任何使用与"皮书系列"图书注册商标、封面设计、版式设计相同或者近似的文字、图形或其组合的行为均系侵权行为。

经作者授权，本书的专有出版权及信息网络传播权为社会科学文献出版社享有。未经社会科学文献出版社书面授权许可，任何就本书内容的复制、发行或以数字形式进行网络传播的行为均系侵权行为。

社会科学文献出版社将通过法律途径追究上述侵权行为的法律责任，维护自身合法权益。

欢迎社会各界人士对侵犯社会科学文献出版社上述权利的侵权行为进行举报。电话：010-59367121，电子邮箱：fawubu@ssap.cn。

社会科学文献出版社